X.media.press

X.media.press ist eine praxisorientierte Reihe zur Gestaltung und Produktion von Multimedia-Projekten sowie von Digital- und Printmedien.

Peter Hoffmann

Beyond (Multi-) Media

Multimediaformen erklärt: Von Panoramabildern über 3D bis zu den immersiven Welten des Metaversums

Peter Hoffmann
FB Technik (Informatik), FHV - Vorarlberg
University of Applied Sciences
Rorschach, St. Gallen, Schweiz

ISSN 1439-3107	ISSN 2523-3998 (electronic)
X.media.press
ISBN 978-3-658-48566-5	ISBN 978-3-658-48567-2 (eBook)
https://doi.org/10.1007/978-3-658-48567-2

Die Deutsche Nationalbibliothek verzeichnet diese Publikation in der DeutschenNationalbibliografie; detaillierte bibliografische Daten sind im Internet überhttps://portal.dnb.deabrufbar.

© Der/die Herausgeber bzw. der/die Autor(en), exklusiv lizenziert an Springer Fachmedien Wiesbaden GmbH, ein Teil von Springer Nature 2025

Das Werk einschließlich aller seiner Teile ist urheberrechtlich geschützt. Jede Verwertung, die nicht ausdrücklich vom Urheberrechtsgesetz zugelassen ist, bedarf der vorherigen Zustimmung des Verlags. Das gilt insbesondere für Vervielfältigungen, Bearbeitungen, Übersetzungen, Mikroverfilmungen und die Einspeicherung und Verarbeitung in elektronischen Systemen.
Die Wiedergabe von allgemein beschreibenden Bezeichnungen, Marken, Unternehmensnamen etc. in diesem Werk bedeutet nicht, dass diese frei durch jede Person benutzt werden dürfen. Die Berechtigung zur Benutzung unterliegt, auch ohne gesonderten Hinweis hierzu, den Regeln des Markenrechts. Die Rechte des/der jeweiligen Zeicheninhaber*in sind zu beachten.
Der Verlag, die Autor*innen und die Herausgeber*innen gehen davon aus, dass die Angaben und Informationen in diesem Werk zum Zeitpunkt der Veröffentlichung vollständig und korrekt sind. Weder der Verlag noch die Autor*innen oder die Herausgeber*innen übernehmen, ausdrücklich oder implizit, Gewähr für den Inhalt des Werkes, etwaige Fehler oder Äußerungen. Der Verlag bleibt im Hinblick auf geografische Zuordnungen und Gebietsbezeichnungen in veröffentlichten Karten und Institutionsadressen neutral.

Springer Vieweg ist ein Imprint der eingetragenen Gesellschaft Springer Fachmedien Wiesbaden GmbH und ist ein Teil von Springer Nature.
Die Anschrift der Gesellschaft ist: Abraham-Lincoln-Str. 46, 65189 Wiesbaden, Germany

Wenn Sie dieses Produkt entsorgen, geben Sie das Papier bitte zum Recycling.

Vorwort

Mein Name ist …

… Dr. Peter Hoffmann und ich bin Hochschullehrer an der FHV Vorarlberg University of Applied Sciences in Dornbirn – aber stets auch Medieninformatiker mit Herz und Seele.

Unter dem Label Invisible Cow beschäftige ich mich seit mittlerweile fast 20 Jahren mit den Fragen danach, was …

… diese „digitalen Medien" ganz allgemein eigentlich sind, …

… was genau unter „Multimedia" und „Hypermedia" und …

was unter dem Begriff „Metaversum" verstanden werden muss, und …

… wie Multimedia und Hypermedia kombiniert werden müssen, …

… damit aus dieser Kombination ein geschlossenes System entstehen kann.

Der Name Invisible Cow …

… ist den Kühen an den Hängen des Mauna Kea auf Big Island in Hawaii entlehnt, die eben manchmal unsichtbar bleiben, wenn sie sich in den senkenden Wolken verstecken. Genauso wie diese Kühe dort bleibt auch wirklich gute Gestaltung von Medien meist unsichtbar!

Aber sie wirkt!

Sowohl bei der Informations …

… als auch bei der Interaktionsgestaltung!

Peter Hoffmann

Competing Interests Der/die Autor*in hat keine für den Inhalt dieses Manuskripts relevanten Interessenkonflikte.

Medienformen im Wandel

Überall und zu jeder Zeit, ob erwünscht oder nicht, sind wir das Ziel medialer Inhalte. Damit wir uns bei all dem Informationsüberfluss überhaupt angesprochen fühlen, müssen die Informationen, die über die medialen Kanäle in unsere Richtung gesendet werden, gezielt so aufbereitet werden, dass sie unsere Aufmerksamkeit wecken. Aber auch darüber hinaus soll diese Aufmerksamkeit erhalten bleiben. Das Problem dabei ist nicht das einzelne Medium an sich, sondern vielmehr die Vielzahl der unterschiedlichen Kanäle und damit die Vielzahl der unterschiedlichen Medienformen, auf denen wir erreicht werden. Mittlerweile wird eine Information eher selten nur auf einem einzigen Kanal übermittelt. Vielmehr wird „auf allen Kanälen gefeuert", in der Hoffnung, dass wenigstens ein Kanal sein Ziel – also uns und unsere Aufmerksamkeit – erreicht.

Zwei Folgeprobeme resultieren daraus:

- Das eine Folgeproblem besteht darin, dass für jeden genutzten Kanal, also für jedes genutzte Medium, die Inhalte gezielt aufbereitet, gestaltet und strukturiert werden müssten. Dies wiederum ist aber aufwendig, sodass hier gerne nur das Nötigste für diese Anpassung der Inhalte an den jeweiligen Kanal aufgewendet wird.
- Das zweite Folgeproblem besteht darüber hinaus in der medialen Vielfalt an sich:
  - Multimedia? Hypermedia? Social Media?
  - 3D, 360°, VR?
  - Wer kennt schon wirklich den Unterschied?
  - Welche Informationen passen auf welchen Medienkanal?
  - Wie verpacken wir die Informationen in spannende Geschichten, die auf den jeweiligen Medien auch funktionieren?

Diese und weitere Fragen bildeten den Grund, mit der Arbeit an „Beyond (Multi-) Media" zu beginnen. Zwei Ziele wurden dabei abgesteckt:

- Für den gezielten Einsatz und die zielgerichtete Gestaltung ist es zwingend notwendig, die verschiedenen Medienformen definiert voneinander abgrenzen zu kön-

nen. Ziel eins ist es deshalb, aktuelle Medienformen zu betrachten, einführend zu beschreiben und so die Unterschiede zwischen ihnen deutlich zu machen.
- Unterschiedliche mediale Formen unterscheiden sich jedoch nicht nur technisch voneinander. Mindestens ebenso wichtig ist es darüber hinaus zu wissen, wie die Medienformen einzeln aber auch im Zusammenspiel wirken und wie diese Wirkung erzeugt und unterstrichen werden kann. Ziel zwei ist es deshalb, auch die Unterschiede im Storytelling in, mit und durch die verschiedenen Medienformen zu beleuchten.

Mit „Beyond (Multi-) Media" soll, obwohl es an einigen Stellen sicherlich hilfreich sein könnte, es nicht um die tiefgehende Theorie der Mediengestaltung gehen. Dies würde den Rahmen deutlich sprengen, wie ein Blick in die Bibliotheken der Disziplin „Mediendesign" leicht zeigt. Vielmehr geht es darum, ein Verständnis aufzubauen, wie sich die verschiedenen Medienformate voneinander unterscheiden. Dazu wird sowohl ein Blick auf die (medien-) technische historische Entwicklung sowie die Betrachtung der (medien-) psychologischen Wirkung geworfen. Zunächst werden dazu die verschiedenen Medienformate einzeln betrachtet, um sie dann später unter der Bezeichnung „Multimedia" zusammenzuführen.

Die Einzelbetrachtungen sind stets identisch aufgebaut, damit ein Vergleich der Medienformate erleichtert wird:

> **Übersicht**
> - Jedes Einzelmedium wird aus seinem technischen, zum Teil auch aus seinem theoretischen Ursprung heraus betrachtet. So wird gezeigt, wann und wozu das Medium vorgedacht wurde und warum es entwickelt wurde. An einigen Stellen kann der Leser durchaus die ein oder andere Überraschung erwarten, denn viele „unserer" heutigen Medien sind als Idee deutlich älter als es oftmals zu vermuten ist. Die darauf jeweils folgende Betrachtung der technischen Entwicklung und Nutzung zeigt dann die Gründe auf, warum das heutige Verständnis vieler Medien sich oftmals von den ursprünglichen Ideen unterscheidet.•
>
> Auch wenn der Fokus hier nicht, wie oben schon gesagt, auf Technik und Gestaltung liegt, werden diese Punkte doch im jeweiligen ersten Unterabschnitt einführend und in aller Kürze angeschnitten.• Selbstverständlich wird in allen Medienbetrachtungen auch in den aktuellen Stand der technischen Entwicklung eingeführt. Vielfach wird dies anhand aktuell erhältlicher Produkte und Geräte (Stand: Oktober 2023) erfolgen. Keine dieser Produktnennungen aber ist dabei gesponsort noch soll die Nennung eine Kaufempfehlung darstellen! Vielmehr soll auch hier die Produktnennung lediglich dazu beitragen, das oftmals falsche Verständnis einiger Begriffe zu verdeutlichen. So wie sich Tesa-Film® als Sy-

nonym für Klebestreifen und Tempo® als solches für Papiertaschentücher eingebürgert haben, geschieht dies in der Technik- und Medienwelt ganz genauso. Hier sind es dann vielleicht Produktnamen wie Oculus Rift® oder GoPro®, die zur Bezeichnung ganzer Produkttypen oder -kategorien geworden sind.

- Ohne das Wissen darüber, wie der Zuschauer die Information in der jeweiligen Medienform wahrnimmt, kann keine zielgerichtete inhaltliche Gestaltung eines Mediums erfolgen. Daher werden im jeweiligen zweiten Unterabschnitt spezielle Wahrnehmungsaspekte der einzelnen Medienformen betrachtet.•
In „Beyond (Multi-) Media" gilt, dass der Einfachheit halber der Begriff „Zuschauer" allgemein für weitere, teils verwandte, teils synonyme Begriffe wie zum Beispiel Benutzer, Betrachter, Publikum und so weiter, steht.
- Gerade die Formen der digitalen Medien bringen einen Aspekt mit sich, der bei den „klassischen" Medien eher nicht vorhanden war und ist. Gemeint ist die Möglichkeit der Interaktion, die bedeutet, dass der Zuschauer mehr mit einem Medium machen kann, als es nur zur Hand zu nehmen oder wegzulegen. Vielmehr kann der Zuschauer hier „in das Medium eingreifen". Diesem neu(er)en Aspekt widmet sich der jeweilige dritte Unterabschnitt.
- Gerade digitale Medien laden dazu ein, dass der Benutzer (hier also: der Zuschauer) mit den vermittelten Informationen „arbeitet", indem ein hohes Maß an Interaktionsmöglichkeiten bei der Präsentation angeboten wird. Die Form aber, wie mit den Inhalten interagiert und gearbeitet werden kann, ist dabei jedoch wesentlich von der technischen Realisierung bzw. von der Präsentationsumgebung abhängig. Des Weiteren ist nicht jede Form von Interaktion für jede Medienform sinnvoll. Interaktion kann dabei weit mehr sein als das bloße „Stopp" und „Play" wie wir es von den Bedienkonsolen von Video- oder Blu-ray-Playern kennen. Vielmehr besteht für Autoren und Produzenten die Möglichkeit, dem Publikum die unmittelbare Arbeit mit dem jeweiligen Inhalt anzubieten.
- Schon 1964, in der Zeit, als das „elektrische" Medium Fernsehen sich als „neues" Medium etablierte, beschrieb Marshall McLuhan, dass die Wahl des Mediums Einfluss auf die Wirkung des übermittelten Inhalts hat [MCL64]. So lassen sich Geschichten in unterschiedlichen Medien ebenfalls unterschiedlich erzählen. Daher widmen sich die jeweiligen vierten Unterabschnitte dem spezifischen Storytelling.
- Den Abschluss der Einzelbetrachtungen macht jeweils ein fünfter Abschnitt, in dem weitere Aspekte betrachtet werden, die für das jeweilige Medium spezifisch sind. Dies reicht von Ethik über Recht bis hin zu (→) Cybersickness, (→) Lost-in-Hyperspace-Effekten und ähnlichen Aspekten.

Im auf die Einzelbetrachtungen folgenden Kapitel wird ein Blick in die mögliche, zukünftige technische und mediale Entwicklung geworfen und der Versuch eines Fazits gewagt.

Abgeschlossen und abgerundet werden soll diese Betrachtung durch eine vergleichende Gegenüberstellung der besprochenen einzelnen Medienformen, die das Ziel verfolgt, eine bessere und genauere Abgrenzung zwischen den Medienformen zu erreichen, sowie ein umfassendes Glossar.

▶ **Wichtig**
Das hier vorliegende Buch will
KEIN (!)
Lehrbuch für Medientechnik und Mediengestaltung sein!

Übersicht
Vielmehr soll ein einführender, allgemeiner Überblick vermittelt werden,

- welche Medienformen aktuell existieren,
- woher sie mediengeschichtlich kommen und wie sie einzuordnen sind,
- wie sie sich voneinander abgrenzen lassen und
- wie Inhalte gestaltet und aufgebaut werden sollten, um Informationen erfolgreich zu vermitteln sowie
- welche Möglichkeiten bestehen, um den Zuschauer mit den Medien und den vermittelten Inhalten interagieren zu lassen.

Wie oben schon gesagt, besteht das Ziel des hier vorliegenden Buches darin, die aktuell zu findenden Medien definiert voneinander abgrenzen zu können. Dies erscheint deshalb notwendig, da die verschiedenen Formate zwar zunächst nahe verwandt erscheinen, dies in ihrem eigentlichen Sinne aber nicht sind. Als Beispiel kann hier unter anderem die häufig synonyme Verwendung von Begriffen wie (→) „3D", (→) „360°" und (→) „VR" genannt werden, obwohl diese Formate sowohl in ihrer Technik als auch in den Möglichkeiten der (→) Interaktion und im (→) Storytelling jeweils ganz eigene Charakteristika, Nutzungsvoraussetzungen und Wirkungen aufweisen.

Der Fokus wird auf die eher graphischen und visuellen Formate gelegt. Eine Begründung kann daraus abgeleitet werden, dass mittlerweile anstelle vom „präsentieren einer Information" häufig von deren „Visualisierung" und deren „Veranschaulichung" gesprochen wird. Die weitergehende Begründung besteht darin, dass diese Formate die zahlenmäßig größte Zahl an Medienformen darstellen und somit durchaus als die grundlegenden Medienformen bezeichnet werden können. Zwar wird auch Audio zum Beispiel in Form von Radio durchaus häufig gehört (siehe auch Abb. 1 und 2), aber im Sinne der „digitalen" oder „neuen" Medien spielt Audio als Einzelmedium bzw. -modalität eher

Abb. 1 Mediennutzung in Deutschland, 2023 Verband Privater Rundfunk und Telemedien e. V. [VPR23]

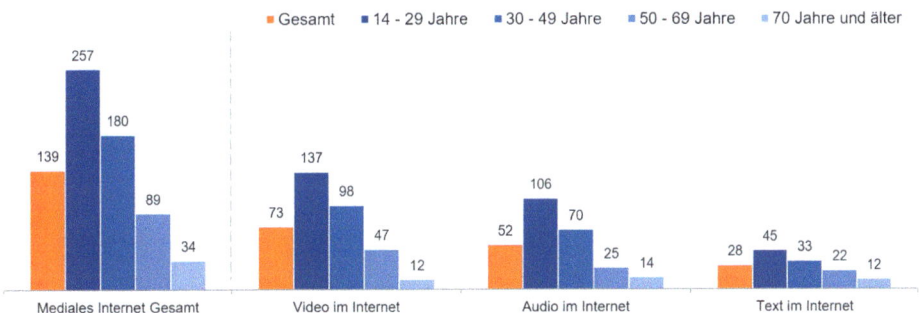

Abb. 2 ARD-/ ZDF-Onlinestudie 2023 [ARD23]

eine Nebenrolle. Vielmehr werden Audioelemente oft parallel zu den visuellen Inhalten abgespielt und begleiten diese als informative Ergänzung oder auch als emotionale Verstärkung. Dies soll in dem vorliegenden Buch auch nicht vernachlässigt werden und wird dergestalt berücksichtigt, dass allen Einzelbetrachtungen stets doch eine multimediale Perspektive zugrunde gelegt wird.

Der betrachtete Medienbereich ist – wie alle medienbetreffenden Themen – äußerst lebendig und entwickelt sich mit rasanter Geschwindigkeit stetig weiter. Das macht die Auseinandersetzung mit dem Thema zum Teil recht schwierig, denn Dinge, die wir gestern noch als normal und in Stein gemeißelt voraussetzen konnten, haben sich morgen durch weiterentwickelte Technik oder auch durch veränderte Benutzungsweisen des Zuschauers radikal verändert. Zugleich macht gerade dieser stete Wandel diese Auseinandersetzung aber auch so unglaublich spannend. Für mich (als dem Autor) entsteht daraus ein faszinierender Fragenkatalog, der mich treibt, mich dem Thema zu widmen:

> **Übersicht**
> - Welche Medienform ist für welchen Inhalt geeignet?
> - Wie können Inhalte auf- und vorbereitet werden, damit sie auch in anderen Medienformen optimal wirken?
> - Wie kann das Publikum optimal in die mediale Präsentation eingebunden werden?
> - Welche Auswirkung hat die Möglichkeit zur inhaltlichen Interaktion auf die Wahrnehmung des Publikums?
> - Und welche Auswirkungen ergeben sich für Autoren und Produzenten?

Als Autor hoffe, dass dies gelungen ist, und am Ende Antworten auf einige dieser Fragen gefunden wurden.

Inhaltsverzeichnis

Teil I „Neue" Medienformen

1 Panorama... 7
    1.1   Gestaltung & Technik 19
    1.2   Wahrnehmung 40
    1.3   Interaktion 42
    1.4   Storytelling.. 44
    1.5   Panorama-Film... 47

2 360°... 55
    2.1   Gestaltung & Technik 58
    2.2   Wahrnehmung 65
    2.3   Interaktion 68
    2.4   Storytelling.. 70
    2.5   Rechtliches, Ethisches … und die Marktreife 75

3 Virtual Reality... 79
    3.1   Gestaltung & Technik 84
    3.2   Wahrnehmung 92
    3.3   Interaktion 96
    3.4   Storytelling.. 99
    3.5   Cyber Sickness... 103

4 Augmented Reality.. 107
    4.1   Gestaltung & Technik 110
    4.2   Wahrnehmung 116
    4.3   Interaktion 119
    4.4   Storytelling.. 121
    4.5   Diminished Reality 125

Teil II Weitere, verwandte Medienformen

5 3D-Fotographie & 3D-Film 131
    5.1   Gestaltung & Technik 137
           5.1.1   Wahrnehmung 146
    5.2   Interaktion 149
    5.3   Storytelling.. 150
    5.4   Wahrnehmungsprobleme: Sehbeeinträchtigungen. 151

6 Hyper hyper … vernetzte Medien 153
    6.1   Gestaltung & Technik 157
    6.2   Wahrnehmung 162
    6.3   Interaktion 164
    6.4   Storytelling.. 165
    6.5   Lost in Hyperspace 167

7 Und jetzt alles zusammen: Multimedia. 171
    7.1   Gestaltung & Technik 174
    7.2   Wahrnehmung 178
    7.3   Interaktion 182
    7.4   Storytelling.. 183
    7.5   Lost in Multimedia. 185

Und in Zukunft: Brain? 187

Übersicht und Abgrenzung 193

Angaben zu den Abbildungen 195

Glossar 205

Literatur. 221

Abkürzungsverzeichnis

AHM	Amsterdam Hypermedia Model
AR	Augmented Reality
AV	Augmented Virtuality
BCI	Brain Computing Interface
DoF	Degree of Freedom
DR	Diminished Reality
DSLR	Digitale Spiegelreflexkamera
EEG	Elektroenzephalographie
fMRT	funktionelle Magnetresonanztomographie
FoV	Field of View, Sichtfeld
HDR	High Dynamic Rande
HMD	Head Mounted Display
IoT	Internet of Things (Internet der Dinge)
MEG	Magnetenzephalographie
MoCap	Motion Capturing
MR	Mixed Reality
NR	Narrative Realität
NUI	Natural User Interface
PoV	Point of View
RVK	Realitäts-Virtualitäts-Kontinuum
UX	User Experience
VR	Virtual Reality

Abbildungsverzeichnis

Abb. 1	Petroglyphen, Big Island, Hawaii.................	2
Abb. 2	Das Realitäts-Virtualitäts-Kontinuum. (In Anlehnung an [KIS94])....	3
Abb. 3	Zeitstrahl der Medienentwicklung.................	4
Abb. 1.1	Leonardo da Vinci, „Das letzte Abendmahl".................	8
Abb. 1.2	Leonardo da Vincis „Das letzte Abendmahl" in Relation zu aktuellen Abbildungsformaten.................	9
Abb. 1.3	Gebirgspanorama von Jacques-Barthélemy Micheli du Crest........	11
Abb. 1.4	Die Qingming-Rolle *(oben: Ansicht in der gesamten Breite; unten: Ausschnitt einer Szene aus der Rolle)*.................	12
Abb. 1.5	London-Panorama von Robert Barker.................	12
Abb. 1.6	Das Thun-Panorama, gestern und heute.................	13
Abb. 1.7	Georamen (links: Wyld; rechts: Guérin) [ABB 1.23] [BEL15].......	14
Abb. 1.8	Myriorama – Zehntausendschau.................	15
Abb. 1.9	Cyklorama und Mareorama.................	17
Abb. 1.10	Rheinpanorama (E. v. Adlerflycht).................	18
Abb. 1.11	Cinemascope und Panavision im 4:3-Fernsehen (schwarz: 4:3 grün: Cinemascope blau: Panavision).................	20
Abb. 1.12	Größenvergleiche (oben: Panoramen der Geschichte und heutige Standardgrößen; unten: Panoramen der Geschichte bezogen auf einen 17"-Monitor (16:9)) (blau: die Größe des Thun-Panorama; rot: die Größe der Qingming-Rolle; grün: DIN A4 (hochkant); orange: 27"-Monitor (16:9)).................	20
Abb. 1.13	Abbildungsprobleme bei der Zentralprojektion.................	21
Abb. 1.14	Abstrahierte Zentralprojektion.................	22
Abb. 1.15	Abstraktion der Zentralprojektion auf eine Ebene (links) und auf eine Zylinderprojektion als Mantelabrollung (rechts).............	22
Abb. 1.16	Abstraktion eines Endlos-/ 360°-Panoramas.................	23
Abb. 1.17	Endlos-/ 360°-Panorama (Thun-Panorama).................	23
Abb. 1.18	Panoramafoto (allgemein) (hier: Skyline Singapur (HDR)).........	24

Abb. 1.19	Kreisringpanorama: Abstraktion (links) und Umsetzung (rechts: Rundsicht von der Altane des Bundesrathhauses)	24
Abb. 1.20	Abstraktionsmöglichkeiten für Tiny Planets	25
Abb. 1.21	Tiny Planets (links: St. Gallen; rechts: Lübeck)	26
Abb. 1.22	Multi-Viewpoint-Panorama	26
Abb. 1.23	Abstraktion des Multi-Viewpoint-Panoramas (nach: [AGA06])	27
Abb. 1.24	Körperachsen und -ebenen	27
Abb. 1.25	Innenansicht eines Kirchenschiffs als vertikales Panorama	28
Abb. 1.26	Potenzielle Fehlerquellen bei Panorama-Aufnahmen (Beispiel hier: bewegte Objekte wie Menschen am Strand)	31
Abb. 1.27	Von Einzelbildern zum Panorama	32
Abb. 1.28	Panorama mit verschiedenen Stitching-Fehlern(1a & 1b: bewegte Objekte; 2: Geisterobjekte; 3: horizontale Verzerrung (Biegung); 4: vertikale Verzerrung (Neigung); 5: Belichtungsfehler)	33
Abb. 1.29	Panorama-Kameras im Vergleich (links: 180°-Kamera im Consumerbereich; rechts: Panorama-Kamera für den (semi-) professionellen Bereich)	33
Abb. 1.30	Frühe Ausstattung für Panoramafotografie (links: Kamera mit Schwenklinse (J. Puchberger) [IND20]; rechts: Kamera mit Nodalpunktadapter (J. R. Connon) [IND20])	35
Abb. 1.31	Bedeutung von Nodalpunkt und Nodalpunktadapter	36
Abb. 1.32	Entfernungsproblematik für Panorama-Aufnahmen: Idealfall (links) vs. Realität (rechts)	36
Abb. 1.33	Hyperfokaldistanz	37
Abb. 1.34	Ungestitchtes „Panorama"	38
Abb. 1.35	Gesichts- und Blickfeld (links: vertikal; oben: horizontal)	41
Abb. 1.36	Bewegungsoptionen	42
Abb. 1.37	Bewegung mit VR-Headset (links: Leinwand an fixierter Position in der VR-Welt; rechts: Leinwand, die dem Blick des Benutzers folgt)	43
Abb. 1.38	Bourbaki-Panorama (rechts: Ausschnitt aus dem Gemälde; links: Querschnitt durch das Gebäude in Luzern)	45
Abb. 1.39	Das Mammut – die Panorama-Riesenkamera von Georg R. Lawrence	49
Abb. 1.40	Der erste Film mit Breitwand-Sequenzen: Napoleon von Abel Gance, 1927	50
Abb. 1.41	Prinzip des "Anamorphoten"	51
Abb. 1.42	Gestauchte und entzerrte anamorphotische Aufnahme	51
Abb. 1.43	Prinzip der Cinerama-Projektion	52
Abb. 1.44	Panoramafilmvorführungen (links: Los Angeles Cinerama: Rollercoaster; rechts: Norwegisches Naturmuseum Hardangervidda)	53

Abbildungsverzeichnis

Abb. 1.45	Die Kamerakonstruktion des Circarama-Verfahrens nach E. A. Heiniger	54
Abb. 2.1	Vom „Rund-um-Panorama" zur „Rund-herum-360°-Welt"	56
Abb. 2.2	Von Einzelbildern zum 360°-Foto	59
Abb. 2.3	Typen von 360°-Kameras (links: mit zwei Linsen (Samsung Gear 360, nicht mehr erhältlich); rechts: mit mehr als zwei Linsen (GoPro Rig))	60
Abb. 2.4	Abstraktion der Zentralprojektion auf eine Kugelprojektion	62
Abb. 2.5	Wahrnehmungssituationen (oben links: Lean back; oben rechts: lean forward; unten: dive in (z. B. mittels Headset)) (orange: Informationsfluss; blau: Interaktionsfluss)	67
Abb. 2.6	Zonen der Wahrnehmung (nach: [HUD17])	68
Abb. 2.7	Übertragung der Interaktion auf drei Dimensionen (links: Abstraktion 1: von zwei auf drei Dimensionen: rechts: Abstraktion 2: von zwei auf drei Dimensionen)	70
Abb. 2.8	Das erste 360°-Musikvideo: „Salt in the Wounds" von Pendulum, 2010	73
Abb. 3.1	Das Realitäts-Virtualitäts-Kontinuum: von realer Welt zum Metaversum [HOF24]	81
Abb. 3.2	Das Sensorama von Morton Heilig	83
Abb. 3.3	VR im „Gartner Hype Cycle for Emerging Technologies" von 2017 [PAN17]	85
Abb. 3.4	Modellhafter Aufbau eines VR-Systems (Tracking, Processing, Rendering)	85
Abb. 3.5	Unterschied der Darstellung von VR (links: Headset; rechts: CAVE)	86
Abb. 3.6	Das Uncanny Valley	96
Abb. 3.7	Kontinuum der Interaktion	97
Abb. 3.8	Logik und Spannung der Handlung vs. Freiheit der Interaktion	100
Abb. 3.9	Die Dimension der Narrativen Realität	103
Abb. 4.1	Spacetop, der AR-Laptop von Sightful	110
Abb. 4.2	AR in 2D (links) und in 3D (rechts)	110
Abb. 4.3	AR-Verarbeitungspipeline	111
Abb. 4.4	Richtungen der Interaktion in AR (oben links: Reale Objekte in der realen Welt; oben rechts: Reale Objekte in der digitalen Welt; unten links: Digitale Objekte in der realen Welt; unten rechts: Digitale Objekte in der digitalen Welt)	120
Abb. 4.5	Akzeptierte Interaktionsformen in gesellschaftlichen Situationen	122
Abb. 4.6	Soziale Interaktion in AR? (Symbolbild)	122
Abb. 4.7	Diminished Reality als Konzept und im Beispiel	126
Abb. 5.1	Stereoskop nach Wheatstone (links: Skizze; rechts: Nachbau)	132
Abb. 5.2	Kinoplakat „Bwana Devil"	134

Abb. 5.3	Stereokamera	138
Abb. 5.4	Anaglyphe aus Einzelbildaufnahmen	140
Abb. 5.5	Polarisation	143
Abb. 5.6	Anaglyphe bei Farbsehschwäche	152
Abb. 6.1	MEMEX	154
Abb. 6.3	Verlinkung (Konstruktion von Links)	158
Abb. 6.3	Amsterdam Hypermedia Model	160
Abb. 6.4	Paradox of Choice	164
Abb. 6.5	Freiheit des Autors vs. Freiheit der Interaktion	166
Abb. 7.1	Produktionspipeline	177
Abb. 7.2	SW-/ Usability-/ Medien-Engineering	179
Abb. 7.3	Transmediales Storytelling	185

Teil I
„Neue" Medienformen

Die Geschichte der Medien – nach wieviel Pathos es auch klingen mag – ist so alt wie die Geschichte der menschlichen Kommunikation. Selbst wenn die gesprochene Kommunikation bei einer solchen Betrachtung ausgeklammert wird, so reichen die ersten Belege für die Nutzung von Medien zur Kommunikation bis in die frühe Steinzeit zurück. Ein Beispiel, dass dies nicht nur in versteckten Höhlen geschah, zeigen Petroglyphen wie auf den hawaiianischen Inseln. (Abb. 1) Aus den frühen, mehrere tausend Jahre alten Zeichnungen haben sich letztlich alle Medienformen, insbesondere aber die visuellen Medienformen entwickelt.

Neben Zeichnungen und Gemälden wurde die Schrift als zweite mediale Form zur Bewahrung und Weitergabe sprachlicher Informationen entwickelt. Auch wenn das erste Schriftsystem auf das 4. Jahrtausend v. Chr. datiert wird, so liegen zwischen diesem und den ersten bekannten (Höhlen-) Zeichnungen dennoch mehrere tausend Jahre. [SAM85] Schrift blieb, aber, ebenso wie auch Zeichnungen, lange Zeit ein manuell produziertes Medium. Die Automatisierung der Medienproduktion begann erst mit der Entwicklung der Druckpressen mit beweglichen Lettern, wie sie Johannes Gutenberg um 1442 vorstellte. Nicht unerwähnt bleiben darf bei einer solchen, wenngleich auch nur schnellen, historischen Betrachtung, dass schon vor Gutenberg in verschiedenen Ländern in Asien ebenfalls Druckpressen entwickelt wurden. Diese aber hatten nicht den gleichen weitreichenden Einfluss, wie es die Entwicklung von Gutenberg in Europa hatte. [FUS99, DUF82]

Ab Mitte des 19. Jahrhunderts beschleunigte sich die Entwicklung der Medientechnik deutlich. Mit der wahrscheinlich ersten Fotografie, genauer eigentlich einer (→) Heliographie, präsentierte Joseph Nicéphore Niépce 1826 der Welt ein neues Medium. Diesem folgten in schneller Folge weitere Entwicklungen wie der Film (ab etwa 1878), zunächst stumm, zumeist in Schwarz-Weiß, später mit Ton und in Farbe, das Radio (ab etwa 1888, Heinrich Hertz [BUC94]) und das Fernsehen (ab etwa 1883, Paul Nipkow [NIP84]). Damit war die Basis für die heute oft als „klassisch" bezeichneten Medien gelegt. Zwar änderten und verfeinerten sich die technischen Grundlagen, aber erst mit

Abb. 1 Petroglyphen, Big Island, Hawaii

der Entwicklung der Digitaltechnik und insbesondere der, ebenfalls digitalen, Computer, konnten weitere Medienformen entwickelt und etabliert werden.

Panoramafotografie, 360°-Fotografie und Virtual Reality (VR) sind Beispiele für solche Medienformen, die sich deutlich von den klassischen Medienformen wie Print, Radio und Fernsehen unterscheiden. Es gibt mehrere Gründe, die für diese Unterscheidung sprechen, insbesondere aufgrund der Merkmale der (→) Interaktivität, (→) Immersion und (→) Partizipation, die diese neuen Medienformen bieten.

> **Übersicht**
> - Erstens ist der Grad der Interaktivität, den Panoramafotografie, 360°-Fotografie und VR ermöglichen, in den klassischen Medien nicht erreichbar. Während traditionelle Medien in der Regel eine lineare und passive Erfahrung bieten, ermöglichen diese neuen Medienformen den Benutzern, aktiv in die Medienumgebung einzutauchen und sich innerhalb dieser Umgebung zu bewegen, auch wenn die Freiheit der Bewegung sich untereinander deutlich unterscheidet. Insbesondere VR bietet zudem eine nicht-lineare und hoch interaktive Erfahrung, die weit über das hinausgeht, was mit „klassischen" Medien möglich ist.
> - Zweitens bieten Panoramafotografie, 360°-Fotografie und VR ein hohes Maß an Immersion, das weit über das hinausgeht, was klassische Medien bieten kön-

nen. Durch die Nutzung dieser Technologien können Zuschauer das Gefühl bekommen, tatsächlich in der wahrgenommenen Umgebung präsent zu sein. Dieses Gefühl der Präsenz und des aktiven „Seins" an einem anderen Ort ist ein charakteristisches Merkmal dieser neuen Medienformen und unterscheidet sie stark von klassischen Medien, die in der Regel lediglich eine eher distanzierte und objektive Beobachterperspektive bieten.

- Drittens ist die Möglichkeit der Partizipation ein weiterer Faktor, der diese neuen Medienformen von klassischen Medien unterscheidet. Während letztere in der Regel von professionellen Medienproduzenten erstellt und kontrolliert werden, ermöglichen die digitalen Medientechnologien den Benutzern, selbst zum Schöpfer zu werden und eigene Inhalte zu erstellen. Dies verschiebt die Machtverhältnisse in der Medienproduktion und fördert eine partizipativere und vermeintlich demokratischere Medienlandschaft.
- Schließlich stellen diese neuen Medienformen auch eine Herausforderung für traditionelle Methoden der Medienanalyse und -interpretation dar. Aufgrund ihrer interaktiven und immersiven Natur erfordern sie neue Ansätze und Werkzeuge für das Verständnis und die Interpretation von Medieninhalten. Dieser paradigmatische Wandel in der Medienlandschaft fordert dazu heraus, die bisherigen Vorstellungen von Medien und Medienkonsum zu überdenken und neu zu definieren, was es bedeutet, ein Medienkonsument und -produzent im 21. Jahrhundert zu sein.

Den Zusammenhang zwischen „klassisch", „neu" und „digital" lässt sich aus dem in der (Medien-) Informatik häufig zitierten Realitäts-Virtualitäts-Kontinuum ablesen. (Abb. 2) [HOF24][KIS94]

Dieses Kontinuum wird auf der linken Seite eröffnet mit der rein realen Welt, die ausschließlich über die Wahrnehmung „realer", oder zielgerichteter ausgedrückt: analoge,

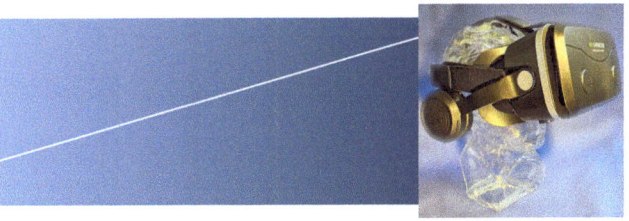

Abb. 2 Das Realitäts-Virtualitäts-Kontinuum. (In Anlehnung an [KIS94])

Artefakte wahrgenommen wird. Auf der rechten Seite schließt es mit der Wahrnehmung einer Welt, die ausschließlich über virtuelle, künstliche, also digitale, Artefakte wahrgenommen wird. Zwischen diesen beiden Extremen spannt sich ein Bereich, bei der die Welt als eine Konstruktion aus analogen UND digitalen Artefakten, in unterschiedlicher Anzahl und auch in unterschiedlicher Qualität, wahrgenommen wird. Neben mit dieser steigenden Anreicherung der realen Welt durch digitale Artefakte können zwei weitere Aspekte aus diesem Kontinuum ausgelesen werden:

- Der „Weg" vom linken Extrem zum rechten kann stellvertretend als grober chronologischer Ablauf interpretiert werden.
- Die steigende Anreicherung der Wahrnehmung mit digitalen Artefakten eröffnet mehr Möglichkeiten zur Interaktion mit den Artefakten, und damit mit der Welt, und es verstärkt die Immersion in diese Welt.

Im wesentlichen handelt es sich bei allen im weiteren betrachteten Formaten um visuelle beziehungsweise graphische Medienformen, die es durchaus schon seit geraumer Zeit gibt. Dies zeigt auch ein Blick auf einen groben Zeitstrahl der Medienentwicklung, wie er in Abb. 3 versucht wird.

Im Laufe der Zeit wurden aber nicht nur die zentralen Aspekte zum Beispiel von Foto und Film genutzt, sondern es wurden auch seit jeher schon die Extreme ausgelotet. Aus einem solchen Blickwinkel heraus betrachtet sind zum Beispiel die Panoramafotographie, der 3D-Film oder auch Virtual Reality dann doch nicht wirklich neu. Dies wird im Einzelnen auch in den jeweiligen Kapiteln noch gezeigt werden. Dennoch haben diese

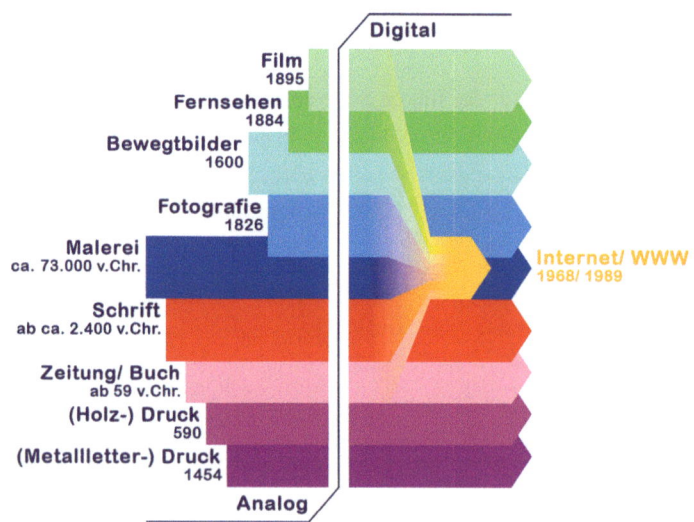

Abb. 3 Zeitstrahl der Medienentwicklung

„Sonderformate" bisher eher bescheidene Nischenrollen besetzt, die von besonders Interessierten – oder vielleicht auch von besonderen Nerds – entwickelt und benutzt wurden. Selten hat es eine dieser besonderen Formen in die gesellschaftliche Aufmerksamkeit oder gar in den Bereich der erfolgreichen kommerziellen Anwendung gebracht.

Zwei Entwicklungen, die mehr oder weniger Hand in Hand, liefen, ändern dies aber seit kurzer Zeit. Gemeint ist zum einen die Digitalisierung der Medien an sich und zum anderen eine Entwicklung, die auf dieser Digitalisierung aufbaut, nämlich die Entwicklung und Verbreitung von Social Media.

Waren Kameras für die analoge Fotografie zwar auch früher schon, genauer seit etwa der Mitte des vorigen Jahrhunderts, in nahezu jedem Haushalt zu finden, so galten zum Beispiel diejenigen, die eine Spiegelreflexkamera besaßen, diese einzusetzen wussten und möglicherweise auch ihre Filme selbst in der eigenen (→) Dunkelkammer entwickelten, häufig als das, was heute als „Nerd" bezeichnet wird. War die Zahl dieser Leute schon nicht sehr groß, so ging die Zahl derjenigen, die dann zum Beispiel besondere Dinge wie (→) Anaglyphenfotographie betrieben, nahezu gegen Null. Mit der Verbreitung der digitalen Kameras bis hin zu der heutigen Situation, dass jedes mobile Telefon oder jeder Tablet-PC mit immer besser werdenden Kameras ausgestattet ist, hat sich auch die Zahl derjenigen erhöht, die sich auch auf höherem Niveau als dem bloßen Knipsen mit der Fotografie auseinandersetzen. Zudem hat sich durch das Zusammenwachsen von Fotografie und Computern/ Informatik/ IT auch die Zielgruppe der Anwender oder Interessierten vergrößert. Einhergehend damit hat sich durch die Digitalisierung zu guter Letzt auch der Prozess der „Entwicklung" und die weitergehende Bearbeitung der aufgenommenen Bilder vereinfacht. All dies führt(e) dazu, dass auch mehr und mehr mit den Möglichkeiten des Mediums – hier eben der digitalen Fotografie – gespielt und experimentiert und dessen Grenzen ausgelotet wurden. Zudem greifen viele Plattformen des „Social Media" die besonderen Möglichkeiten auf und bieten die Unterstützung von Panorama- und 360°-Fotografie oder entwickeln gar ihre eigenen Virtual- und (→) Augmented-Reality-Anwendungen (AR).

Somit haben sich die Nischen der früheren Sonderformate deutlich geöffnet und jeder, den es interessiert, ist heute in der Lage, ohne allzu großen Aufwand gute Panoramafotos, 3D-Filme oder 360°-Fotos zu produzieren. Der Massenmarkt scheint bereit zu sein für diese „neuen" Medien (-formen).

Panorama 1

Inhaltsverzeichnis

1.1 Gestaltung & Technik 19
1.2 Wahrnehmung 40
1.3 Interaktion 42
1.4 Storytelling 44
1.5 Panorama-Film 47

Die Welt ist klein

Zumindest sagen dies viele – nicht nur deutsche – Spruchweisheiten. Aber das Gegenteil ist der Fall: die Welt ist groß! Die Welt ist sogar zu groß. Zu groß nämlich, um sich auf ein „normales" Bild in „normaler" Größe und in „normalem" Format einfangen zu lassen.

Diese „normalen" Bilder sind immer zu klein! Nie lässt sich das, was interessant ist und was gezeigt werden soll, wirklich in die Grenzen eines Bildes oder eines Monitors pressen. Egal ob 9*13 cm oder 13*18 cm in der klassischen Fotografie oder ob VGA, Full-HD oder UHD 4 K für digitale Darstellungen – der Platz ist stets zu eingeschränkt und zu klein. Lässt man den Blick in die Welt schweifen, so zeigt sich, …

- … dass die Welt zum einen eben doch groß und vor allem weitläufig ist und sich deshalb häufig nicht in Standardgrößen pressen lässt, …
- … dass die einzelnen interessanten Dinge, die der Künstler zeigen möchte, oftmals schon solchen Standardformaten nicht entsprechen aber es zeigt sich auch, …
- … dass diese interessanten Dinge häufig zu weit voneinander entfernt sind, sodass sie gar nicht zusammen in das „klassische" Bildformat passen.

So ist der Fotograf gezwungen, nicht nur das, was er eigentlich abbilden möchte, aufzunehmen, sondern vielmehr ist er gezwungen, vieles aus dem Drumherum mit aufzunehmen. Am Beispiel von Leonardo da Vincis Gemälde „Das Abendmahl" (Abb. 1.1) soll versucht werden, dies zu verdeutlichen.

Das es sich bei diesem Werk um ein Meisterwerk handelt, steht ohne Zweifel außer Frage. Diesen Status hat das Gemälde nicht nur aufgrund seiner Größe, sondern vielmehr auch durch seinen Inhalt und dessen Aufbau. Beides, Größe und Inhalt, hängen eng zusammen, wie später noch deutlich wird.

Das Original im Kloster Santa Maria delle Grazie in Mailand hat je nach Messung eine Höhe von etwa 4,60 m und eine Breite von etwa 9,00 m und somit ein Seitenverhältnis von etwa 1:1,95. Es ähnelt damit dem heute üblichen 16:9-Format von Monitoren und TV-Geräten mit dem daraus resultierenden Seitenverhältnis von 1:1,777. [SANoJ].

Neben den Personen und dem Tisch, an dem Jesus und seine zwölf Jünger Platz genommen haben, zeigt da Vinci auch viel von dem Raum, in dem dieser Tisch steht. Der eigentlich zentrale Inhalt, also die Darstellung des Abendmahls selbst, nimmt im Verhältnis nur relativ wenig der zur Verfügung stehenden Fläche ein. Um allein ausschließlich dieses abzubilden, hätte da Vinci bei den gegebenen etwa 9 m Breite eine Höhe von etwa 1,50 m gereicht. Das Seitenverhältnis hätte sich damit drastisch auf einen Wert von 1:6 verändert. Da Vinci stand als Künstler allerdings vor demselben Problem, wie es sich Fotografen heutzutage auch stellt. Er hatte durch den Auftrag des Mailänder Herzogs

Abb. 1.1 Leonardo da Vinci, „Das letzte Abendmahl"

1 Panorama

Ludovico Sforza die Aufgabe, die existierende Wand des Speisesaals des Klosters mit einem Gemälde zu versehen und konnte daher, genauso wenig wie heutige Fotografen es durch die bzw. trotz der technischen Rahmenbedingungen können, die Abmaße der Darstellungsfläche beeinflussen. Für heutige Fotografen wäre sich das Problem sogar noch größer, denn bei den typischen Formaten für (Papier-) Abzüge von Fotos mit 9*13 cm oder 13*18 cm ergibt sich ein Seitenverhältnis von 1:1,444 bzw. 1:1,385, was auf die Gegebenheiten des Klosters umgerechnet bedeuten würde, dass das Bild bei der Breite von 9 m die Lünetten eingeschlossen hätte. Abb. 1.2 versucht diese Problematik für die gängige TV- und Fotoformatgrößen zu zeigen.

Dieses Problem, dass er neben der zentralen Aussage auch viel „Überflüssiges" in das Bild einbauen musste, löste da Vinci dadurch, dass er eine ausgefeilte Raumgeometrie konstruierte, die sich ideal an die Gegebenheiten der realen Umgebung, also dem Speisesaal des Klosters, anschloss und so die spezielle Stimmung des Bildes erzeugt. Heutzutage würde dies als Teil des „Storytelling" angesehen.

Dieses „Panorama-Problem" ist strenggenommen allerdings eigentlich ein recht neues Problem. Nur für die wenigsten Gemälde aus der Zeit, bevor die Fotografie sich

Abb. 1.2 Leonardo da Vincis „Das letzte Abendmahl" in Relation zu aktuellen Abbildungsformaten

etablierte, stellte sich ein Problem wie für da Vinci bei seinem Abendmahl. Ein Gang durch die Museen der Welt zeigt auf den ersten Blick, wie unterschiedlich groß Gemälde sind. Ihre jeweiligen Abmaße wurden auf die dargestellte Szene angepasst. Die meisten Bilder dieser „vor-fotografischen" Zeit weisen zwar durchaus Verhältnisse von Höhe zu Breite auf, die recht nah an den heutigen Standardformaten liegen. Allerdings machte es die Handarbeit in der Herstellung von mit Leinwand bespannten Rahmen leicht, jedes vom Maler gewünschte Format zu bauen. So ist es nicht verwunderlich, dass der Blick in die „große, weite Welt", schon sehr früh auf Leinwand festgehalten wurde.

Erst die Einführung der industriellen automatischen Entwicklung belichteter Filme ab etwa 1890 machte es notwendig, die Größen von Bildern zu vereinheitlichen und ihre Maße zu standardisieren. [BUT19] So sind die heute typischen Größen von Bildern und Fotografien letztlich den konstruktiven Vorgaben der Entwicklungsmaschinen geschuldet, ebenso wie die Formate und Größen von Bildschirmen in deren technischen Anforderungen begründet sind.

Unbestreitbar hat die Standardisierung von Bildformaten eine Reihe von Vorteilen. Der größte Vorteil ist sicherlich der, dass durch die Standardisierung die Entwicklung von Bildern automatisiert werden konnte und auf diesem Wege das Fotografieren für jedermann erschwinglich wurde. Dennoch bestand und besteht ein häufiges Interesse, Dinge bildlich festhalten zu wollen, die eben nicht in diese vorgegebenen Formate passen. Eine häufige Herausforderung ist dabei die Abbildung der Welt in „voller Breite" – das Panorama.

▶ **Definition** Der Begriff „Panorama" entstammt dem Altgriechischen und setzt sich aus zwei Worten zusammen:

- pan (πᾶν), was zu Deutsch „alles" oder „ganz" bedeutet, und
- horao (ὁράω), was „sehen" bedeutet.

Neben dieser Übersetzung passt für den Kunst- und Medienbereich eine andere Bedeutung des zweiten Wortteils allerdings ein wenig besser. Statt des Verbs kann auch das Substantiv horama (ὁράμα) eingesetzt werden, woraus dann zwar das untypische Wort „Allsicht" entsteht, was aber das Ziel und die Charakteristik von Panoramaabbildungen sehr gut beschreibt.

Panoramaabbildungen im Allgemeinen sind deutlich älter als die heutigen fotografischen Panoramabilder. Der bekannte Kamerahersteller Rollei sagt auf seiner Webseite:

„Der Ursprung des Panoramabegriffs ist in der Landesvermessung zu finden. Das Panorama war eine gleichberechtigte geografische Darstellungsform neben der Karte, dem Relief und dem Profil. 1754 entstand das erste wissenschaftliche Panorama. Es handelte sich um das Gebirgspanorama von Jacques-Barthélemy Micheli du Crest aus Genf." (Abb. 1.3) [ROL15].

1 Panorama

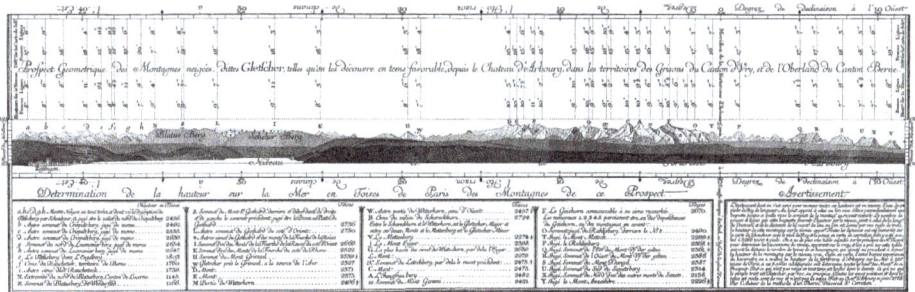

Abb. 1.3 Gebirgspanorama von Jacques-Barthélemy Micheli du Crest

Als früheste Beispiele für diese Art der großflächigen Darstellungen werden in der Regel jedoch eher die Panoramabilder aus dem Ende der 1780er Jahre von Robert Barker (1739–1806) bezeichnet, die Städte wie Edinburgh oder London abbilden, obwohl in der Literatur auch Hinweise auf frühere Gemälde mit ähnlicher Charakteristik zu finden sind. Allerdings sind hier weder die Namen der jeweiligen Künstler bekannt, noch gibt es Abbildungen dieser Gemälde und auch die Gemälde selbst haben die Jahre nicht überstanden. Eines der wenigen Beispiele solch früher Panorama-Abbildungen stellt die Qingming-Rolle (Abb. 1.4) dar, auf der der chinesische Maler Zhang Zheduan (1085–1145) eine Flussuferszene zum Qingming-Fest zur Mitte der Song-Dynastie (960–1279) zeigt. Auf 24,8 cm Höhe und 528,7 cm Breite hielt Zheduan das Alltagsleben von mehr als 800 Menschen in ihrer städtischen Umgebung fest. Dieses Gemälde existiert heute noch und gilt als eines der größten Meisterwerke Chinas.

Der oben genannte Robert Barker führte den Begriff „Panorama" mit seiner heutigen Bedeutung 1792 ein, als er in London eine Stadtansicht von Edinburgh vorstellte. Diese wurde auf der Wand eines zylinderförmigen Raumes präsentiert. Für diese Art umlaufender Gemälde, integriert in ein Gebäude (Abb. 1.5), beantragte Barker schon 1787 ein Patent und erhielt dieses auch. War die Präsentation 1792 noch eine bauliche Improvisation, konnte er ein Jahr darauf wiederum in London mit dem „London Panorama" das weltweit erste „Panorama-Haus" eröffnen, was zum Vorbild für viele weitere Häuser wurde. Jede Stadt, die etwas auf sich hielt, eröffnete in den folgenden Jahren ihr eigenes Panorama-Haus. [BÖH14d] [ACK21].

Wie aufwendig die Arbeit an einem solchen Panoramabild zur damaligen Zeit war und wie präzise und detailgetreu es die Realität abbildete, zeigt sich sehr gut am Beispiel des Thun-Panoramas. An diesem Werk arbeitete der Kleinmeister Marquard Wocher fünf Jahre lang. Kleinmeister ist die schweizerische Bezeichnung für Maler des 18. und 19. Jahrhunderts, die Stadt- und Landschaftsmotive in Skizzenbüchern festhielten, um sie später entweder selbst oder von beauftragten Künstlern in Radierungen oder Gemälde auf Leinwand übertragen ließen. Für einen solchen Künstler muss es eine wahre Herausforderung gewesen sein, statt der üblicherweise eher oberflächlichen Skizzen

Abb. 1.4 Die Qingming-Rolle *(oben: Ansicht in der gesamten Breite; unten: Ausschnitt einer Szene aus der Rolle)*

Abb. 1.5 London-Panorama von Robert Barker

1 Panorama

Abb. 1.6 Das Thun-Panorama, gestern und heute

nun ein detailreiches, großflächiges Bild zu zeichnen. Die Euphorie für die Landschaft des Berner Oberlandes brachte Wocher dazu, von 1809 bis 1814 die Aussicht von einem Dach über der Thuner Altstadt auf eine (Lein-) Wand mit einer Höhe von 7,5 m und einer „Breite" von 38 m zu bringen. Die Detailtreue ist faszinierend, wie Abb. 1.6 zeigt, und sie besticht auch heute noch. Einen direkten Vergleich zu einem aktuellen Panoramafoto zeigt das Kunstmuseum Thun auf seiner Webseite (Stand: Februar 2021). [THU23].

Sowohl auf die Qingming-Rolle als auch auf das Thun-Panorama soll im folgenden Abschn. 2.1.1 noch einmal kurz eingegangen werden. Bevor aber in dem genannten Kapitel der Fokus der weiteren Betrachtung dann auf die Gestaltung und die Technik von fotografischen Panoramen gelegt wird, sollen hier zunächst noch einige Arten von Panoramen vorgestellt und voneinander abgegrenzt werden. Diese Einführung ist deshalb sinnvoll, weil sich einige dieser Panoramen oder zumindest Teilcharakteristika von ihnen bei später noch betrachteten Medienformen wieder aufgegriffen werden.

Georama und Kosmorama: Kugelpanoramen
Übliche Abbildungen, egal ob als Gemälde oder als Fotografie, zeigen stets nur einen Ausschnitt von der Welt. Um eine Gesamtansicht der Welt zu erhalten, wurde die Idee des (→) Georama entwickelt. Hierbei wird die Welt im Ganzen gezeigt. Dazu wird das Abbild der Welt auf die Innenseite einer hohlen Kugel übertragen. Vom Mittelpunkt aus können so Kontinente mit Gebirgen und Flüssen, die Ozeane, Länder und Städte betrachtet werden.

Ein Beispiel für diese Art der Darstellung ist das sogenannte „neue Georama von Guérin", einer 1844 in Paris eröffneten Kugel mit einem Innendurchmesser von 10 m. (Abb. 1.7) Auf Höhe des Äquators konnten die Besucher von einer Galerie, die über eine Treppe zu erreichende war, die „Erdtheile und Meere" sowie „[d]ie ohne zu große Uebertreibung dargestellten Berge, die Ebenen und Plateaux [...] übersehen" [POL45]. Nur wenig später zeigte der englische Geograph James Wyld zwischen 1851 und 1862

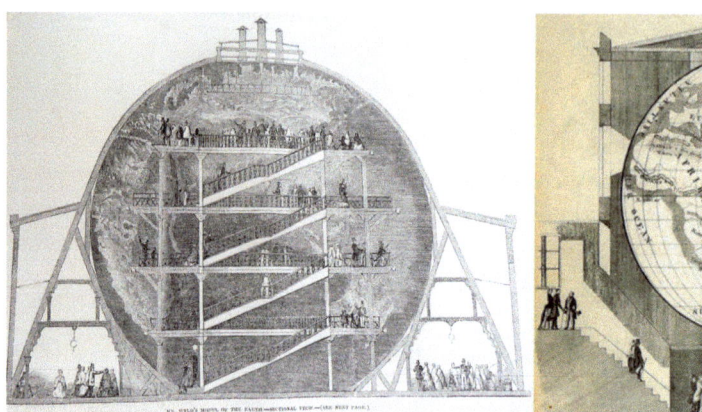

Abb. 1.7 Georamen (links: Wyld; rechts: Guérin) [ABB 1.23] [BEL15]

in London in seinem „Great Globe" die Welt im Maßstab von 1": 2mi, umgerechnet also in etwa 1: 126.720. Der Ausblick auf die maßstabsgetreue Abbildung, bei der Berge und Erhebungen mit dreifacher Überhöhung dargestellt wurden, war von vier übereinanderliegenden Galerien möglich [WIK21a].

Die Idee, die Innenseite einer Kugel als Abbildungsfläche zu nutzen, greift auch das (→) Kosmorama auf. Hier wird allerdings nicht die Erde, sondern es wird der Himmel beziehungsweise der Blick ins Weltall gezeigt. Populär ist diese Art der Darstellung auch heute noch in Planetarien, wenngleich mittlerweile hier nicht nur statische Bilder, sondern multimediale Präsentationen und Filme gezeigt werden. [WIK21c][OET80].

Diese besagte Projektion des Bildes auf die Innenseite einer Kugel, ist, so alt ihre Idee auch erscheinen mag, heute umso aktueller, insbesondere, als die aktuelle Präsentationstechnik diese Projektion auch ohne bauliche Maßnahmen, wie sie für Geo- und Kosmoramen üblich und notwendig waren, sozusagen für jedermann auch auf dem Bildschirm oder in einem Web-Browser oder, noch aktueller, in einem (→) VR-Headset zulässt. Zudem eröffnet sowohl die aktuelle Kameratechnik als auch die Unterstützung durch entsprechende Software jedem leicht die Möglichkeit, solche Panoramabilder zu erstellen.

Die „Zehntausendschau": das Myriorama
Eine etwas andere Form der Panorama-Abbildung bildet das sogenannte „tableau polyoptique", dass von Pierre Brès in Paris entwickelt wurde. Die Besonderheit dieser speziellen Panoramaform ist die Interaktion, die Brès diesem sogenannten (→) Myriorama mitgab. Laut Meyers Konversationslexikon aus dem Jahr 1877 besteht es „aus einer auf einen langen Streifen in den buntesten Farben ausgemalten Landschaft, welche in viele Theile so zerschnitten ist, daß die Durchschnittslinien überall aneinander passen und die einzelnen Landschaftsstücke vielfach von neuem zusammengesetzt werden können, wodurch sehr viele Landschaftsbilder entstehen." (Abb. 1.8) [MEY77].

1 Panorama

Abb. 1.8 Myriorama – Zehntausendschau

Die Kartensätze aus diesen Landschaftskarten konnten dann spielerisch neu angeordnet und zusammengelegt werden. Ob oder wie diese Karten tatsächlich in die damalige Spielzeugwelt aufgenommen wurde, ist nicht weiter belegt. Dennoch zeigt sich hier ein sehr frühes Beispiel für den spielerischen, und damit also einem interaktiven, Umgang mit medialen Inhalten. Die Kartensets bestanden aus bis zu 24, seltener auch aus mehr, Karten. Daraus ergibt sich eine große Zahl an Zusammenstellungen, die möglich sind. Für die „Endless Landscapes" von Wendy Walker mit 24 Karten kommt La Frage auf die stolze Zahl von 1.686.553.615.927.922.354.187.720 möglichen Permutationen. [BRE12b] Ihren Durchbruch fanden Myrioramen als sogenannte „Hellenicoramen", die die damalige Begeisterung für Griechenland und seine Landschaften aufgriffen, denn so konnten vermeintlich vor Reiseantritt die Sinne auf die Wahrnehmung der historischen Landschaften vorbereitet werden. [BRE12] [WIK21b].

Interessant wird diese Idee der Panoramen durch die ihr innewohnende Möglichkeit zur Interaktion, die die ansonsten eher statischen Abbildungen deutlich beleben kann, wie es in Abschn. 2.1.3 noch gezeigt werden soll.

Pleorama, Cyklorama und Mareorama
Allgemein wird häufig gesagt, dass der Betrachter sich in einem guten Bild verlieren können soll. Er soll in das Bild und in die darin dargestellte Szene eintauchen können. Dies gelingt bei großen Panoramabildern sicherlich schon leichter als bei kleinformatigeren Fotos, aber perfekt ist diese (→) Immersion genannte Eigenschaft auch bei besagten großen Panoramabildern noch nicht. Dies erkannte auch der Architekt Carl Ferdinand Langhans, der mit den Malern August Kopisch und Antonio Sacchetti die Idee

des (→ Pleorama entwickelte und umsetzte. Dazu sollten große Bilder und Panoramen so bewegt werden, dass das Publikum den Eindruck bekommt, es bewege sich an der dargestellten Szene vorbei. Die Bezeichnung für diese Art des Panoramas leitet sich von griechischen pléo (πλέω) für „schiffen" ab und bezieht sich auf den Inhalt der 1831 in Breslau präsentierten Installation. Dort saßen die Zuschauer während der etwa einstündigen Präsentation in kleinen Booten, die tatsächlich schwammen und konnten dabei die Fahrt durch den Golf von Neapel wie die Gäste einer Kreuzfahrt auf sich wirken lassen. Diese Präsentation wurde zudem noch multimedial angereichert, indem zum Beispiel durch Lichteffekte eine Eruption des Vesuvs gezeigt wurde oder ein „chter" Matrose singend zur Unterhaltung beitrug. [LAN31].

Unter der Bezeichnung (→) Cyklorama, die vor allem im US-amerikanischen Raum Anwendung fand, wurde die Idee der sich bewegenden Landschaft auf eine leicht andere Weise aufgegriffen und weiterentwickelt. Die Präsentation fand hier in zumeist runden Gebäuden statt. Inhaltlich reichten die Darstellungen von Fluss- oder Eisenbahnfahrten durch exotische Landschaften bis hin zu „Fahrten" durch bewegende Momente der Geschichte, wie zum Beispiel der Schlacht von Gettysburg oder gar dem Wagenrennen aus Ben Hur. [NPS21] [GUA02] Eines der wohl aufwendigsten Cykloramen wurde auf der Weltausstellung 1900 in Paris mit der „Fahrt auf der Transsibirischen Eisenbahn" gezeigt. An drei echten Waggons, die ursprünglich tatsächlich auf dieser Strecke im Einsatz waren, wurden Leinwände mit Stadt- und Landschaftsansichten vorbeibewegt. Um die Immersion zu verstärken, wurde nicht nur eine Leinwand installiert, sondern vielmehr wurde die Szene auf vier Leinwänden dargestellt, die sich in unterschiedlichen Geschwindigkeiten von 5 m pro Minute bis zu 300 m pro Minute bewegten und so den Eindruck der fahrenden Bewegung verstärkten. Das für Präsentationen solchen Ausmaßes sehr große Bilder gemalt werden mussten, liegt auf der Hand. So war das „langsamste" Bild, dass nur der Darstellung des landschaftlichen Hintergrunds diente, schon stattliche 8 m hoch und 220 m lang, während das Bild im „schnellen" Vordergrund 1500 m lang war. (Abb. 1.9 links) [LAN00].

Der damaligen Technikeuphorie entsprechend, ging es allerdings noch aufwendiger. Sozusagen nebenan konnte ebenfalls auf der Weltausstellung 1900 das Mareorama betreten werden, ein Dampfer, auf dem die Besucher eine Kreuzfahrt von Marseille nach Konstantinopel erleben konnten. Das Schiff, beziehungsweise dessen Deck, wurde über eine mechanische Kardanaufhängung so bewegt, dass das Rollen und Stampfen des Schiffs spürbar wurde. Ein zweiter Mechanismus bewegte die Leinwände mit einer Höhe von jeweils 13 m und einer Länge von 750 m an Steuer- und Backbordseite entlang. Während diese Leinwand mit den gemalten See- und Landszenen an den Gästen vorüberzogen, wurde die Illusion, an Bord zu sein, durch rauchende Schornsteine und Dampfsirenen erhöht und auch die typische Geruchswelt wurde durch Teergeruch abgebildet. Die Gäste erlebten romantische Sonnenaufgänge, laue Mittelmeernächte und sogar Gewitter mit Blitz und Donner auf ihrer Reise. Die multimediale und multisensorische Präsentation wurde sogar zu einer, wie es heute wohl bezeichnet würde, crossmedialen Präsentation, denn es war sowohl daran gedacht worden, dass echte

Abb. 1.9 Cyklorama und Mareorama

Ansichtskarten mit Motiven der Kreuzfahrt „von Bord" aus verschickt werden konnten als auch daran, dass auch Besatzungsmitglieder anwesend waren, die sich um seekrank gewordene Gäste kümmerten. (Abb. 1.9 rechts) [LAN00] [SCA99] [SCA00] [WAG14].

Ob diese Art der Präsentation tatsächlich, wie vielfach gesagt, Vorläufer einer „Virtuellen Realität" ist, wird im späteren Abschn. 2.5 näher betrachtet. Als einen ersten Schritt in diese Richtung können sie in jedem Fall angesehen werden. [WIK21d] [HIS21].

Rheinpanorama
Einen anderen Blick auf die Welt hält das Relief- oder (➜) Rheinpanorama fest. Während die oben vorgestellten Panorama-Arten entweder Kugel- oder Zylinderprojektionen darstellen, handelt es sich beim Rheinpanorama um eine sogenannte fortlaufende Parallelprojektion. Der Namen „Rheinpanorama" kommt daher, dass die erste Abbildung dieser Art den Rhein von Rüdesheim bis Koblenz zeigt. Die deutsche Malerin Elisabeth von Adlerflycht war von der Landschaft des Rheins nach einer ihrer Reisen so beeindruckt, dass sie dies als ein Aquarell mit einer Länge von 2,34 m und einer Breite von 23 cm festhielt und damit die Vorlage und den Anstoß für eine Reihe weiterer solcher Darstellungen entlang des Rheins gab. (Abb. 1.10) [SAT93] [STE93] Unter der Bezeichnung Multi-Viewpoint-Panorama wird diese Art der Abbildung im folgenden Kapitel noch einmal aufgegriffen werden.

Ein (erstes Zwischen-) Fazit
Panoramafotos stellen eine besondere Form der Darstellung im Allgemeinen und in der Fotografie im Speziellen dar, die sich durch ihre Möglichkeit charakterisiert, einen weiten Blickwinkel einfangen zu können und dem Betrachter ein immersives visuelles Erlebnis zu bieten. Im Gegensatz zu herkömmlichen Fotos, die oft ein recht eng begrenztes

Abb. 1.10 Rheinpanorama (E. v. Adlerflycht)

Sichtfeld abdecken, ermöglichen Panoramafotos damit eine breitere Erfassung der Umgebung und erzeugen somit eine größere räumliche Wirkung.

Die genaue Definition der Panoramafotografie kann je nach Kontext und Anwendungsbereich variieren. Im Allgemeinen bezieht sich der Begriff auf Fotos, die ein Sichtfeld von mehr als 180 Grad abdecken. Oftmals werden Panoramafotos jedoch verwendet, um einen noch größeren Blickwinkel bis zu (fast) 360 Grad zu erfassen. Dies ermöglicht es dem Betrachter, sich in alle Richtungen umzuschauen und das Gefühl zu haben, mitten im aufgenommenen Szenario zu stehen.

Die Erzeugung von Panoramafotos erfordert den Einsatz spezieller Techniken und Ausrüstung, um das erweiterte Sichtfeld erfassen zu können. Typischerweise werden mehrere Einzelaufnahmen in einer sequenziellen Reihenfolge gemacht und dann mithilfe spezieller Software oder durch manuelle (➜) Stitching-Techniken zu einem einzigen Bild zusammengefügt. Dadurch entsteht der Eindruck eines nahtlosen und kontinuierlichen Panoramas.

Verwendung finden Panoramafotos in verschiedenen Anwendungsbereichen. In der Landschaftsfotografie ermöglichen sie es dem Betrachter, die beeindruckende Weite einer Landschaft einzufangen und sich inmitten der Natur zu fühlen. In der Architekturfotografie können Panoramafotos verwendet werden, um große und komplexe Strukturen vollständig darzustellen und Details zu präsentieren, die mit herkömmlichen Fotos nicht erfasst werden können.

1.1 Gestaltung & Technik

Wie im vorigen Kapitel schon gesagt, besteht eine der großen Herausforderungen der fotografischen Abbildung mittlerweile darin, die Welt in Bilder standardisierter Größe einzufangen. Diese Formate, sind in aller Regel allerdings recht klein. Dies führt dazu, dass Zugeständnisse im Aufbau des Bildinhaltes gemacht werden müssen. Entweder werden Teile des eigentlich gewünschten Inhaltes abgeschnitten oder es wird viel „Drumherum" mit aufgenommen, der eigentlich nicht relevant ist. Beides ist nicht wirklich optimal. Sicherlich erinnert sich der ein oder andere Leser noch an die Zeiten, als die Filme, in denen glorreiche Westernhelden in (→) Cinemascope oder (→) Panavison durch epische Prärielandschaften ritten, im (Röhren-) Fernseher gezeigt wurden. Entweder wurde das Filmbild dabei soweit verkleinert, dass das Bild schrumpfte und oben und unten schwarze Balken das Bild umrahmten, oder die Bilder waren zwar so hoch wie dass Fernsehformat, dabei aber dann rechts und links beschnitten und zeigten von ebenjenen epischen Landschaften lediglich noch Postkartenausschnitte. (Abb. 1.11).

Wie unschön und unpraktisch dies ist, verdeutlichen die Größenvergleiche der Abb. 1.12, in denen die absoluten und relativen Größenverhältnisse im Vergleich gezeigt werden.

Neben dieser Größenproblematik besteht eine weitere Problematik in der Abbildung der aufgenommenen Bilder. Ein Fotograf sieht die Welt um sich herum von (s)einem Standort aus wie eine Kugel, in deren Zentrum er steht, ganz ähnlich, wie es bei den Georamen im vorigen Abschnitt gezeigt wurde. Er stellt nun seine Kamera auf eine gewisse Entfernung scharf und nimmt so die Welt auf. Daraus ergeben sich verschiedene Folgeprobleme: (Abb. 1.13)

1. Ein Foto ist eine Abbildung beziehungsweise Aufzeichnung auf einer Ebene, die nicht so einfach an die Innenseite der Kugel geheftet werden kann, ohne dass dabei Verzerrungen auftreten.
2. Hat der Fotograf zur Präsentation keine (Hohl-) Kugel zur Verfügung, so muss er die ursprüngliche Kugelaufnahme auf eine (Präsentations-) Ebene transformieren, also verbiegen. Bei kleinen Präsentationsformaten spielt dies keine Rolle, da die Verzerrungen so klein sind, dass sie nicht auffallen. Bei großformatigen Präsentationen allerdings zeigen sich diese Verzerrungen deutlich.

Abb. 1.11 Cinemascope und Panavision im 4:3-Fernsehen (schwarz: 4:3 grün: Cinemascope blau: Panavision)

Abb. 1.12 Größenvergleiche (oben: Panoramen der Geschichte und heutige Standardgrößen; unten: Panoramen der Geschichte bezogen auf einen 17"-Monitor (16:9)) (blau: die Größe des Thun-Panorama; rot: die Größe der Qingming-Rolle; grün: DIN A4 (hochkant); orange: 27"-Monitor (16:9))

1.1 Gestaltung & Technik

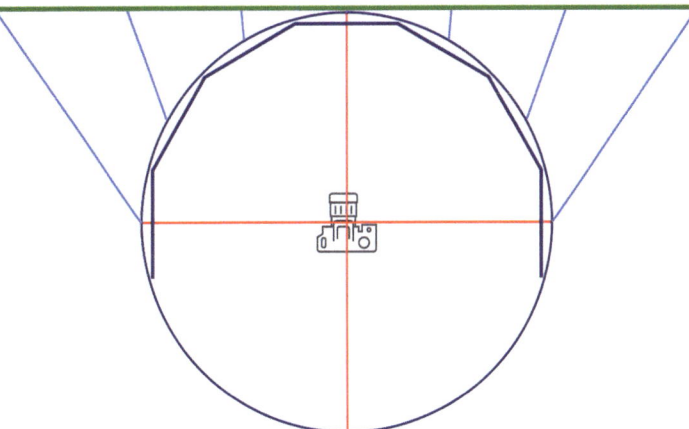

Abb. 1.13 Abbildungsprobleme bei der Zentralprojektion

Die reine Kugelprojektion wird in Abschn. 2.3, dass sich den 360°-Fotos widmet, wieder aufgegriffen werden. An dieser Stelle hier werden zunächst die Abbildungen „der Welt" auf eine Ebene betrachtet. Dies führt dann zugleich auch zu einer allgemeinen Definition von Panoramabildern:

▶ **Definition** Ein Panorama ist ein Ausschnitt aus der Kugelprojektion der Welt rund um einen (Aufnahme)-Punkt, der auf eine Ebene projiziert wird. Der abgebildete Blickwinkel ist dabei größer als der natürliche Blickwinkel des Menschen von etwa 100.

Die unterschiedlichen Arten der Projektion sollen am folgenden Beispiel und in den folgenden Abbildungen erläutert werden. Hier steht der Fotograf auf der Mitte des Platzes sozusagen in seinem Zylinder. Von dort hat er freien Blick in alle Winkel rund um sich herum:

- Der gerade Blick nach vorne ist hier als 0° gekennzeichnet,
- der Blick nach rechts mit 90°,
- nach hinten mit 180° und
- nach links somit mit 270°.

Abstrahiert stellt sich dies wie in Abb. 1.14 dar. Diese Zentralprojektion muss nun entsprechend transformiert werden, damit ein Panorama auf einer Ebene abgebildet wird. In der darstellenden Geometrie wird dies auch als (Mantel-) Abwicklung bezeichnet. Dazu wird die Projektion auf die Kugel (-innenseite) zunächst zur Form eines Zylinders transformiert, der dann abgewickelt wird. Während die Abstände der Blickwinkel nach oben

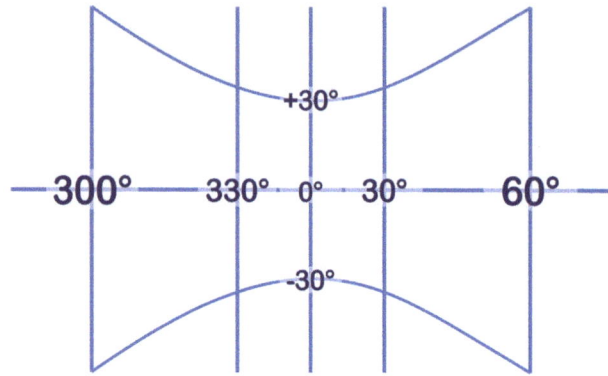

Abb. 1.14 Abstrahierte Zentralprojektion

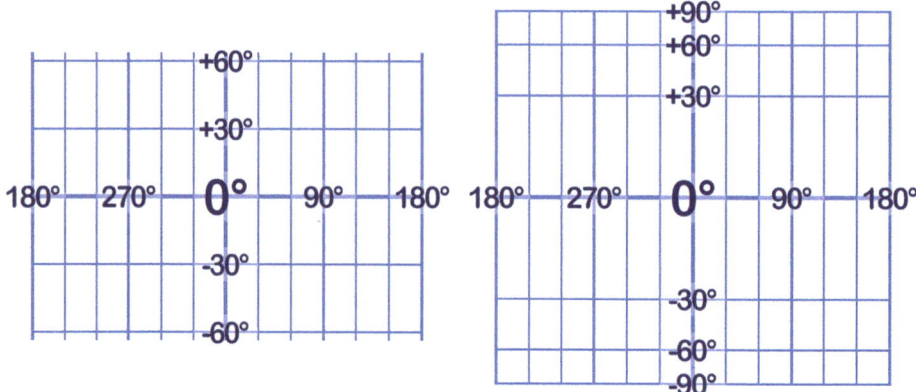

Abb. 1.15 Abstraktion der Zentralprojektion auf eine Ebene (links) und auf eine Zylinderprojektion als Mantelabrollung (rechts)

und unten bei der Abwicklung der Zentralprojektion gleich groß sind, sind diese Abstände bei der Zylinderprojektion unterschiedlich groß. (Abb. 1.15).

Viele Panoramen begrenzen, wie auch die obigen Beispiele, den Blickwinkel. Es wird ein Bogen von 180° oder 240° gezeigt, der nicht den gesamten Rundumblick abbildet. Technisch ist es, wie später auch noch gezeigt wird, aber durchaus möglich, ein Bild aufzunehmen, dass dem Betrachter die Möglichkeit gibt, sich um 180° nach rechts und auch um 180° nach links zu drehen und so einen kompletten Rundumblick bietet. (Abb. 1.16 und Abb. 1.17) Die Besonderheit besteht darin, dass der Betrachter also kein Ende des Panoramas erreicht, sondern sich vielmehr auch um 360° drehen kann. Daher werden solche Panoramen auch als (→) Endlos- oder 360°-Panorama bezeichnet.

1.1 Gestaltung & Technik

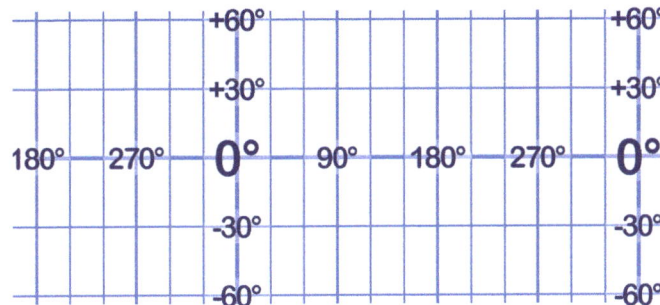

Abb. 1.16 Abstraktion eines Endlos-/ 360°-Panoramas

Abb. 1.17 Endlos-/ 360°-Panorama (Thun-Panorama)

▶ **Wichtig**
Genau hier zeigt sich die sprachliche Problematik, weswegen ursprünglich mit der Arbeit an dem hier vorliegenden Vergleich begonnen wurde. Der Begriff des 360°-Panoramas wird nicht selten auch für die später noch betrachteten 360°-Kugel-Panoramen benutzt Wer hier also sprachlich ungenau arbeitet, kann sehr schnell in Fehler und Fallen tappen. Selbige Probleme treten unter anderem auch bei schlechter oder fehlender Abgrenzung von 360°-Fotos und -Filmen zu Virtual Reality auf!

Die gerade gezeigten Arten der Projektion eignen sich dann, wenn ein Panorama erzeugt werden soll, dass quasi aufrecht vor einem Betrachter zum Beispiel an einer Wand aufgehängt wird. Aber es gibt auch andere, weitere Projektionsarten, die, der Definition des Panoramas entsprechend, einen Blickwinkel von mehr als etwa 100° abbilden. Hierbei „steht" die Projektionsfläche nicht vor dem Betrachter, sondern sie liegt wie das Segment eines Kreisrings vor ihm, wie es die Abb. 1.28 und 1.29 zeigen. Dies kann häufig an exponierten Touristenspots gefunden werden. (Abb. 1.18) So kann zum Beispiel der reale Blick in die Bergwelt der Alpen geworfen werden, und eine Orientierungshilfe zu geben, in welcher Richtung welcher Berggipfel zu finden ist. (Abb. 1.19) Dies wird häufig mittels (→) Kreisringpanoramen erreicht.

Abb. 1.18 Panoramafoto (allgemein) (hier: Skyline Singapur (HDR))

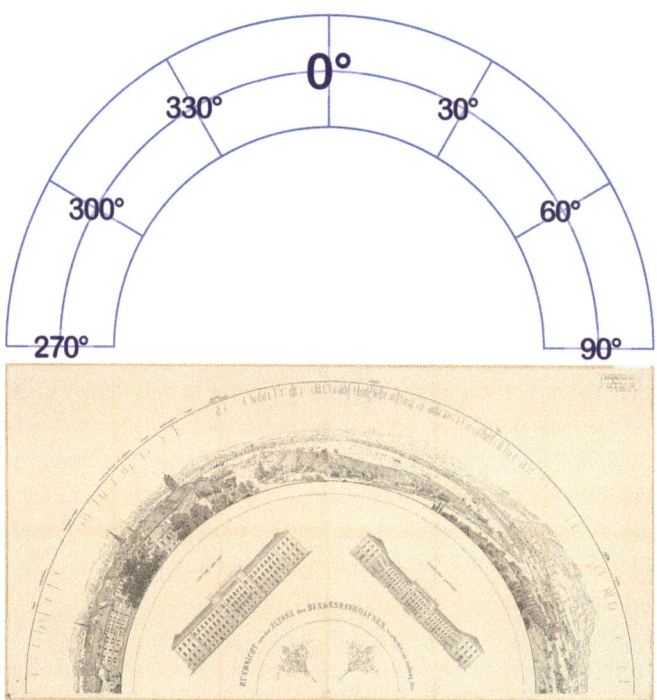

Abb. 1.19 Kreisringpanorama: Abstraktion (links) und Umsetzung (rechts: Rundsicht von der Altane des Bundesrathauses)

Ein besonders in den sozialen Medien beliebter Panoramatyp entsteht durch die Steigerung des Kreisringpanoramas ins Extrem. Während, wie auch in den obigen Beispielen zu sehen, das Kreisringpanorama meist Blickwinkel von 180° bis etwa 270° abbildet, wird beim sogenannten (→) Tiny Planet der Blickwinkel auf 360° erweitert. (Abb. 1.21)

1.1 Gestaltung & Technik

Anders aber als beim Endlospanorama erfolgt hier durch die Projektion auf die orthogonale Ebene, also den „Boden", eine Verzerrung:

- Die Objekte, die sich unterhalb des Horizonts, also zwischen 0° und -90° befinden, werden, je weiter sie gegen -90° gehen, umso mehr gestaucht.
- Die Objekte, die sich oberhalb des Horizonts, also zwischen 0° und +90° befinden, werden, je weiter sie gegen +90° gehen, umso mehr gezerrt.

Je nachdem, auf welcher Höhe der Horizont liegt, kann sich hier auch ein asymmetrischer Verlauf ergeben, wenn zum Beispiel der Horizont nicht in der Mitte bleibt, sondern in die Höhe, also in Richtung des Randes der Kreisfläche gehoben wird. Dies kann bis zur Umkehrung des Tiny-Planet-Effektes geführt werden, sodass der Anschein erweckt wird, es handle sich nicht um einen „Planeten", sondern um einen Tunnel. Abb. 1.20

Alle bisher gezeigten Projektionen und Panoramen lassen sich aus der Zentralprojektion ableiten, die den Blick von einem zentralen Standort aus abbildet. Sie lassen sich, mit einer Ausnahme, auf die zum Ende des vorigen Abschnitts eingeführten, sozusagen „klassischen" Arten von Panoramen anwenden. Die Ausnahme ist das Rheinpanorama, bei dem es sich nicht um eine Zentral-, sondern um eine Parallelprojektion handelt. Um ein solches Panorama zu erzeugen, wird die Kamera nicht um die Achse des Standortes des Fotografen gedreht, sondern die Kamers schaut stets in die gleiche Richtung. Allerdings wird der Standort der Kamera verschoben. Daraus resultiert auch die englische Bezeichnung (→) Multi-Viewpoint-Panorama. (Abb. 1.22) Die so aufgenommenen Bilder können direkt aneinander gelegt werden, denn sie sind theoretisch

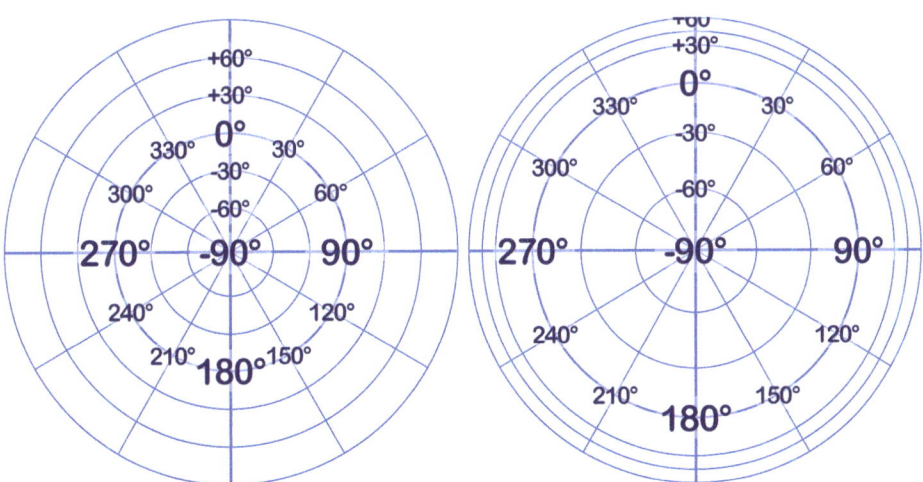

Abb. 1.20 Abstraktionsmöglichkeiten für Tiny Planets

Abb. 1.21 Tiny Planets (links: St. Gallen; rechts: Lübeck)

Abb. 1.22 Multi-Viewpoint-Panorama

nicht perspektivisch verzerrt. In der Praxis hingegen ergeben sich durch die Kamera- und Objektivgeometrie allerdings oftmals doch Verzerrungen, die eine Vorverarbeitung vor dem Zusammenfügen erforderlich machen. (Abb. 1.23).

Wird die Art der Auslegung des Begriffes Panorama genauer betrachtet, könnte dabei ein Aspekt auffallen. Alle bisherigen Beispiele gehen davon aus, dass die Drehung, die der Mensch zum Aufnehmen und zum Betrachten machen muss, um die sogenannte Longitudinalachse erfolgt. Dies ist durchaus naheliegend, denn wenn davon gesprochen wird, dass wir den Kopf drehen, ist damit üblicherweise die Drehung von rechts nach links oder umgekehrt gemeint.

Allerdings ist es auch durchaus möglich, den Kopf nach oben und unten zu neigen, ihn also um die Horizontalachse zu drehen. So macht der Mensch es in der Regel, wenn er Berge, hohe Bäume oder Gebäude betrachten möchte. Das Ziel besteht auch hier darin, durch diese Bewegung den Blickwinkel zu vergrößern. Der Begriff „Panorama" und so, wie er allgemein verstanden wird, schließt dies nicht aus. Die theoretischen und abstrakten Betrachtungen gelten auch für diese sogenannten vertikalen Panoramen oder (→) Vertoramen, wie sie seltener auch bezeichnet werden. Einerseits muss hier lediglich eine gedankliche Drehung um 90° vorgenommen werden, um aus dem horizontalen

1.1 Gestaltung & Technik

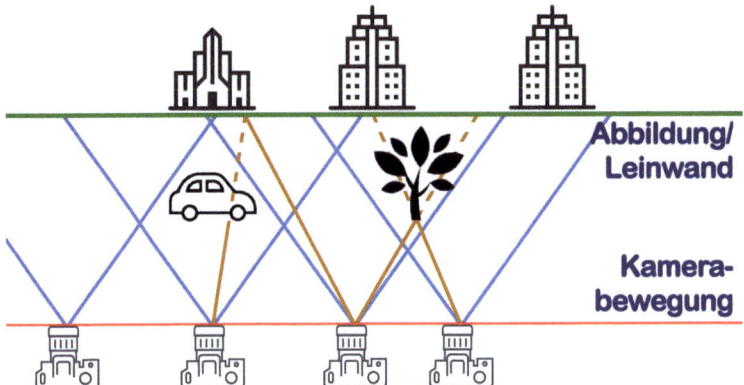

Abb. 1.23 Abstraktion des Multi-Viewpoint-Panoramas (nach: [AGA06])

Abb. 1.24 Körperachsen und -ebenen

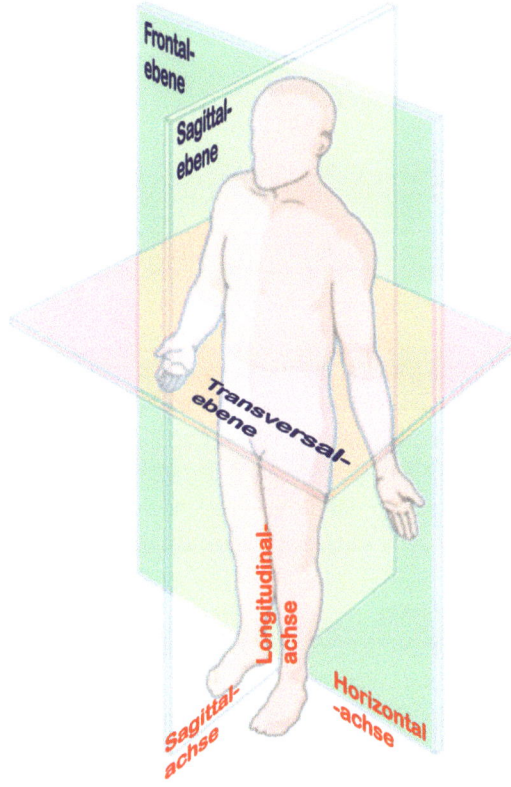

Abb. 1.25 Innenansicht eines Kirchenschiffs als vertikales Panorama

ein vertikales Panorama zu machen, wie es Abb. 1.25 zeigt. Andererseits aber müssen hier die Gesetze der Optik und der optischen Wahrnehmung noch mehr beachtet werden, denn vor allem bei der Abbildung von Gebäuden auf einem vertikalen Panorama werden die architektonisch strengen, geraden Linien allzu leicht verbogen. Dies muss schon bei der Aufnahme durch die Wahl des richtigen technischen Geräts, wie zum Beispiel des richtigen Objektivs, berücksichtigt werden.

▶ **Wichtig**
  Der Vollständigkeit halber soll hier nicht unerwähnt bleiben, dass mir (dem Autor) Panoramen entlang der Sagittalachse bisher noch unbekannt sind, was aber nicht heißt, dass es solche nicht zumindest theoretisch auch geben könnte.

Technik der Produktion

> **Übersicht**
>
> Um Panoramabilder zu erstellen, gibt es verschiedene Wege. Letztlich lassen sich diese aber auf eine aus der klassischen Fotografie abgeleiteten Verarbeitungs-Pipeline zurückführen: [BÖH14d]
>
> 1. Die Idee und das Auge!
> 2. Vorbereitung der Aufnahme(n)
> 3. Die Aufnahme an sich
> 4. Nachbereitung und Korrektur der rohen (Einzel-) Aufnahmen als Vorbereitung zum
>
> Zusammensetzen der Ausgangsbilder zum endgültigen Panorama.
>
> Panoramabilder können im Regelfalle nicht wie normale, also standardgroße Fotos präsentiert werden. Sie an exponierter Stelle auszustellen ist sicherlich die geringste Schwierigkeit. Sollen allerdings andere Präsentationsformen oder -kanäle eingeschlagen werden, muss die obige Pipeline um wenigstens einen, möglicherweise aber auch noch weitere Punkte erweitert werden:
>
> 5. Umsetzung beziehungsweise Anpassung des Panoramas an die gewählte Präsentationsform.
>
> Spätestens in Abschn. 2.1.3, der sich mit dem Punkt der Interaktion beschäftigen soll, wird dieser fünfte Schritt der Pipeline noch einmal aufgegriffen.

Schritt 0: Die Idee und das Auge

Dazu kann an dieser Stelle wenig Inhaltsreiches gesagt werden. In diesem Schritt stehen die Intuition, die Kreativität und vielleicht auch das technische Know-how des Fotografen im Zentrum.

Schritt 1: Vorbereitung der Aufnahme(n)

Die Umsetzung einer Idee in ein „echtes" Panorama ist nicht nur abhängig vom eigentlichen Vorgang des Aufnehmens an sich. Vielmehr kann das Aufnehmen eines Panoramas nur dann zu einem guten Ergebnis führen, wenn die Aufnahme im Vorfeld gezielt geplant und vorbereitet wurde. Wie später noch näher erläutert wird, besteht das endgültige Panorama in der Regel aus mehreren einzelnen Fotos, die später zusammengesetzt werden. So ist also nicht nur das Bild zum Zeitpunkt der einen Aufnahme wichtig, sondern jedes Bild muss in sich und darüber hinaus zu allen anderen Bildern stimmig sein. So sollte schon bei der Aufnahme darauf geachtet werden,

- wie lange die Aufnahme aller Einzelfotos voraussichtlich dauern wird,
- was sich während dieser Zeit im Bereich der Aufnahme verändern kann und so später zu Problemen beim Zusammensetzen führt,
- wie sich eventuell auch die Lichtverhältnisse und die Schattensituation im Verlaufe einer länger dauernden Aufnahmeprozedur verändern wird sowie
- welche Probleme durch unterschiedliche Helligkeiten und unterschiedliche Entfernungen zu Objekten bei den einzelnen Aufnahmen auftreten können.

Schritt 2: Die Aufnahme an sich
Dieser Schritt kann an dieser Stelle relativ schnell abgehandelt werden: es gelten, unter Berücksichtigung der Planung aus dem vorigen Schritt 1, für jede einzelne Aufnahme des späteren Panoramas alle Regeln, die auch bei der Aufnahme jedes anderen Einzelfotos gelten. Beachtet werden sollte hier allerdings, dass die einzelnen Fotos so aufgenommen werden, dass es eine ausreichend große Überlappung zwischen zwei benachbarten Fotos gibt. Für die Größe dieser Überlappung gibt es keine festen Regeln. Professionelle Quellen wie zum Beispiel Whitewall reden aus ihrer Erfahrung von etwa 20 % bis 40 %. [BRU16].

Schritt 3: Nachbereitung der (Einzel-) Aufnahmen
Nach Abschluss der Aufnahme aller Einzelbilder muss jede einzelne Aufnahme nachbearbeitet oder zumindest aber kontrolliert werden. Was im Film (→) Continuity genannt wird, sollte bei einer guten Panoramaaufnahme nicht fehlen. Neben der reinen Qualitätskontrolle und den Bearbeitungen zur Verbesserung der Qualität der einzelnen Fotos steht hier zum Beispiel auch die Kontrolle darauf an, ob zum Beispiel

- genug Überlappung zwischen zwei benachbarten Fotos bedacht wurde,
- sich nicht doch Objekte zwischen den einzelnen Fotos bewegen, die das zusammenfügen stören könnten oder die ganz allgemein nicht zum späteren Ergebnis passen,
- die Beleuchtung und die Schärfe in den Einzelfotos korrekt ist.

Insbesondere störende und/ oder sich bewegende Objekte sind eine typische Fehlerquelle bei der Umsetzung einer Panoramaaufnahme. (Abb. 1.26) Sind störende Autos und Fußgänger noch leicht zu erkennen, so wird zum Beispiel

- ein Vogel, der durch das eine Foto fliegt und durch die anderen nicht, gerne übersehen,
- der Kondensstreifen eines Flugzeugs, der sich über mehrere Fotos erstreckt und sich während der Aufnahme verändert, häufig zum Problem,
- die kleine Analoguhr im Hintergrund, die ebenfalls die Zeit zwischen den einzelnen Aufnahmen anzeigt, zum Stolperstein.

Abb. 1.26 Potenzielle Fehlerquellen bei Panorama-Aufnahmen (Beispiel-hier: bewegte Objekte wie Menschen am Strand)

Für einzeilige Panorama werden in der Regel etwa zwölf bis zwanzig Bilder benötigt, für die später noch betrachteten Kugelpanoramen gelten etwa 36 Bilder als Untergrenze für gute Ergebnisse. [BÖH14d] Allein diese Zahlen geben schon einen deutlichen Hinweis, warum die Schritte 1 und 2 mit möglichst großer Sorgfalt durchlaufen werden sollten.

Schritt 4: Zusammensetzen der Ausgangsbilder zum Panorama
Im zunächst letzten Schritt müssen die Bilder „nur noch" zusammengesetzt werden. Aus dem Englischen stammt dafür der Begriff des „Stitchens", der diesen Vorgang in seiner Übersetzung sehr gut beschreibt: das Panorama wird „zusammengenäht". Leider ist dies allerdings nicht ganz so simpel, wie es sich anhört, denn hier kommen die in den obigen Abbildungen dargestellten Probleme der Optik und der geometrischen Abbildung zum Tragen. Die auf der den jeweiligen Fotoebenen abgebildeten Bildinformationen müssen nun so transformiert werden, dass der sphärische Eindruck des Panoramas nicht verletzt wird.

Jedes einzelne Bild ist aus einer leicht anderen Perspektive aufgenommen als seine Nachbarn, wie auch Abb. 1.27 zeigt. Dies bedeutet auch, dass die geometrischen Abbildungen der Bildobjekte sich unterscheiden und beim Zusammenfügen entsprechend transformiert werden müssen, damit ein nahtloses und (möglichst) fehlerfreies Panorama entsteht.

Alles in allem ist der Arbeitsablauf für ein Panorama damit also durchaus recht aufwendig. Es stellt sich die Frage, ob dies wirklich notwendig ist oder ob es nicht andere, einfachere Wege gibt, ein Panorama zu fotografieren. Ein Ansatz könnte sein, einfach ein ganz normales Foto zu machen und die nicht gewünschten Ränder oben und unten abzuscheiden – fertig ist das Panorama. Was nach einem durch und durch pragmatischen Ansatz klingt, wird tatsächlich auch gemacht. Allerdings nicht, um ein fertiges,

Abb. 1.27 Von Einzelbildern zum Panorama

hochqualitatives Ergebnis zu erhalten. Ein einzelnes Foto, auch wenn es mit einer guten – was immer dies auch bedeuten mag – Kamera aufgenommen wurde, hat niemals dieselbe Auflösung und Größe wie ein auf dem oben gezeigten Wege produziertes. Das Ziel dieses Vorgehens besteht in der Regel darin, ein erstes, schnelles, Hilfspanorama zu bekommen, dass helfen kann, die „Problemzonen" zu finden, auf die dann bei der späteren Aufnahme besonderes Augenmerk gelegt werden muss.

Qualitativ bessere Lösungen ergeben sich durch die Verwendung besonderer Kameras oder besonderer Kamerafunktionen. Letztere finden sich in den Programmfunktionen nahezu jeder aktuellen digitalen Spiegelreflexkamera (DSLR) oder Systemkamera, meist einfach unter der Programmbezeichnung „Panorama", (→) „Sweep Panorama" oder ähnlichen. Der Fotograf fokussiert eine Entfernung scharf und dreht sich nun um die (Longitudinal-) Achse. Solange der Auslöser betätigt bleibt, nimmt die Kamera einzelne Bilder auf. Nach Loslassen des Auslösers werden die Bilder dann in der Kamera „gestitcht". Auch die Kamera-Apps auf mehr und mehr Smartphones bieten diese Funktion an. So gut die Ergebnisse dieser Programmfunktionen auch mittlerweile durchaus sind, so erreichen sie allerdings nur selten die Qualität manuell produzierter Panoramen. Häufig kommt die Programmfunktion mit unterschiedlichen Helligkeiten und mit unterschiedlich weit entfernten Objekten bei diesem automatisierten Prozess nicht zurecht. Die häufigste Fehlerquelle ist allerdings der Fotograf selbst, der solche Programmfunktionen durch eine nicht einheitliche Drehgeschwindigkeit oder auch durch das Verlassen der ursprünglichen Horizontlinie vor nicht korrigierbare Probleme stellt. (Abb. 1.28).

Bessere Ergebnisse liefern „echte" Panoramakameras, die unter der Bezeichnung 360°-Kameras derzeit in immer größerer Zahl auf dem Markt verfügbar sind. Beispielhaft sind verschiedene Umsetzungen solcher Kamers in Abb. 1.29 dargestellt. Ihr charakteristisches Zeichen ist die Ausstattung mit extremen Weitwinkelobjektiven, eines auf der Vorder- und ein weiteres auf der Rückseite der 360°-Kamera. Diese Anordnung ermöglicht es dann, mit einer einzigen Betätigung des Auslösers gleichzeitig Bilder in beide Richtungen aufzunehmen. Die Vor- und Nachteile dieses Weges und die sich daraus ergebenden Probleme werden in Abschn. 2.2–360° betrachtet.

1.1 Gestaltung & Technik

Abb. 1.28 Panorama mit verschiedenen Stitching-Fehlern (1a & 1b: bewegte Objekte; 2: Geisterobjekte; 3: horizontale Verzerrung (Biegung); 4: vertikale Verzerrung (Neigung); 5: Belichtungsfehler)

Abb. 1.29 Panorama-Kameras im Vergleich (links: 180°-Kamera im Consumerbereich; rechts: Panorama-Kamera für den (semi-) professionellen Bereich)

Für die Preise besonders im professionellen Bereich gilt, wie in den meisten anderen Bereichen ebenso, dass die Grenzen nach oben offen. Die oben dargestellte professionelle „Kandao Obsidian Pro" ist (Stand September 2024) je nach Anbieter ab etwa €29.000 erhältlich. Aber auch ohne spezielle Kameras und auch ohne Programmfunktionen können mit normalen, handelsüblichen DSLR oder mit Systemkameras qualitativ hochwertige Panoramafotos produziert werden. Jedoch sollten bei der Aufnahme von Panoramen insbesondere zwei Aspekte berücksichtigt werden, die in der „normalen" Fotografie in aller Regel nicht so bedeutend sind wie eben hier. Diese beiden Aspekte sind der (→) Nodalpunkt sowie die (→) Hyperfokaldistanz. Werden diese nicht beachtet, stellt sich beim Zusammenfügen der Einzelfotos zum Panorama oftmals dann doch kein optimales Ergebnis ein, obwohl die Einzelfotos an sich jeweils eine gute Qualität zeigen. Grund dafür ist die den Objektiven eigene (→) Distorsion oder Verzeichnung, durch die das aufgenommene Motiv nicht geometrisch gleichförmig über das gesamte Bild abgebildet wird. Grund dafür wiederum ist die mittlerweile übliche Konstruktion der Objektive, die keine Symmetrie im Aufbau vorsieht. Deutlich erkennen lässt sich diese Verzeichnung zum Beispiel bei Zoomobjektiven, bei denen es im Weitwinkelbereich durch kurze Brennweiten zu tonnenförmigen sowie im Telebereich durch die langen Brennweiten zu kissenförmigen Verzeichnungen kommt. Diese Art der Abbildungsfehler lässt sich vielleicht durch Auf- oder Abblenden leicht verringern, allerdings nicht gänzlich verhindern. [BÖH14c] Solche Verzerrungen sind für das spätere, mittlerweile häufig automatisierte, Zusammenfügen oftmals problematisch und können dann dazu führen, dass offensichtliche „Nähte" im Panorama erkennbar sind.

Vorteilhaft ist also für den Einsatzzweck Panorama die Erweiterung der fotografischen Standardausrüstung durch zusätzliche Hardware, die speziell für das Aufnehmen von Panoramen geeignet sind. Neben hochwertigen Objektiven sind dies vor allem

- Stative mit einem Schwenkkopf, der möglichst eine gut ablesbare Gradeinteilung besitzt und eventuell auch noch eine gleichmäßige, leichtgängige und im Idealfall auch automatisierte Bewegung unterstützt, sowie
- sogenannte (→) Nodalpunktadapter, die helfen, den verschobenen Drehpunkt von Kamera und Objektiv auszugleichen.

Wie so häufig, ist auch diese zusätzliche Ausrüstung nicht neu, sondern sie ist in der Regel dem Fotografen, der sich mit dem Thema noch nie auseinandergesetzt hat, lediglich unbekannt, da sie selten in der allgemeinen Literatur oder im Handel zu finden ist. So beantragte der Fotograf Joseph Puchberger schon 1843 das Patent auf eine Panoramakamera mit einem speziellen Objektiv, bei dem mittels einer Handkurbel die Linse geschwenkt werden konnte. [IND20] 1888 folgte das Patent für John R. Connon, der nicht die Linse alleine schwenken wollte, sondern vielmehr den Drehpunkt der Kamera durch den oben schon erwähnten Nodalpunktadapter verlegte und es damit ermöglichte, auch mit normalen Objektiven und Kameras Panoramen aufzunehmen. (Abb. 1.30) [SOCoJ].

Anstelle einer langen theoretischen Herangehensweise über die Physik beziehungsweise die Grundlagen der Optik soll die Erklärung des Nodalpunktes hier am praktischen Beispiel erfolgen. Dazu wird zunächst der Blick auf ein Objekt in einer gewissen Entfernung gerichtet. Um den Effekt gut zu erkennen, eignet sich dazu die Ecke eines Gebäudes oder ein entfernter Schornstein gut. Dieses Objekt oder diese Marke wird nun mit einem Auge bei ausgestrecktem Arm anvisiert, sodass der abgespreizte Daumen das „Ziel" abdeckt. Das andere Auge sollte dabei geschlossen sein. Wird nun der Kopf gedreht, so wird das entfernte Objekt, je nach Drehrichtung rechts oder links, neben dem Daumen wieder sichtbar. Dies geschieht deshalb, weil die auch Augen im Kopf nicht auf dessen Drehachse liegen.

Wird nun zum Vergleich der Kopf in den Nacken gelegt, das entfernte Objekt erneut über den abgespreizten Daumen anvisiert und der Kopf nun gedreht – dabei bitte nicht den Kopf verlieren – wird die Differenz zwischen Daumen und Objekt verringert. Durch

Abb. 1.30 Frühe Ausstattung für Panoramafotografie (links: Kamera mit Schwenklinse (J. Puchberger) [IND20]; rechts: Kamera mit Nodalpunktadapter (J. R. Connon) [IND20])

die Drehung des Kopfes in den Nacken nähern sich die Augen der Drehachse des Kopfes an, womit die optische Verschiebung zwischen Daumen und entferntem Objekt reduziert wird. [PRAoJ].

Beim Fotografieren mit einer Kamera tritt dieses Phänomen ebenfalls auf. Die „optische Mitte" des Objektivs liegt im Normalfall nicht auf der Drehachse der Kamera. So ist das Gewinde, mit der die Kamera auf dem Stativ befestigt wird, zwar in der Mitte des Kameragehäuses angeordnet. Dies entspricht häufig konstruktiv dem Schwerpunkt des Kameragehäuses. An dieses wird jedoch das gewünschte Objektiv angesetzt. Wird nun die Kamera geschwenkt, so vollführt das Objektiv eine kreisförmige Bewegung, was zu unerwünschten optischen Verzeichnungen führt. Die Kamera muss also soweit von der Drehachse verschoben werden, bis die „Mitte" des Objektivs auf der Drehachse liegt. Dies wird mit dem Nodalpunktadapter erreicht. (Abb. 1.31) Das eine solche Verzeichnung, wenn der Nodalpunkt nicht berücksichtigt wird, zu Problemen beim Zusammenfügen eines Panoramas führen kann, lässt sich leicht zeigen.

Neben den Gesetzen der Optik erschwert oftmals auch die Umgebung, die aufgenommen werden soll, und ebenso die aktuelle Situation die Aufnahme. So sind in der Regel Objekte wie Gebäude oder andere Landmarken nicht alle in gleicher Entfernung rund um den Aufnahmestandort angeordnet. (Abb. 1.32) Bei dem später zusammengesetzten Rundumblick müssen aber alle Objekte scharf abgebildet sein, um den Gesamteindruck nicht zu (zer-) stören. Zumindest Objekte in gleicher Entfernung müssen auch in gleicher Schärfe dargestellt werden. Die Frage für den Fotografen ist nun also, auf welche Entfernung er die Schärfe (-ebene) einstellen und welche Schärfentiefe er wählen soll.

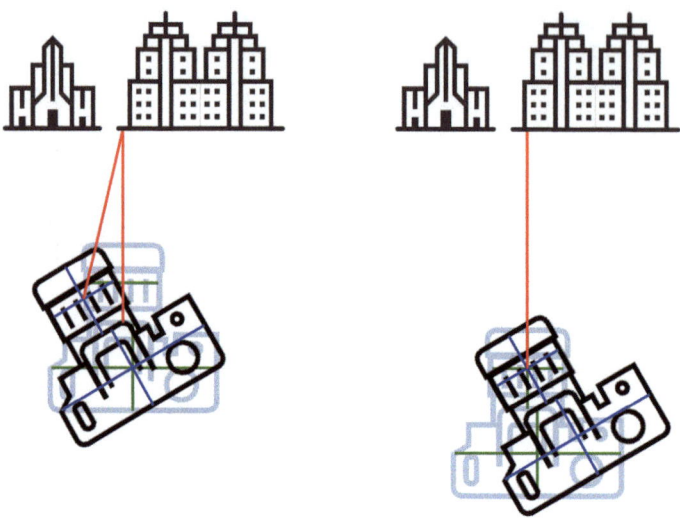

Abb. 1.31 Bedeutung von Nodalpunkt und Nodalpunktadapter

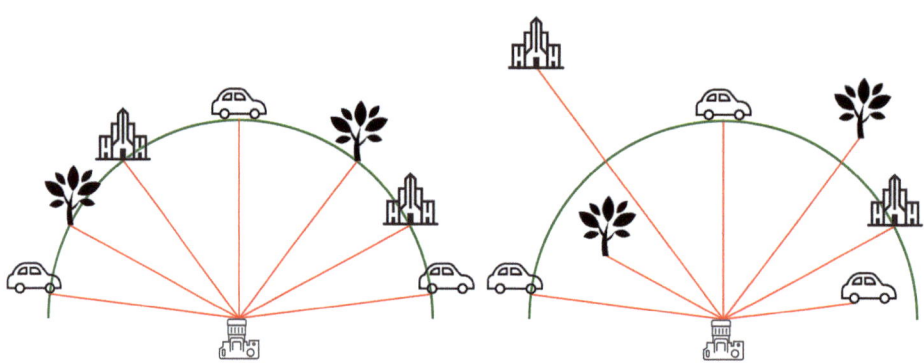

Abb. 1.32 Entfernungsproblematik für Panorama-Aufnahmen: Idealfall (links) vs. Realität (rechts)

Ein üblicher und hilfreicher Weg für gute Panoramen ist die Nutzung der sogenannten Hyperfokaldistanz. Ein anderer Begriff hierfür ist der „Nah-Unendlichkeitspunkt", für den eine Definition folgendermaßen klingen kann:

▶ **Definition** Die Hyperfokaldistanz ist die an einem Objektiv eingestellte Entfernung, bei der bei einer eingestellten Blende alles von der halben eingestellten Distanz bis unendlich scharf abgebildet wird

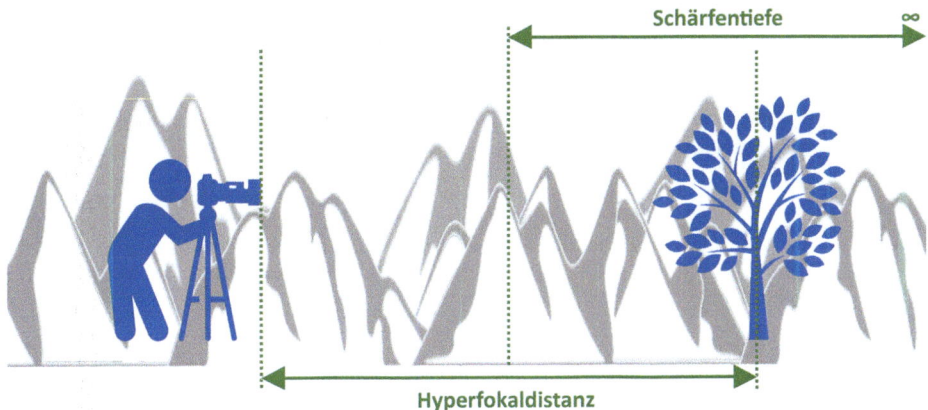

Abb. 1.33 Hyperfokaldistanz

Wird am Objektiv zum Beispiel die Entfernung auf 10 Meter eingestellt, so sollen bei gleichbleibender Blende alle Objekte ab einer Entfernung von 5 m bis in die Unendlichkeit scharf zu sehen sein. [RAA15] (Abb. 1.33) Für die Aufnahme von Panoramen ist es somit sinnvoll mit festem Fokus und fester Brennweite zu arbeiten. Ausnahmen davon sollen im späteren Abschn. 2.1.4 angerissen werden, wenn das Storytelling betrachtet wird.

Ebenso wie auf den Autofokus sollte bei der Aufnahme von Panoramen auch auf die Autobelichtung verzichtet werden. Einerseits bereiten Objekte, die auf aufeinanderfolgenden Fotos unterschiedliche Helligkeiten aufweisen, häufig Probleme beim Zusammensetzen. Zudem aber wird auch der Gesamteindruck beim Betrachten des fertigen Panoramas gestört, wenn solche Helligkeitsunterschiede ohne offensichtlichen Grund auftreten. Vermieden werden kann diese durch feste Einstellungen von Blende und Zeit. Hier ist eine gute Vorbereitung der Aufnahme notwendig, bei der auch auf mögliche Beleuchtungs-/ Belichtungsprobleme geachtet werden sollte. Je nach Aufwand und zur Verfügung stehender Zeit für die Aufnahme bieten sich unterschiedliche Lösungen an, wie zum Beispiel der Einsatz zusätzlichen Lichts und Beleuchtungsequipments oder auch die Aufnahme von (→) HDR-Reihen für jede Einzelaufnahme.

An diesem Punkt ist die Vorbereitung abgeschlossen, die all die obigen theoretischen Punkte einschließt. Der nächste Schritt ist die eigentliche Aufnahme. Ist auch diese durchgeführt, müssen die Einzelfotos nur noch zusammengesetzt werden, was in Abb. 1.34 versucht wird.

Obige Abbildung verdeutlicht noch einmal, dass das kleine Wörtchen „nur", welches sich im letzten Satz vor der Abbildung versteckte, dann doch nicht so ganz korrekt ist. Selbst bei sehr guter Planung und Vorbereitung und bei guter Durchführung der Aufnahme(n) folgt nun die entsprechende Nachbereitung, ohne die ein gutes Panorama nicht entstehen kann: das „Zusammennähen" der Einzelbilder. [BÖH14d].

Abb. 1.34 Ungestitchtes „Panorama"

Heutzutage geschieht das Stitchen in aller Regel mit Hilfe digitaler Werkzeuge. Dabei werden die Einzelbilder rechnerisch so bearbeitet, dass sie aneinandergefügt werden können. Dieses Anfügen ist aber mehr als das Verkleinern der Ränder der beiden benachbarten Bilder. Vielmehr muss hier auf die Verzeichnung der einzelnen sichtbaren Objekte in den Bildern geachtet werden und diese durch Verzerrung, Verformung und (Teil-) Skalierung angeglichen werden. Je besser die Bilder aufgenommen wurden, desto besser werden auch diese Berechnungen und umso geringer wird der notwendige Aufwand für die finale Retusche ausfallen. [BÖH14d] Diese erfolgt dann mit besagten digitalen Werkzeugen und besteht als Feinarbeit in der Regel aus Schritten wie:

- einer manuellen Korrektur von Unschärfen durch die Stitching-Berechnungen,
- einer manuellen (Nach-) Retusche von fehlerhaften Größenberechnungen und ähnlichem,
- einer manuellen Anpassung von Ton- und Helligkeitswerten sowie
- einer optionalen Angleichung an das gewünschte Ausgabeformat.

Auf eine lange Liste von Software-Anwendungen, die dies unterstützen, wird an dieser Stelle bewusst verzichtet, da die digitale Welt äußerst schnelllebig ist. Jedoch haben sich zwei Anwendungen soweit als Standard etabliert, dass davon ausgegangen werden kann, dass sie auch zumindest mittelfristig weiterentwickelt, betreut und vertrieben werden. Dies sind:

- PTGui (Panorama Tools graphical user interface), eine professionelle Software für die Erstellung von Panoramafotos, die zahlreiche Einstellmöglichkeiten und Überblendtechniken integriert.
- Pano2VR, ein Software-Lösung für die Konvertierung von Panoramabildern und, wie der Name schon vermuten lässt, für das Zusammenstellen von Touren durch die erstellten Panoramen.

▶ **Wichtig**
Für weitere Tools, aber auch für weitere Informationen – nicht nur zum Thema Panoramafotografie, sondern zu allen Themen, die in „Beyond (Multi-) Media" angesprochen werden und auch zu anderen, verwandten Themen, schauen Sie gerne auf die Begleitseiten zu diesem Buch:https://invisiblecow.de/beyond-multimedia/

Panoramafotos, ebenso wie die im folgenden Kapitel 360°-Fotos, bergen gegenüber „normalen" Fotos noch eine Besonderheit außerhalb der physikalischen und technischen Dinge, die bisher betrachtet wurden.

Durch den großen Bildwinkel bis hin zu dem Extremfall, dass einmal um den gesamten Aufnahmestandort herum alles fotografisch aufgezeichnet wird, ist es oftmals nicht zu verhindern, dass auch Passanten aufgenommen werden.

▶ **Wichtig**
Hier sind in der Regel rechtliche Fragen, die unter anderem den Datenschutz betreffen, zu beachten. Dies gilt allerdings nicht immer, denn bei besonderen Arten der Aufnahme wie zum Beispiel der gerade hier besprochenen Panoramafotografie, können zum Teil auch Ausnahmen gelten. Da sich das her vorliegende Buch allerdings vor allem um technische und gestalterische Grundlagen kümmern will, sollen diese rechtlichen Aspekte in allen Themenbereichen ausgeklammert werden.

▶ **Wichtig**
Bei diesem Produktionsprozess ergeben sich an verschiedenen Positionen mögliche Fehlerquellen:

- Zu wenige Fotos = = zu großer abgebildeter Bildbereich pro Foto
- Zu wenig Überlappung benachbarter Fotos
- Unterschiedliche Belichtung/ Helligkeit
- Unterschiedliche Fokussierung = = unterschiedlich scharf abgebildete Objekte
- Bewegte Objekte wie Autos oder Spaziergänger, die in mehreren Bildern auftreten = = „Zwillings"effekt
- Bewegte Objekte wie Wellen oder Wolken, die das Stitchen erschweren

1.2 Wahrnehmung

Allein durch ihre Ausmaße ziehen Panoramafotografien den Zuschauer in ihren Bann. Sie eröffnen die Möglichkeit, mittels nur eines einzigen Bildes einen Überblick über eine Situation zu gewinnen. Der Zuschauer steht an einem zentralen Punkt und kann sich im wahrsten Sinne des Wortes umschauen. Die Wahrnehmung von Panoramafotografien ist ein komplexer und multidimensionaler Prozess, der sowohl kognitive als auch emotionale Aspekte umfasst. Durch ihr breites Sichtfeld, das das normale menschliche Sehfeld oft übersteigt, erzeugen sie ein intensives Gefühl von Raum und Präsenz. Diese besonderen Eigenschaften können das Zuschauererlebnis und auch die Art und Weise, wie ein solches Bild interpretiert wird, stark beeinflussen. Diese Eigenschaften bedeuten aber auch, dass der Zuschauer in der Regel mehr Zeit und kognitive Anstrengung aufwenden muss, um das Bild vollständig zu erfassen und zu verstehen. In diesem Prozess spielt die menschliche Fähigkeit zur Mustererkennung und zur räumlichen Orientierung oftmals eine entscheidende, unterstützende Rolle.

Neben der kognitiven Herausforderung eröffnen die Ausmaße von Panoramen die Möglichkeit, völlig in die abgebildete Szenerie des Panoramas einzutauchen. Möglich macht dies die sogenannte (→) „panoramatische Apperzeption", die eine spezielle Art der visuellen Wahrnehmung ist. Sie basiert darauf, dass ein Panorama den Rahmen „normalgroßer" Bilder sprengt und so das Bild gegenüber seinem Zuschauer im wahrsten Sinne öffnet. Er wird eingeladen, in den von ihm betrachteten Bildraum einzutreten und selbst Teil des dortigen Geschehens zu werden. [BOL93] Ein wesentlicher Punkt, damit diese panoramatische Apperzeption gelingen kann, besteht darin, dass der durch ein Panorama angebotene Bildraum sowohl größer ist als das menschliche (→) Gesichtsfeld und als auch als das menschliche (→) Blickfeld. [HOF20b].

Das Gesichtsfeld beschreibt den Teil der visuellen Umwelt, der bei fixierten und unbewegten Augen wahrgenommen werden kann. Es beinhaltet das zentrale (→) foveale) und das (→) periphere Sehen. Gebildet wird das menschliche Gesichtsfeld durch die beiden nebeneinander angeordneten Augen. Sie erfassen in der Horizontalen einen Bereich von etwa 180° und in der Vertikalen einen Bereich von etwa 120°. Jedoch wird nicht dieser ganze Bereich scharf abgebildet, sondern tatsächlich lediglich nur ein Winkel von etwa 1,5°, was auch ein Grund für die ständigen Bewegungen von Augen und Kopf ist. Diese Bewegungen sind zum größten Teil unbewusst und auch nicht direkt kontrolliert und auch nicht völlig kontrollierbar. Sie vergrößern aber die insgesamt aufgenommenen Informationen und werden im Gehirn zu einem Gesamteindruck verschmolzen. Der Bereich, der mit diesen Bewegungen visuell erfasst werden kann, wird daher als Blickfeld bezeichnet, dargestellt in Abb. 1.35.

Des Weiteren spielt die räumliche Wahrnehmung eine entscheidende Rolle bei der Betrachtung von Panoramabildern. Panoramabilder repräsentieren oft eine dreidimensionale Szene in einem zweidimensionalen Format, und es liegt an unserem Gehirn, diese räumlichen Informationen zu verarbeiten und zu interpretieren. Dies kann

1.2 Wahrnehmung

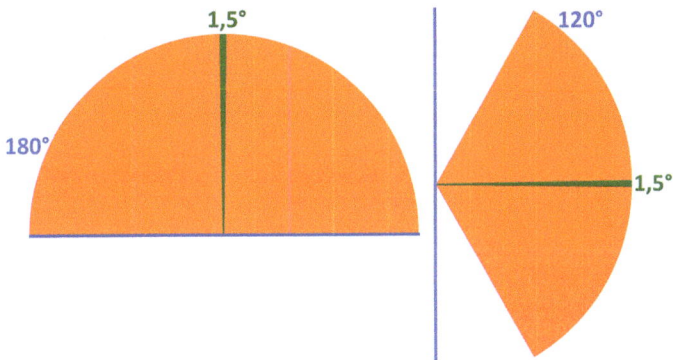

Abb. 1.35 Gesichts- und Blickfeld (links: vertikal; oben: horizontal)

eine Herausforderung darstellen, insbesondere wenn die im Panorama dargestellte Situation komplex ist oder eine ungewöhnliche Perspektive bietet.

Zudem hat die individuelle Aufmerksamkeitssteuerung einen signifikanten Einfluss auf die Wahrnehmung von Panoramabildern. Aufgrund des breiten Sichtfelds und der Menge an visuellen Informationen, die Panoramen bieten, muss unser Aufmerksamkeitssystem bestimmen, auf welche Bereiche des Bildes es sich konzentrieren will. Dies kann von vielen Faktoren beeinflusst werden, einschließlich der Ästhetik des Bildes, den persönlichen Interessen und Vorlieben des Betrachters sowie von Kontextinformationen, die der Betrachter über die Szene hat.

Die kognitive Wahrnehmung von Panoramafotografien ist ein deutlich komplexerer Prozess als die Wahrnehmung „normaler" Fotos. Die spezifische Art und Weise, wie die kognitiven Systeme interagieren und zusammenarbeiten, kann erheblichen Einfluss auf die Wahrnehmung und das Verständnis des Panoramabildes durch den Betrachter haben. Das Verständnis dieser Prozesse liefert Einblicke in die menschliche Wahrnehmung im Allgemeinen und kann zur Verbesserung von Techniken und Technologien in der Panoramafotografie beitragen.

Die obige Betrachtungsweise kann vielleicht als sensorische oder als technische Perspektive bezeichnet werden. Der Wahrnehmungsprozess allerdings geht darüber hinaus und mündet in einer emotionalen, durchaus auch psychologischen Ebene, auf der Panoramabilder starke Gefühle und Reaktionen hervorrufen können. Nicht zuletzt dadurch können Panoramen ein Gefühl von Immersion und Präsenz erzeugen, das bei normalen Fotografien in der Regel so nicht erreicht werden kann. Dies kann das Gefühl des "Dabei-Seins" intensivieren und emotionale Reaktionen wie Staunen, Bewunderung oder durchaus auch Ehrfurcht hervorrufen. Darüber hinaus kann die ästhetische Qualität von Panoramafotografien, wie z. B. ihre Farbgebung, Komposition und Lichtverhältnisse, ebenfalls emotionale Reaktionen beeinflussen und zur Gesamtwirkung des Bildes beitragen. Diese Gesamtwirkung kann Gefühle wie Ruhe und Frieden in einer natürlichen

Landschaft, das Gefühl der Erhabenheit und Größe einer städtischen Skyline oder auch das Gefühl von Unübersichtlichkeit und Hektik in einer Großstadtstraße auslösen. [LAN93].

1.3 Interaktion

Der Umgang mit klassischen Fotos ist für den Betrachter eng begrenzt. Zwar gibt es neben der im vorigen Abschnitt betrachteten Dimension der Kognition die darauf aufbauenden Dimensionen der ebenfalls schon angesprochenen Emotionalität und noch darüber hinaus soziale, psychologische und ästhetische Dimensionen. Diese lassen sich aber auf eine simple technische Ebene herunterbrechen, denn die einzige Form der Interaktion mit einer Fotografie besteht darin, diese in die Hand zu nehmen und sich vor die Augen zu halten. Zwar kann das Bild um die drei räumlichen Achsen gedreht werden, ob dies jedoch sinnvoll ist, bleibt ungewiss.

Bei Panoramafotografien wird die Interaktion zumindest grundlegend dahingehend erweitert, dass dem Betrachter die Möglichkeit angeboten werden muss, den betrachteten Ausschnitt zu verschieben. (Abb. 1.36) Die Optionen, dies zu erreichen bestehen darin, …

- … dass sich der Betrachter selbst vor dem Panorama bewegt oder
- … dass der Betrachter das Panorama bewegt.

Hier zeigt sich nun ein wesentlicher Unterschied. Panoramafotografien, die aus der klassischen, also der analogen, Produktion kommen, lassen in der Regel nur die erstgenannte Form der Interaktion zu. Ein gedrucktes Panoramafoto ebenso wie ein ge-

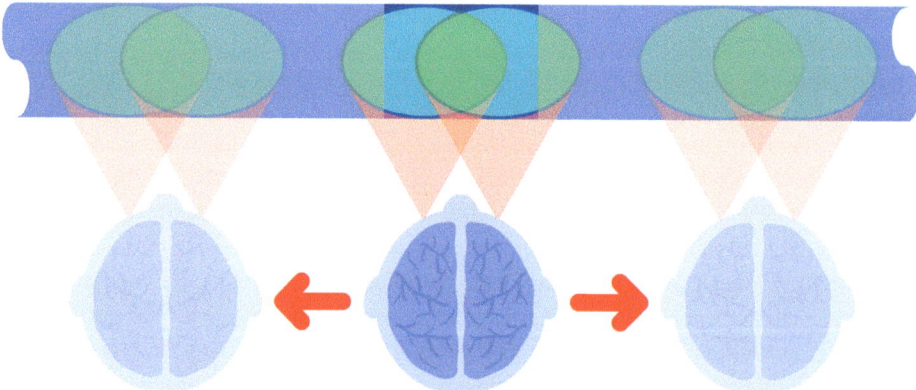

Abb. 1.36 Bewegungsoptionen

1.3 Interaktion

maltes Panorama lässt es allein wegen der jeweiligen Größe nicht zu, es zu bewegen. In der digitalen Welt hingegen ist dies anders. Ein digitales Bild lasst sich auf jedem Bildschirm durch Benutzerinteraktion bewegen. Die Größe des Bildes spielt dabei keine Rolle. Bei digitalen Präsentationen kommt neben der Bewegung die Möglichkeit des Hinein- und Hinauszoomens in das Bild hinzu. Dies ist allerdings kein Alleinstellungsmerkmal für Panoramafotografie, denn Zoomen ist auch mit Bildern klassischer Größen möglich. Dies bedeutet also, dass die einzigen relevanten Interaktionsmöglichkeiten des Betrachters mit dem Panorama in der Verschiebung des wahrnehmbaren Ausschnitts besteht.

Neue(re) technische Entwicklungen dürfen an dieser Stelle nicht unbeachtet bleiben. Gemeint ist der Trend der Verbreitung von VR-Headsets im Consumermarkt. Auf (oder in) diesen Geräten ist die Präsentation von großformatigen Panoramabildern ebenfalls möglich. Die Verschiebung des wahrgenommenen Ausschnitts geschieht in der Regel durch die Kopf- und die Körperbewegung. Präziser muss hier allerdings gesagt werden, die Wahl des Ausschnitt erfolgt durch die Drehung von Kopf oder Körper. Bewegt sich der Betrachter translatorisch, also seitlich oder nach vorn oder hinten, so verändert sich der Ausschnitt nicht. Der Grund dafür liegt darin, dass die Position des Betrachters dem Standort der Aufnahme entspricht. Bei der Translation des Betrachters nimmt der sozusagen den Aufnahmestandort mit sich mit. (Abb. 1.37) Hierin zeigt sich einer der wesentlichen Unterschiede zu zwischen Panoramafotografie und VR, wie später noch im Detail diskutiert wird. Ein weiterer Unterschied zu VR besteht darin, dass der Betrachter auch stets in der Rolle des Betrachters bleibt. Er kann nicht mit Objekten, die im Panorama abgebildet sind, interagieren, wie ebenfalls in Abschn. 2.3 noch diskutiert werden soll. Einzige das Aufrufen von zusätzlichen Informationen ähnlich dem Klick auf einen Link in einer Webseite ist hier denkbar. [HOF18].

Ganz bewusst werden hier die spielerischen Interaktionsmöglichkeiten, wie sie zum Beispiel die oben vorgestellten Myrioramen ermöglichen, nicht betrachtet. Dafür müssten der große Bereich der Gamification und der Spielegestaltung berücksichtigt werden – was den Rahmen dieses Buches dann wiederum deutlich sprengen würde. Dennoch soll hier die Webseite des Bill Douglas Cinema Museums der University of Exeter als Anschauungsbeispiel für eine – wenngleich sicherlich nicht die beste – Umsetzungsform des spielerischen Myrioramas genannt werden. [DOU21].

Abb. 1.37 Bewegung mit VR-Headset (links: Leinwand an fixierter Position in der VR-Welt; rechts: Leinwand, die dem Blick des Benutzers folgt)

1.4 Storytelling

> Ein Bild sagt mehr als tausend Worte

Auch wenn dieses geflügelte Wort nicht mehr das neueste ist, so ist es doch nicht so alt, wie man sich vielleicht denkt. Kurt Tucholsky machte den Satz 1926 im deutschsprachigen Raum bekannt [TUC26] und übersetzte dazu einen Werbespruch von Fred R. Barnard aus Printers Ink. Von 1921, einer englischsprachigen Werbezeitschrift [BAR21a], den allerdings auch dieser übernommen hatte. Barnard bediente sich bei dem russischen Schriftsteller Iwan Sergejewitsch Turgenjew und dessen Roman „Väter und Söhne" aus dem Jahr 1862, der darin ursprünglich sagte: „Das Bild zeigt mir auf einen Blick, wozu es dutzende Seiten eines Buches brauchen würde zu erklären." [TUR62] Dies ist allerdings nur dann richtig, wenn die Wörter nicht ein unkoordiniertes Sammelsurium ergeben, sondern wenn sich sie in einer geordneten Struktur abbilden. Die beste Wirkung wird sich unbestreitbar dann ergeben, wenn diese Struktur sich zu einer „guten" Geschichte fügt.

An dieser Stelle soll aber nicht das Attribut „gut" weiterverfolgt werden, denn dies würde eine intensive Auseinandersetzung mit der Theorie des Geschichtenerzählens und der Spannungs- und Dramaturgieaufbaus voraussetzen. Vielmehr soll in diesem und auch in den folgenden Storytelling-Kapiteln der Frage nachgegangen werden, welche Möglichkeiten sich in den unterschiedlichen neuen Medienformen für das Erzählen von Geschichten eröffnen – und sicherlich soll und wird an der ein oder anderen Stelle auch die Problematik des Zusammenspiels von Spannungsaufbau und Medienform eingegangen werden.

Storytelling ist also eine zentrale Komponente menschlicher Kommunikation und spielt eine ebenso wichtige Rolle in der Welt der Fotografie. [HOF10] Panoramafotografien, die durch ihre Fähigkeit, umfassende und detaillierte Ansichten von Szenen zu bieten, charakterisiert sind, eröffnen besondere Möglichkeiten für das erzählerische Erzählen von Geschichten.

Panoramafotografien können aufgrund ihrer Fähigkeit, ein breites Sichtfeld und eine Fülle von Details darzustellen, eine komplexe und vielschichtige Erzählung ermöglichen. Im Gegensatz zu einem herkömmlichen Foto, das oft einen einzigen Moment oder Aspekt einer Szene einfängt, kann ein Panorama die gesamte Szene in ihrer Breite und Tiefe darstellen. Dies ermöglicht es, verschiedene Elemente oder Ereignisse innerhalb der Szene miteinander in Beziehung zu setzen und eine kohärente und umfassende Geschichte zu erzählen. Dies kann verstärkt werden, wenn eine emotionale Resonanz angesprochen werden kann. Durch den Einsatz von Farbe und Licht, Bildkomposition und anderen ästhetischen Elementen können bestimmte Stimmungen erzeugt werden, die den Betrachter auf eine emotionale Reise mitnehmen.

Zunächst einmal ist Storytelling, also das Finden einer Geschichte, etwas ausgesprochen subjektives und individuelles. Es setzt voraus, dass der Betrachter dazu bereit ist, eine Geschichte – Story – in dem rezipierten Medium zu suchen und diese Geschichte zu formen. Dies kann durch die Gestaltung des Inhaltes unterstützt werden:

1.4 Storytelling

▶ **Definition** Auf diesem Wege erzählt der Produzent (hier: der Fotograf) durch das Medium (hier: die Panoramafotografie) dem Rezipienten (hier: dem Betrachter) eine Information, die einer (inneren) Dramaturgie (hier: der Storyline oder der Handlung) folgt

Dem Fotografen bietet das Format der Panoramafotografie mehrere unterschiedliche Ansätze, eine Story in das abgebildete Szenario zu integrieren.

Ein sehr eindrucksvolles Beispiel dafür ist das sogenannte Bourbaki-Panorama in Luzern. Das 1881 von Edouard Castres und zehn Gehilfen zunächst in Genf gemalte und im Jahr 1889 nach Luzern umgezogene Bild zeigt auf einer Fläche von 10 m * 112 Meter die Internierung der Bourbaki-Armee in am Ende des deutsch-französischen Krieges 1870 1871: [BAR21b].

„Eindrücklich gelingt es [Castres], das langgestreckte Val de Travers auf eine kreisrunde Leinwand zu bringen. Ausschlaggebend für die Wirkung ist […] die Wahl der ‚idealen Mitte' des Panoramas. Er konstruiert einen Standort, von dem aus die Landschaft und das Geschehen bis weit ins Tal hinein überblickt werden können."

Der Fotograf Hans-Peter Sahrhage hat dieses Gemälde und dessen heutige Präsentation im Bourbaki-Museum in Luzern in die digitale Welt übertragen. [SAH11] Diese digitale Präsentation gibt zum einen Eindruck von der Größe des originalen Bildes und des baulichen Aufwandes, der für seine analoge Präsentation notwendig ist. Zugleich zeigt die digitale Präsentation auch, wie die in den beiden vorangegangenen Kapiteln behandelten Themen der Wahrnehmung beziehungsweise des Eintauchens und der Immersion und die Interaktion ineinanderspielen. (Abb. 1.38).

Das Bourbaki-Panorama erzählt die Geschichte eines Moments. Hier ist es der Moment des Überschreitens der schweizerischen Grenze, des Elends und des Dramas eines jeden einzelnen Soldaten. Der Blick reicht, wenn der Betrachter sich nicht bewegt, vom Vordergrund bis in die Tiefe und damit in die weite Entfernung und erzählt so das grenzenlose Grauen des Krieges. Bewegt sich der Betrachter, so bewegt er sich plastisch durch das Geschehen zu jenem Zeitpunkt im Val de Travers. Deutlich zeigt sich an diesem Panorama-Beispiel, wie wichtig die Wahl des richtigen Zentrums des Panoramas ist. Der Betrachter kann sich hier ganz um sich selbst drehen, ohne dabei visuell einmal

Abb. 1.38 Bourbaki-Panorama (rechts: Ausschnitt aus dem Gemälde; links: Querschnitt durch das Gebäude in Luzern)

in der Wahrnehmung der Geschichte – der Story – gestört oder beeinflusst zu werden. Hätte Castres einen anderen Standpunkt gewählt, zum Beispiel an der Wand des „Hotel Federal", wäre ein Eintauchen in die Geschehnisse für den Betrachter deutlicher schwieriger, wenn nicht gar gänzlich unmöglich.

Allerdings wäre es Castres auch möglich gewesen, die Geschichte anders zu erzählen und ihre Wirkung auf einer anderen „Handlungslinie" zu erreichen. Durch ein Verlagern des zentralen Punktes in die geöffnete Tür zum Beispiel des Eisenbahnwaggons „E1096", hätte sozusagen ein Szenenwechsel in die Darstellung integriert werden können:

- Die „ersten" 180° hätten das Elend der Soldaten im Überblick außerhalb des Waggons und
- im Tal und in der Landschaft gezeigt,
- während die zweiten 180° hätten dann ihren Fokus durch den Wechsel in das Innere des Waggons zum Beispiel auf das persönliche Leid eines einzelnen Soldaten gerichtet hätten.

Dieses angedachte Beispiel verdeutlicht die Relevanz einer detaillierten Planung eines – guten – Panoramabildes. Das Ziel, also die zu Story, die erzählt werden soll, muss stimmen und die Umsetzung ihrer Präsentation muss zu dieser Story passen.

> **Übersicht**
> Die Geschichten, die mit Panoramen erzählt werden können, sind nahezu unbegrenzt. Ihnen allen gemein muss sein, dass die „Storyline" mit der Umsetzung übereinstimmt. So braucht ein Panorama nicht nur einen Rundumblick zu einem bestimmten Zeitpunkt zu ermöglichen, sondern es kann auch …
>
> - … als (→) Zeit-/ Zeitverlaufs-Panoramen die Drehung um die Achse des Betrachters mit zum Beispiel dem Verlauf der Tageszeit gleichsetzen:
>   - der Blick nach vorn bedeutet morgens,
>   - der Blick nach rechts bedeutet mittags,
>   - und so weiter.
> - … als Schärfe-Unschärfe-Panorama eine Geschichte dadurch erzählen, dass verschiedene Objekte, die als Handlungsträger dienen sollen, scharf oder unscharf abbildet.
> - … als Bewegungs-Panorama eine Geschichte dadurch erzählen, dass zum Beispiel ein Objekt wie ein Auto oder eine Person mehrfach an verschiedenen Stellen innerhalb des Rundumblicks auftaucht, und
>   - dabei verschiedene Dinge tut,
>   - in unterschiedlichen Zuständen zu sehen ist, oder auch
>   - unterschiedlich weit entfernt vom Betrachtungspunkt auf-taucht.

> Der Kreativität sind hier generell keine Grenzen gesetzt. Der Anspruch ist allerdings der, dass der Betrachter möglich auch unvorbereitet mit der Geschichte umgehen können muss. Wichtig ist dabei vor
>
> - der Einstiegspunkt in die Geschichte und
> - bei welchem Winkel wird die Klimax der Geschichte erreicht und
> - wie wird der Betrachter aus der Geschichte wieder „herausgeleitet".

Die Art, wie Betrachter durch die Geschichte geführt wird und welche Interaktionsmöglichkeiten ihm angeboten werden sollen, können oder müssen, sind natürlich eng mit der Wahl der Präsentationstechnik verknüpft. Analoge Präsentationen bieten dazu andere Möglichkeiten als digitale oder hybride Präsentationsformen.

Egal allerdings, welchen Weg er wählt, beginnt jede Story beim Betrachter. Beim ersten Blick auf ein Bild nimmt der Betrachter sofort eine Gesamtwahrnehmung des Bildes auf. Dies geschieht in Sekundenbruchteilen und basiert auf den auffälligsten Merkmalen wie Farben und Formen. Dieser erste Eindruck kann stark von persönlichen Vorerfahrungen und kulturellen Kontexten beeinflusst sein. Nach dem ersten Eindruck beginnt der Betrachter, spezifische Details des Bildes zu untersuchen. Dies kann das Erkennen von Figuren, Objekten und deren Beziehungen zueinander umfassen. Hier werden auch Techniken wie Lichtführung, Perspektive und Farbgebung analysiert. [MAT05].

1.5 Panorama-Film

Der Weg vom einzelnen Foto zu einem Film als Abfolge von Fotos ist naheliegend, wie es ja auch der Blick in die frühe Medienentwicklung zeigt. Aus diesem Grunde, sowie auch deswegen, um später die Formate Panorama- und 360°-Film gezielt von VR- und AR-Medien abgrenzen zu können, soll an dieser Stelle nach dem Panoramafoto nun noch kurz der Panoramafilm betrachtet werden.

▶ **Wichtig**
Wenn, wie eingangs des vorigen Kapitels festgestellt, ein Bild mehr sagt als tausend Worte, …

… wieviele Worte sagt dann erst ein Film?
Kurz überschlagen hieße dies bei einem durchschnittlichen Spielfilm:
90 min = 90 * 60 s = 5400 s
5400 s * 25 Bilder/Sekunde = 135.000 Bilder
135.000 Bilder * 1000 Wörter = 135.000.000 Wörter

Zum Vergleich: Die geschriebene Bibel hat, nach Übersetzung, etwa 750.000 Wörter. Dies würde dann bedeuten, dass der gesamte Inhalt der Bibel in einem Film von etwa 5 min zusammengefasst werden könnte.

Wenngleich auch von den reinen Zahlen her betrachtet beeindruckend, kann auf diese Weise allerdings sicherlich nicht an eine Medienproduktion herangegangen werden. Jedes Medium hat eine eigene Charakteristik der Informationsübertragung, sodass eine inhaltliche und wirkungsbezogene Gleichsetzung hier nicht funktioniert. Dies muss auch bei den in diesem Buch betrachteten „neuen" Medienformen berücksichtigt werden. Daher wäre es sicherlich zu begründen gewesen, jede betrachtete Medienform in einem eigenen Kapitel zu behandeln und so zunächst das Thema Panoramafoto mit den Teilaspekten Gestaltung & Technik, Wahrnehmung, Interaktion und Storytelling alleine zu behandeln und dies mit dem Thema Panoramafilm in einem folgenden Kapitel ebenso zu tun. Allerdings haben Panoramafoto und Panoramafilm zugleich aber so viel gemeinsam, dass darauf an dieser Stelle doch bewusst verzichtet wurde, denn vieles in Bezug auf Gestaltung und Wahrnehmung wäre dabei dann wiederholt worden. So soll der „…film" hier als Teil des Panorama-Aspektes betrachtet werden.

Wie in der historischen Herleitung der Panorama-Ursprünge gezeigt, trat die Idee, die eigentlich statische Präsentation durch eine gewisse Dynamik noch intensiver und damit noch immersiver zu gestalten, schon früh auf. So waren, wie oben schon näher vorgestellt in der ersten Hälfte des 19. Jahrhunderts Präsentationsformen wie Pleoramen und Cykloramen wahre Publikumsmagnete. Die Dynamik der Präsentation wurde dadurch erzeugt, dass die entsprechend großen beziehungsweise langen Gemälde an den Zuschauern vorbei bewegt wurden und sich für das Publikum so die Illusion einstellte, dass es sich zum Beispiel durch eine Landschaft bewegte. Durch passende Gestaltung des Präsentationsraums zum Beispiel im Stile eines typischen Eisenbahnwaggons, wurde die Immersion verstärkt.

Diese Präsentationsweise ist jedoch nur bedingt mit einer Filmpräsentation verwandt oder vergleichbar. Anders als bei den genannten Pleoramen und Cykloramen, werden beim Film Bilder, die sich nur in Einzelheiten leicht voneinander unterscheiden, im regelmäßigen Wechsel nacheinander gezeigt. Durch die Trägheit des menschlichen visuellen Sinnes entsteht so der Eindruck der Bewegung. Bei genauem Hinschauen fällt es hingegen bei Pleoramen und Cykloramen auf, dass sich der Inhalt der Bilder an sich nicht bewegt. Abgebildete Tiere oder Personen verharren in ihrer gezeichneten Position und Haltung. Dem heutigen Publikum fällt dies in der Regel direkt auf. Für das damalige Publikum hingegen stellten Panoramabilder völlig neue Wahrnehmungserlebnisse dar, die für einen hohen Grad an Immersion ausreichten. Zudem war es zur damaligen Zeit technisch weder möglich, Fotografien in den benötigten riesigen Abmessungen aufzunehmen, noch diese in den entsprechenden Größen wieder zu zeigen und zu präsentieren – wenngleich es durchaus schon sehr früh Kameras mit auch heute noch geradezu gigantischen Ausmaßen gab, wie zum Beispiel die „Mammut" bezeichnete Panoramakamera, die Georg R. Lawrence 1990 entwickelte und die mit einem Gewicht von 635kg bis heute als die größte Kamera ihrer Art gilt. [STI13] (Abb. 1.39).

1.5 Panorama-Film

Abb. 1.39 Das Mammut – die Panorama-Riesenkamera von Georg R. Lawrence

Die ersten Filme, die öffentlich präsentiert wurden, entsprachen im Verhältnis von Höhe zu Breite ihres Bildes in etwa „normalen" Fotos. In der Frühzeit der bewegten Bilder reichte diese Größe für die Immersion, also das schon genannte Eintauchen in den Film, vollkommen aus, da, wie ebenfalls schon gesagt, da bewegte Bilder für die Zuschauer noch etwas Neues waren. Es fehlte die Erfahrung in Erleben und Wahrnehmung. Diese Erfahrungen wurden jedoch schnell von vielen Leuten gemacht und die Gewöhnung daran setzte schnell ein. Daher wurde auch früh die Idee verfolgt, die Leinwände und damit die Präsentation zu vergrößern, um den Grad der Immersion möglichst hoch zu halten. Ein Weg war dabei die Veränderung des Verhältnisses von Höhe und Breite der Bilder. Die Leinwände wuchsen in ihrer Breite, und mit ihnen wuchsen auch die Filmformate.

Das Jahr 1927 nimmt in dieser Entwicklung mit zwei Meilensteinen eine besondere Rolle ein. Zum einen wurde in diesem Jahr „Napoleon" von Abel Gance in der Pariser Oper uraufgeführt, der wohl auch heute noch als eines ehrgeizigsten Projekte der Filmgeschichte gelten kann. In 330 min wird der Beginn des Aufstiegs Napoleon Bonapartes gezeigt. Neben der epischen Breite, die sich auch darin zeigt, dass die gesamte Planung für dieses Projekt noch fünf weitere, anschließende Filme umfasste, öffnet dieser Film aber auch mit der Berücksichtigung aller zur damaligen Zeit zur Verfügung stehenden filmischen Techniken neue Wege der Immersion. Nicht nur der Schnitt, die Handkolorierung und auch der Versuch von 3D-Sequenzen waren ihrer Zeit voraus. Berühmt geworden ist dieser Film vor allem wegen seiner Schlusssequenz. Dafür nahm Gance Teile in (→) Polyvision auf, die bei der späteren Aufführung als Triptychon auf drei nebeneinanderliegen-den Leinwänden synchron projiziert wurden. [BRO97] Die Ausmaße dieser Installation überschritten deutlich alle vorhergegangenen

Abb. 1.40 Der erste Film mit Breitwand-Sequenzen: Napoleon von Abel Gance, 1927

Leinwandabmessungen. (Abb. 1.40) Leider gibt es keine belastbaren Informationen darüber, wie das Publikum eine Präsentation solcher Größe aufnahm und wie es darauf reagierte. Es ist aber mit einiger Sicherheit davon auszugehen, dass das Erlebnis die Menschen beeindruckt hat und in die Handlung des Film eintauchen ließ.

Abel Gance konnte nur diesen ersten Teil seines Projektes realisieren, da die Kosten schon für diesen Teil so hoch waren, dass die weiteren geplanten Produktionen gestrichen wurden. Ein weiteres Problem wäre sicherlich daraus resultiert, dass auch der finanzielle und der technische Aufwand für die Vorführung das damalige Normalmaß um ein Vielfaches überstiegen hätte. Hier setzt nun die zweite Entwicklung, die im Jahr 1927 ihren Ursprung hatte, an. Der französische Astronom Henri Chrétien setzte dafür auf der Idee der schon im Mittelalter bekannten anamorphotischen Malerei auf, bei der nur aus einem bestimmten Blickwinkel oder in einem speziell geformten Spiegel zu erkennen sind. [FÜS99] Er übertrug die Idee auf ein Linsensystem, dass es ermöglichte, ein Bild für die Aufnahme optisch zu stauchen und es bei der Projektion optisch wieder zu strecken. Auf diesem Wege konnte das Bildformat mit einem typischen Verhältnis von Höhe zu Breite von etwa 1:1,33 annähernd an die heute auch im Videobereich üblichen Formate 16:9 oder 21:9 verändert beziehungsweise vergrößert werden. Blieb diese Idee des

1.5 Panorama-Film

(→) Anamorphoten (Prinzip: Abb. 1.41; Beispiel: Abb. 1.42) auch mehr oder weniger zunächst nur ein technischer Prototyp mit nur wenigen Kurzfilmen, die in diesem Verfahren realisiert wurden, so griff ab 1950 die Entwicklung des (→) CinemaScope diese Idee auf, entwickelte sie technisch weiter zeigte mit dem ersten Breitwand-Monumentalfilm in diesem Verfahren produzierten Film „Das Gewand" 1953 die Marktreife des Systems.

Wenngleich auch bei Breitwandformaten wie CinemaScope und den anderen damit verwandten Verfahren, ein erster Schritt zur panoramatischen Apperzeption gemacht wird, da die Leinwand breiter ist als menschliche Gesichtsfeld und auch die Grenzen

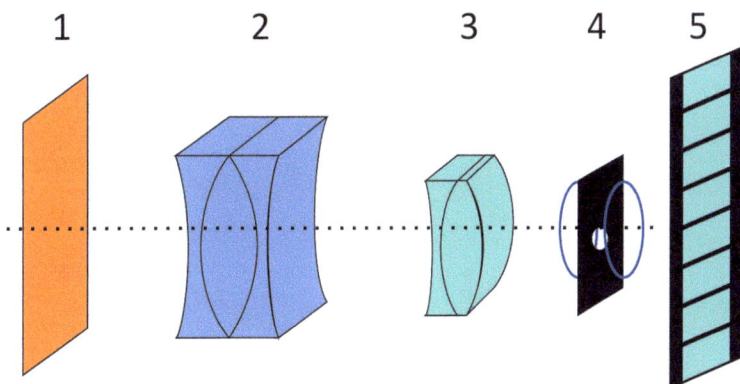

Abb. 1.41 Prinzip des "Anamorphoten"

Abb. 1.42 Gestauchte und entzerrte anamorphotische Aufnahme

des Wahrnehmungsfeldes übersteigt, so sind diese Formate doch weit davon entfernt, ein „echtes" Panorama darzustellen

Die synchronisierte Projektion mehrerer Filme, wie Gance sie für seinen Film „Napoleon" einsetzte, war diesem „Panorama-Feeling" deutlich näher. Dies erkannten auch die in der US-amerikanischen Filmindustrie tätigen Fred Waller, Lowell Thomas und Mike Todd, die 1952 am Broadway in New York mit dem Fim „This is Cinerama" das ebenso benannte (→) Cinerama-verfahren eindrucksvoll vorstellten. [HARoJ] [DEM52] (Abb. 1.43) Dabei wurden drei Filmprojektoren so installiert, dass eine Präsentation über 146° und mindestens 20 m Breite und 8 m Höhe erreicht wurde. Die Synchronisierung der drei Projektoren erfolgte über eine separate Spur auf einem vierten Projektor, über den auch die sieben Tonkanäle gesteuert wurden.

Dieses Verfahren war sowohl erfolgreich als auch beeindruckend. Wenn auch die Technik relativ aufwendig war, so öffneten doch eine ganze Reihe speziell dafür gebaute

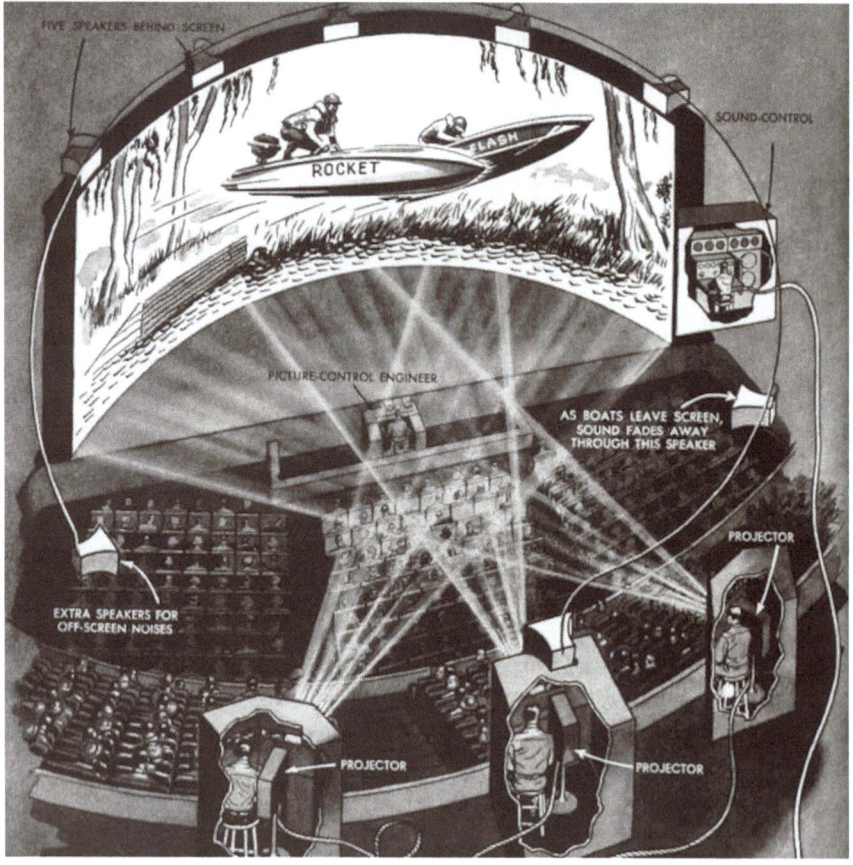

Abb. 1.43 Prinzip der Cinerama-Projektion

1.5 Panorama-Film

Spielstätten. Insbesondere in Freizeitparks waren diese Attraktionen bis in die späten 1980er Jahre sehr beliebt. Hier wurde das Verfahren oftmals auch so weit erweitert, dass sowohl 180°- als vereinzelt auch 360° Vorführungen möglich waren.

Heutzutage werden Verfahren wie Cinerama und ähnliche nur noch an wenigen, besonderen Orten genutzt, wie zum Beispiel in einigen Museen oder an besonderen touristischen Locations, wie zum Beispiel im unten abgebildeten norwegischen Naturzentrum Hardangervidda. (Abb. 1.44).

Bei der obigen Herangehensweise an das Format „Panoramafilm" ist ein Aspekt bis hierher noch nicht wirklich angesprochen werden, wenngleich er implizit durchaus schon zu erkennen war. Gemeint ist, dass der Aufnahmeprozess für Panoramafotos, wie er mit den vier bzw. fünf Schritten in Abschn. 2.1.1 beschrieben wird, wegen des zeitlichen Aufwandes für eine Filmaufnahme nicht geeignet ist. Die oben genannten Aufnahmeverfahren für Panoramafilme haben dieses Problem dahingehend gelöst (oder umgangen), indem sie mit einer einzigen Aufnahme die gesamte Situation um den Aufnahmestandort herum festhalten. Die technischen Ansätze dafür unterscheiden sich deutlich:

- Verfahren wie das schon genannte CinemaScope und andere setzen auf das anamorphotische Stauchen und Entzerren der aufgenommenen Bilder, während zum Beispiel
- Lösungen wie das (→) Circarama-Verfahren von Ernst A. Heiniger (Abb. 1.45) auf eine konstruktive Lösung setzen, bei der mehrere Kameras, die in alle Richtungen rund um den Aufnahmestandort gerichtet sind, für die (Film-) Aufnahme synchronisiert werden.

Die betrachteten Formate, sowohl für Fotos und Bilder als auch für Filme, werden zwar im Volksmund nicht (nur) als Panorama, sondern gerne auch mit Namen wie 180° oder 360° bezeichnet. Dies hat vor allem allerdings marketingtechnische Hintergründe und

Abb. 1.44 Panoramafilmvorführungen (links: Los Angeles Cinerama: Rollercoaster; rechts: Norwegisches Naturmuseum Hardangervidda)

Abb. 1.45 Die Kamerakonstruktion des Circarama-Verfahrens nach E. A. Heiniger

führt häufig dazu, dass diese Formate mit „echten" 360°-Formaten verwechselt werden. Strenggenommen handelt es sich bei diesen Techniken eben lediglich um Panoramen, die auf einem Streifen entweder halb oder ganz um den Zuschauer herum präsentiert werden. Hebt der Zuschauer seinen Blick, oder senkt er ihn, so sieht er Decke oder Boden des Präsentationsraums – und ist somit aus der Immersion wieder in die Realität aufgetaucht. Wie im folgenden Kapitel dann noch näher dargestellt, umfasst das 360°-Format mehr als nur diesen einen Streifen, weshalb es durchaus angeraten ist, die richtige Bezeichnung zu wählen, um Missverständnissen und falschen Erwartungen vorzubeugen.

Wie schon bei „normalen" Panoramafotos ergeben sich auch bei Panoramafilmen einige potenzielle Stolpersteine:

▶ **Wichtig**

- Geringe panoramatische Apperzeption und damit geringe kognitive Immersion bei anamorphotischer Produktion
- Cinerama-ähnliche Verfahren mit mehreren synchronisierten steigern die Immersion, sind aber technisch aufwendig
- Es bleibt bei dem „Streifen", der zwar rundum läuft, jedoch oben und unten begrenzt ist
- Je größer die panoramatische Apperzeption und je größer der Projektionswinkel, desto schwieriger das Storytelling, dadurch, dass die Blickrichtung des Zuschauers an die Stelle, an der „die Handlung passiert" gelenkt werden muss.

360° 2

Inhaltsverzeichnis

2.1	Gestaltung & Technik	4
2.2	Wahrnehmung	11
2.3	Interaktion	14
2.4	Storytelling	16
2.5	Rechtliches, Ethisches … und die Marktreife	21

Wenn die Panoramadarstellung auf einem Leinwandstreifen rund um den Zuschauer das Eintauchen in die präsentierte Szene erleichtert, so ist der nächste Schritt der Weiterentwicklung naheliegend: der Leinwandstreifen wird in seiner Höhe nach oben und unten soweit erweitert, bis die Leinwand eine Kugel um den Zuschauer herum bildet. Der Zuschauer steht also nun mitten in der Szene, die ihn vollständig in jede Blickrichtung umgibt (Abb. 2.1).

> Willkommen in der 360°-Welt

Wie im Eingang zum vorherigen Kapitel gezeigt, ist die Idee der 360°-Präsentation an sich nicht wirklich neu. Mit Georamen und Kosmoramen wurde die Machbarkeit dieser Präsentationsform schon gegen Ende des 19. Jahrhunderts gezeigt. Allerdings werden an diesen Beispielen auch leicht die Probleme deutlich, die den großen Durchbruch dieser 360°-Bilder verhinderten:

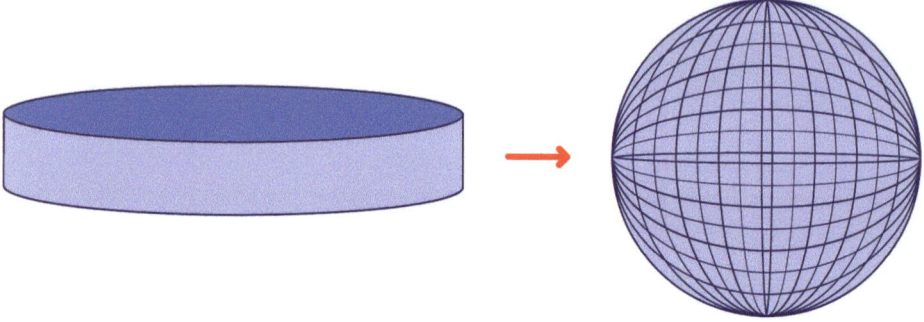

Abb. 2.1 Vom „Rund-um-Panorama" zur „Rund-herum-360°-Welt"

- Für jede dieser Präsentationen bedurfte es eines eigens dafür errichteten Gebäudes, in dessen Inneren die kugelförmige Präsentationsfläche feste eingebaut war.
- Durch die direkte architektonische Integration der Präsentationsfläche in das Gebäude war die Präsentation an den Ort gebunden und konnte nicht an anderen Orten gezeigt werden.
- Ein Wechsel des Motivs wäre zwar theoretisch möglich gewesen, blieb aber, da es sich in der Regel um großflächige Malereien handelte, ob des daraus resultierenden immensen Aufwandes aus.

Aus diesen Gründen blieb die Zahl der Präsentationen dieser Art zunächst gering. Vor allem bei besonderen Veranstaltungen, die viel Aufmerksamkeit und eine hohe Zahl von Besuchern erwarten ließen, wurden 360°-Präsentationen eingerichtet, wie zum Beispiel bei einigen Weltausstellungen. Hier spielten der technische Aufwand und die Finanzierung keine Rolle.

Erst als die Weiterentwicklung der Projektionstechnik es erlaubte, die Präsentation gemalter Inhalte durch die Projektion fotografisch aufgezeichneter Inhalte abzulösen, stieg die Zahl solcher Vorführungen deutlich an. Zunächst etablierten sich die sogenannten Kuppelkinos als beliebte Publikumsmagnete in Freizeit- und Unterhaltungsparks wie denen von Disney oder in Deutschland im Phantasialand bei Köln. Die weitere Entwicklung stellte kurze Zeit später aber auch stabile und leichtgewichtige Projektoren bereit, die zum Beispiel in Kuppelzelten auf Jahrmärkten zum Einsatz kamen. Bei diesen Präsentationen allerdings wurde nicht eine ganze, sondern nur eine Halbkugel als Projektions- und Präsentationsfläche genutzt. Das Publikum stand auf dem Boden und musste den Kopf in den Nacken legen, um die Fotos und Filme zu sehen. Dies konnte einerseits durchaus unangenehm sein, weil es unbequem war und zu Nackenschmerzen führen konnte. Andererseits wurde so auch ein unterhaltendes Element eingeführt. Indem die Zuschauer frei auf dem Zeltboden standen und tief in die gezeigte Szenerie eintauchten, wurde die Wahrnehmung an einigen Stellen gezielt so gelenkt, dass zum Beispiel während der Fahrt mit einem Auto dieses plötzlich abbremste – und das gesamte Publikum einen Schritt nach vorn machte. [PIC07].

Dennoch blieb weiterhin das große Problem, dass die Technik und ihre Infrastruktur trotz aller Verbesserung und Miniaturisierung recht groß, schwer und unhandlich blieb, bestehen. Für einen gemütlichen 360°-Abend zu Hause – in Anlehnung an die familiären Dia- und Super-8-Abende nach Rückkehr aus dem Urlaub – war mit dieser Technik noch nicht zu denken. Der Durchbruch zu einem großen Markt musste noch bis zur Entwicklung passender digitaler Medienformate, leicht zu bedienender Produktionswerkzeuge und entsprechender Präsentationsanwendungen warten.

Heutzutage sind 360°-Präsentationen in Form von Fotos und Filmen fast schon alltäglich – dem Internet und in hohem Maße den „sozialen Medien" sei Dank, denn insbesondere letztere öffneten sowohl eine leicht zugängliche und breite Präsentationsmöglichkeit, ohne das zunächst eigene Gebäude dafür errichtet oder Projektionsanlagen eingerichtet werden müssten. Die Präsentation erfolgt auf dem heimischen Bildschirm – womit sich jedoch auch die Wahrnehmung und auch die Interaktion gegenüber der ursprünglichen Idee gewandelt hat, wie in den weiteren Abschnitten noch vertieft betrachtet werden soll.

Ein besonders interessanter Aspekt dieser Entwicklung ist, dass die einst großräumige Installation, die ein leichtes Eintauchen in die präsentierte Rund-herum-Szenerie bot, nun zur kleinen Präsentation auf dem Bildschirm oder gar auf dem Smartphone geschrumpft ist. Aber wenn damit das vollständige Eintauchen in die Szenerie zwar nicht mehr so leicht und nicht mehr so beeindruckend wie damals ist, so hat diese Präsentationsform anscheinend dennoch nichts von ihrer Faszination verloren, denn die Zahl von 360°-Angeboten im Internet wächst stetig. Dies wird unter anderem wahrscheinlich auch daran liegen, dass mit den heutigen Präsentationen nicht nur wie mit den Installationen früherer Zeit vor allem das Publikum beeindruckt werden soll. Vielmehr geht es neben diesem Erregen von Aufmerksamkeit heutzutage auch darum, dem Zuschauer eine Vielzahl von Nutzen anbieten zu können, wie z. B.

- einen Ort oder eine Situation oder möglichst realistisch abzubilden und dem Zuschauer zugleich einen größtmöglichen Grad an (Bewegungs-) Freiheit bieten,
- einen möglichst einfachen Zugang zu ortsgebundenen Informationen anzubieten,
- auf Social-Media-Plattformen wie Facebook oder YouTube große Reichweite erzielen und zugleich den Zuschauer als Benutzer dazu animieren, eigene Inhalte zu teilen oder Bewertungen und Kommentare abzugeben.

Natürlich sind solche Ziele auch mit anderen Medienformaten umsetzbar, aber der Wow-Effekt, der sich mit der Rund-herum-Präsentation erreichen lässt, ist bei 360°-Präsentationen deutlich höher. Allerdings stehen diesem Wow-Effekt die Besonderheiten in Gestaltung, Wahrnehmung und auch in der Interaktion entgegen, die dieses Medium mit sich bringen und die für eine erfolgreiche Präsentation berücksichtigt werden müssen.

2.1 Gestaltung & Technik

Strenggenommen könnte die Behauptung aufgestellt werden, dass 360°-Präsentationen die Panorama-Idee nur dahingehend erweitern, dass der Streifen der Panoramapräsentation nach oben und unten erweitert wird. Das ist zwar einerseits richtig, ist aber andererseits dahingehend falsch, als dass ...

- ... der Panoramastreifen, wenn er sich in der Horizontalen um den Zuschauer „krümmt", diese Krümmung in der Vertikalen nicht aufweist und die Präsentation somit in dieser vertikalen Richtung (→) plan bliebe, während es sich ...
- ... bei der 360°-Präsentation um die Projektion auf die Innenseite einer Kugel handelt und sich der „Streifen" eben nicht nur nach oben und unten erweitert, sondern dabei auch derart gekrümmt wird, dass sich die auf 180° gegenüberliegenden Seiten nach oben im (→) Zenit und nach unten im (→) Nadir treffen, wie es in Abb. 2.2 versucht wird darzustellen.

Daraus ergeben sich sowohl für die Aufnahme als auch für die Präsentation und die Vorbereitung der Präsentation Konsequenzen.

Da, wie gerade gesagt, ein 360°-Foto ja „nur" eine nach oben und unten erweiterte Panoramaaufnahme ist, kann die Abb. 32 (Von Einzelbildern zum Panorama), auf der das prinzipielle Vorgehen für die Aufnahme von Panoramafotos gezeigt wird, so erweitert werden, wie es Abb. 2.2 aufgreift:

- Es werden die Einzelaufnahmen auf gleicher Höhe rund um den Aufnahmestandort gemacht, so wie es bei Panoramaaufnahmen üblich ist.

Dann werden sowohl nach oben und nach unten anschließend weitere „Streifen" rund um den Aufnahmestandort aufgenommen, bis auch die gesamte Höhe abgedeckt ist.

- Davon ausgehend, dass die Kamera während der Aufnahme auf einem Stativ positioniert ist, wird zum Schluss noch eine Aufnahme senkrecht von oben auf den Untergrund gemacht, um später das Stativ aus der Aufnahme heraus retuschieren zu können.
- Der Perfektionist macht zusätzlich auch noch eine Aufnahme senkrecht nach oben, um auch hier Material für die finale Bearbeitung zu haben.

Ist die Aufnahme eines (guten, hochqualitativen) Panoramas schon aufwendig, so ist eine auf diese Weise entstandene 360°-Aufnahme sowohl in der Vorbereitung als auch bei der Aufnahme und der Nachbearbeitung noch einmal mit mehr Aufwand verbunden. Um diesen Mehraufwand zu reduzieren, wird versucht, die Kamera- und Objektivtechnik für diesen Einsatzzweck zu optimieren und spezielle 360°-Kamera-Konstruktionen zu entwickeln. Dabei haben sich unterschiedliche Ansätze als praktikabel erwiesen: (Abb. 2.3)

2.1 Gestaltung & Technik

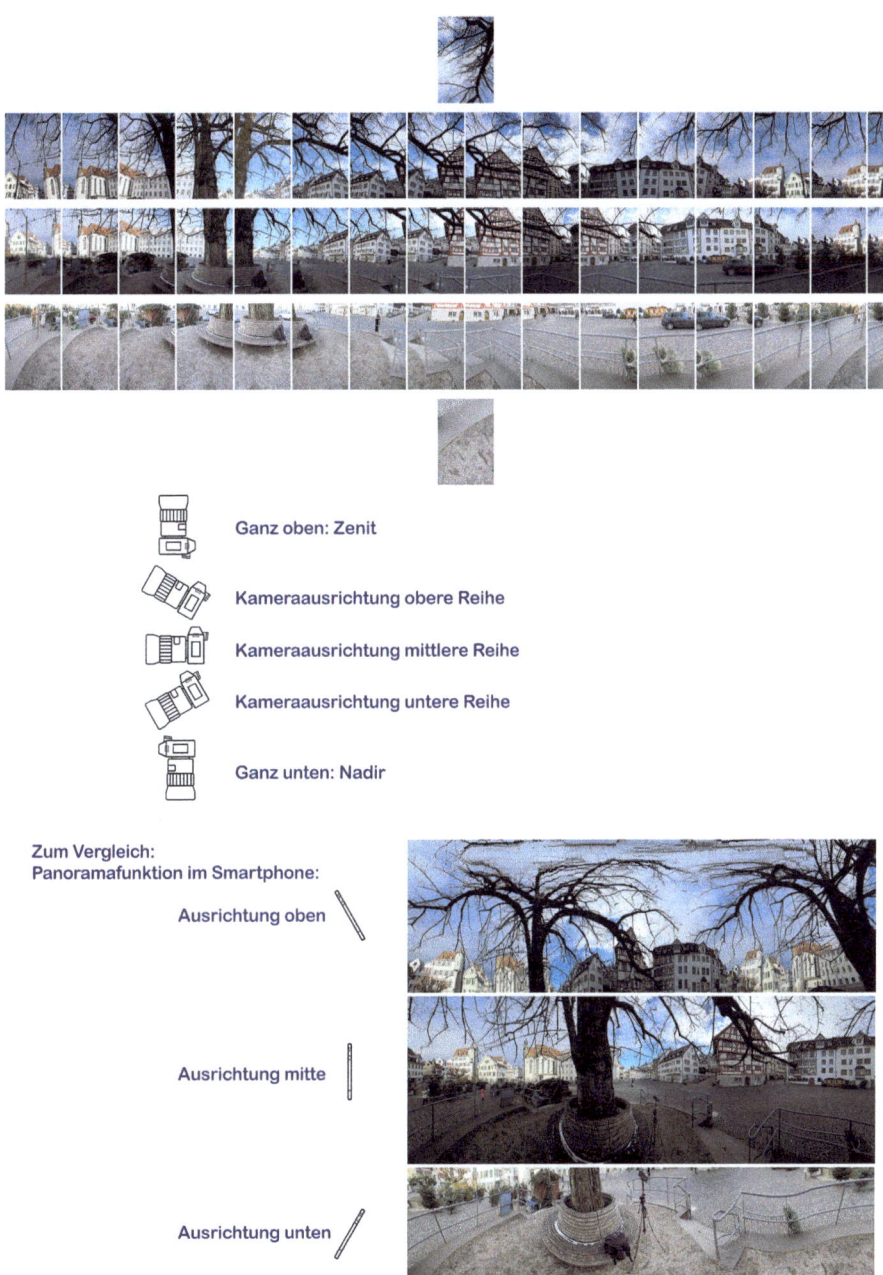

Abb. 2.2 Von Einzelbildern zum 360°-Foto

Abb. 2.3 Typen von 360°-Kameras (links: mit zwei Linsen (Samsung Gear 360, nicht mehr erhältlich); rechts: mit mehr als zwei Linsen (GoPro Rig))

- Kameras mit einer Linse, die auf die Nutzung extremer Fischaugen(-Objektive) setzen. Diese Technik ist vergleichbar mit dem im Abschnitt „Panoramafilm" erwähnten anamorphotischen Verfahren. Der Nachteil dabei ist, dass auf diesem Wege keine vollständigen 360° -Aufnahmen möglich sind, da unmittelbar hinter der Linse des Objektivs stets ein toter Winkel entsteht.
- Kameras mit zwei Linsen, die mit zwei, durchaus auch extremen, Fischaugen(-Objektiven), die sich gegenüberliegen, den vollen 360°-Raum aufnehmen können. Die beiden synchronisiert aufgenommenen Bilder müssen dann, ähnlich wie die Panoramaaufnahmen, zusammengefügt, also gestitcht werden.

- Kameras mit mehr als zwei Linsen, bei denen sich die Fischaugen-/ Weitwinkelcharakteristik der einzelnen Objektive mit der Zahl der Objektive verringert. Zwar reduziert sich auf diesem Wege die optische Verzerrung. Dieser Vorteil wird allerdings mit dem Nachteil eingekauft, das zugleich mehr Bilder zusammengefügt werden müssen, was die Gefahr potenzieller Stitchingfehler erhöht.
- Eine Sonderform dieses Vorgehens sind die sogenannten mosaikbasierten Kameras, bei denen keine Kameras mit Weitwinkel-/ Fischaugenobjektiven verwendet werden, sondern Kameras mit Normalobjektiven. Das daraus entstehende „omnidirektionale Gesamtbild" setzt sich dann aus vielen Fotos mit einem jeweils sehr kleinen Ausschnitt der Gesamtszene zusammen.
- Eine weitere besondere Konstruktion sind Kamerariggs. Diese haben Würfelform haben, und auf jeder Seite dieses Würfels Wird eine Kamera angebracht, die, wie in allen anderen Fällen ebenfalls, synchronisiert, die Szene in allen Richtungen aufnimmt. Eines der ersten Kamera Rigs wurde von GoPro für den Einbau von sechs ihrer Actionscams vorgestellt. Mittlerweile gibt es solche Rig-Konstruktionen auch für andere, professionelle und semiprofessionelle Kameratypen.

Wenngleich die notwendige Technik für die Aufnahme von 360°-Fotos also aufwendiger ist als bei „normalen" Panoramen", ist der eigentlich Aufnahmeprozess dennoch vergleichbar.

2.1 Gestaltung & Technik

Schritt 0 ...
... bleibt die Idee und das Auge. Wie in den folgenden Abschnitten noch ausführlicher dargestellt werden soll, ist für 360°-Aufnahmen die passende Idee (und ihre Umsetzung) jedoch durchaus noch bedeutender, als sie es für „normale" Fotos und auch für Panoramaaufnahmen ist, denn nicht jede Idee ist auch wirklich für eine 360°-Umsetzung geeignet.

Schritt 1: ...
... ist auch bei 360°-Aufnahmen die entsprechend genaue Vorbereitung, die wiederum Planung einschließt:

- Soll das 360°-Foto aus Einzelaufnahmen zusammengestellt werden, so ist der erhöhte Zeitbedarf durch die größere Zahl der notwendigen Aufnahmen zu berücksichtigen.
- Soll das 360°-Foto nur aus zwei Fotos (z. B. mit extremen Fischaugen) zusammengestellt werden, reduziert sich zwar die Zeit für die Aufnahme, allerdings ist der Bereich, in dem keine (visuellen) Störungen auftreten dürfen, deutlich größer und damit deutlich schwieriger zu kontrollieren.

Schritt 2: ...
... ist auch für 360°-Fotos die Aufnahme an sich, für die, unter Berücksichtigung der Planung und Vorbereitung aus Schritt 1 für jede Aufnahme alle Regeln, die auch bei der Aufnahme jedes anderen Einzelfotos gelten, zu beachten sind.

Schritt 3 ...
... ist wiederum die Nachbereitung der Einzelaufnahmen. Der Vergleich zur Continuity im Film, wie er im Panoramakapitel gezogen wurde, gilt auch bei der 360°-Aufnahme:

- Die allgemeine Prüfung beginnt mit der Kontrolle der Qualität der einzelnen Aufnahmen in Bezug auf eine durchgehend gute und einheitliche Beleuchtung und Schärfe.
- Des Weiteren ist es hier noch wichtiger, die „Schnittkanten" genau zu kontrollieren:
  - oNicht nur muss beachtet werden, dass sich keine Objekte zwischen den einzelnen Fotos bewegen, sondern ...
  - o... es muss ebenfalls kontrolliert werden, dass wichtige Einzelheiten sich möglichst nicht durch Schnitte auf mehrere Fotos verteilen, da an diesen Stellen die Gefahr von Fehlern beim späteren Stitching besteht.

Schritt 4 ...
... schließt mit dem Stitching, also dem Zusammensetzen der einzelnen Aufnahmen den Aufnahmeprozess ab. Hier gilt vielleicht nicht so sehr, dass die einzelnen Bilder aus unterschiedlichen Perspektiven aufgenommen wurden – wenngleich dies insbesondere dann stimmt, wenn die Aufnahme mit mehreren synchronisierten Kameras gemacht

wird. Viel bedeutender sind im Kontext der 360°-Thematik allerdings die optischen Verzerrungen durch die extremen Weitwinkelcharakteristika der üblicherweise genutzten Objekte, die durch entsprechende Transformation aufgefangen und korrigiert werden müssen.

Wie schon mehrfach erwähnt, handelt es sich bei einer 360°-Aufnahme um ein sphärisches oder Kugelpanorama. Es wird damit also ein Bildwinkel von 360° in der Breite und 180° in der Höhe wiedergegeben, was also die voll-ständige Innenfläche einer Kugel, in deren Mitte der Aufnahmestandort liegt, inclusive Zenit und Nadir abbildet. Dies bedeutet für das Zusammenfügen, dass die Einzelaufnahmen nicht derart bearbeitet und transformiert werden, dass eine durchgängige Aufnahme auf dem besagten „Panoramastreifen" entsteht, wie es schon auf den Abb. 19 Abstrahierte Zentralprojektion und Abb. 20 Abstraktion der Zentralprojektion auf eine Ebene (links) und auf eine Zylinderprojektion als Mantelabrollung (rechts)gezeigt wurde. Die Projektion auf die Innenseite eines Zylinders muss also verändert werden zu einer Projektion auf die Innenseite einer Kugel. (Abb. 2.4) Dies geht einher mit einer deutlich erhöhten Komplexität der Bildtransformation. [WIK21g] [ACK21].

Diese Veränderungen in der Art Projektion und der Projektionsfläche haben weitere wesentliche Veränderungen zur Folge, die sich sehr gut mit dem bekannten Slogan „mittendrin statt nur dabei" beschreiben lassen:

- Bei der klassischen Fotografie steht die Kamera (und damit der Fotograf oder die Fotografin) vor einer Szene und betrachtet diese von außen. Sie ist also sozusagen „nur dabei" und schaut unbeteiligt zu.

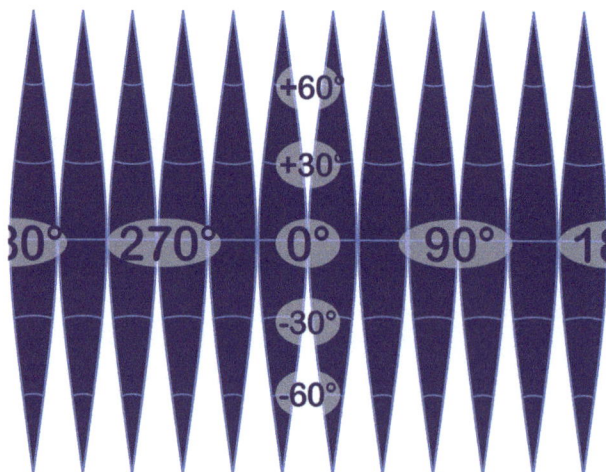

Abb. 2.4 Abstraktion der Zentralprojektion auf eine Kugelprojektion

2.1 Gestaltung & Technik

- Auch bei der Panoramaaufnahme nimmt die Kamera noch die unbeteiligte Position ein. Zwar steht sie im Zentrum des Geschehens, blickt aber von dort nur einmal rundum.
- Bei der 360°-Aufnahme hingegen ist die Kamera Teil der Szenerie und steht in deren Mittelpunkt.

Besonders auffällig ist der letzte Punkt bei solchen Aufnahmen, die mit Kameras mit zwei Fischaugen-Objektiven gemacht werden, wie sie in Abb. 2.5 (Kameras mit zwei Linsen) gezeigt wurden. Die Kamera selbst ist zwar im Regelfalle nicht zusehen, aber ...

- ... beim „Blick nach unten", also zum Nadir, zeigt sich häufig das Stativ, auf dem die Kamera positioniert wurde, und ...
- ... für den Fotografen bedeutet die Aufnahme oftmals eine besondere Form des „Selfies", denn auch er ist, sofern er sich nicht versteckt, als Teil der Szene zu sehen. Dies unterstreicht die besondere Bedeutung der detaillierten und genauen Vorbereitung einer guten 360°-Aufnahme.

Allerdings ist die Einbeziehung von Fotograf und Kamera nicht die einzige Auswirkung der Verschiebung des Aufnahmestandortes in die (aktive) Mitte der Szene und der Öffnung des Erfassungswinkels in alle Richtungen. Vielmehr haben diese beiden Aspekte unmittelbar auch Einfluss auf die Gestaltung der Aufnahme. Arg überspitzt könnte es so ausgedrückt werden:

Der goldene Schnitt ...
 ... shit!

Die Szene gestaltet sich selbst, denn bei der Aufnahme wird eben alles abgebildet und nicht ein speziell ausgewählter Ausschnitt, wie es in der klassischen Fotografie der Fall ist. Ein „Anschneiden" vom Objekten oder von Personen oder eben das Positionieren in den besagten goldenen Schnitt funktioniert bei 360°-Aufnahmen nicht. Besonders wichtige Objekte können lediglich hervorgehoben und gestalterisch unterstrichen werden, indem die Kamera an einem Platz positioniert wird, indem sich das Objekt nahe dem Mittelpunkt, also dem Aufnahmestandort, befindet. Daraus resultiert ebenfalls, dass auch Nah- und Detailaufnahmen nur in ausgesprochen seltenen Fällen realisiert werden können, denn es gibt nur die eine Einstellung „alles rundherum".

Insbesondere für die Produktion von Filmen bedeutet die Reduzierung auf eine einzige Art der Einstellung eine besondere Herausforderung. Der Wechsel zwischen verschiedenen Einstellungsgrößen, wie er in der klassischen Filmgestaltung üblich ist, ist bei 360°-Filmen ebenso unmöglich wie der Einsatz von Schwenk und Zoom.

Ein weiterer Aspekt hebt die Bedeutung des oben genannten Schritt 2 noch weiter hervor. So, wie die Kamera (und Fotograf und Fotografin) Mitten in der Szene und damit in der Aufnahme sind, so gilt dies auch für alle weiteren Produktionsmittel. Wo sonst

Lichtmasten und Mikrofongalgen außerhalb des Aufnahmebereiches platziert werden, sind diese, inklusive der sie bedienenden Personen, bei 360°-Aufnahmen zwangsläufig mit „im Bild". Daher muss bei der Planung ein großes Augenmerk darauf gerichtet werden, wie diese Dinge versteckt in die Szene gebracht werden können, oder ob sie eventuell als Teil der Szene akzeptabel sind. Eine nicht unbedingt optimale Lösung bietet eine nachträgliche digitale Retusche, um die Fremdkörper aus dem Bild zu entfernen, womit allerdings stets auch Qualitätsprobleme einhergehen. [WID17a][WID17b].

Um diese Herausforderungen zu meistern schlägt Jessica Brillhart, die sich durch ihre Tätigkeiten als Entwicklerin und Produzentin unter anderem bei Google Apple sowie in ihrem eigenen Produktionsunternehmen VRAI einen Namen als Expertin für immersive Medien, wozu eben auch 360°-Medien zählen, gemacht hat, eine besondere Denkweise für 360°-Produzenten vor. Ihr Ansatz ist es, dass.

▶ **Definition** ... die „Kamera [...] bei der Produktion von 360°-Videos kein reines Werkzeug mehr [sein sollte], sondern [...] vom Filme-macher wie ein Mensch behandelt werden [muss]. Der Filmer müsse sich überlegen, welche Behandlung er einem Menschen zumuten würde und welche nicht und diese Überlegungen anschließend auf den Dreh übertragen." [BAS16].

Mehrere Faktoren sind essentiell für das seit einiger Zeit zunehmende Interesse an 360°-Aufnahmen sowie für ihre ebenfalls zunehmende Verbreitung und Verfügbarkeit.

Zum einen ist dies das vermehrt erhältliche Kameraequipment, dass auch für den Consumerbereich tauglich und erschwinglich ist. Wenngleich von der Qualität nicht mit Profibereich angesiedelt, lassen sich für geringere Ansprüche 360°-Kameras ab etwa 100 € finden. Selbstverständlich ist hier natürlich nicht die beste technische Ausstattung zu erwarten und auch an die Bildqualität und die Qualität der meist mitgelieferten Stitching-Software können hier nicht die höchsten Maßstäbe angelegt werden. Zum anderen zeigt natürlich auch hier die Digitalisierung Wirkung.

Durch die digitalen Möglichkeiten ergeben sich für die Wiedergabe und die Präsentation von 360°-Aufnahmen deutliche Vorteile gegenüber der analogen Präsentation. Gebäude oder fliegende Bauten mit zumindest einem Kuppeldom als Projektionsfläche können heute zwar durchaus auch für digitale Präsentationen noch errichtet werden, sind allerdings zum Glück nicht mehr zwingend notwendig. Auf diese Form wird, wenn überhaupt, dann vor allem für große Einzelveranstaltungen und für feste, langfristig genutzte Einrichtungen wie Freizeit- und Entertainmentparks zurückgegriffen. Statt dieser großen Aufbauten stehen aktuell für die Präsentation zwei andere Wege zur Verfügung:

- die Präsentation mit Hilfe eines (→) Head-Mounted-Displays (HMD) und
- die Präsentation am „normalen" Bildschirm.

Sowohl die Wahrnehmung der 360°-Aufnahme als auch die Interaktion unterscheiden sich bei beiden Formen deutlich, wie in den folgenden Kapiteln noch beschrieben werden soll. Beide Wege können aber zu eindrucksvollen Ergebnissen und Eindrücken führen. Betont werden muss aber an dieser Stelle auch hier noch einmal, dass die Präsentation einer 360°-Aufnahme mit einem HMD, dass leider häufig auch vereinfacht als „VR-Brille" bezeichnet wird, nichts mit der „echten" Virtual Reality zu tun hat, was im späteren Abschnitt dann noch beschrieben werden soll.

Insbesondere die Präsentationsmöglichkeit von 360°-Aufnahmen auf normalen Bildschirmen, zumeist im Webbrowser, trägt zu einer häufigeren Nutzung dieser Medienform bei. Internetplattformen wie YouTube, Vimeo und nicht zuletzt Facebook bieten einfache Zugangsmöglichkeiten, sowohl für das Hochladen und Speichern als eben auch für die Präsentation von 360°-Videos. Hier zeigt sich allerdings schon (wieder) die Schwierigkeit der richtigen Wortwahl, denn auf diesen Plattformen werden 360°-Aufnahmen tatsächlich zumeist als „Videos" bezeichnet, auch wenn eigentlich „nur" ein 360°-Foto präsentiert wird.

2.2 Wahrnehmung

Der oben schon benutzte Slogan „mittendrin statt nur dabei", der die Charakteristik der 360°-Aufnahmen – egal ob in Form von Foto oder Film – sehr gut beschreibt, weist auch auf das zentrale Ziel dieses Mediums hin. Der Zuschauer ist eigentlich gar kein Zuschauer mehr. Vielmehr befindet er sich eben „mittendrin" – er ist „eingetaucht" und damit selbst Teil der Szene, die er gerade wahrnimmt. Diese (→) Immersion kann auf zwei Ebenen interpretiert werden:

- Der Zuschauer ist in das Medium, dessen Präsentation er gerade wahrnimmt, eingetaucht, und …
- … er ist in die Handlung, die in der ihn umgebenden Szene dargestellt wird, eingetaucht.

Ein Eindruck, wie es ihn bei klassischen Fotos und Filmen gibt, dass sich nämlich etwas außerhalb des Sichtbereiche oder „hinter der Kamera" versteckt, kann sich bei 360°-Aufnahmen nicht einstellen. Der Zuschauer hat die Möglichkeit, sich vollkommen frei umzusehen und so auch die Stellen zu entdecken, die bei den klassischen „Fotos" im Verborgenen geblieben wären. Diese Freiheit in der Wahrnehmung kann allerdings auch zum gegenteiligen Effekt führen. Zu viele Informationen und Eindrücke fließen zu schnell auf den Zuschauer ein. Besonders problematisch wird dies dann, wenn der Zuschauer davon unvorbereitet getroffen wird. Die Folge ist ein „Information overflow" – und damit wiederum ist die Immersion unterbrochen.

Der Zuschauer muss also „abgeholt" und in die Szene eingeführt werden. Werden. Bei klassischen Foto- und Filmaufnahmen geschieht dies über die Wahl des Bildausschnitts, mit der der Fotograf oder Filmer die Wirkung und Wahrnehmung zu beeinflussen versucht. Natürlich besteht auch in 360°-Medien die technische Möglichkeit,

Blick und Aufmerksamkeit des Zuschauers zu lenken. Allerdings wird eine zu strenge Reglementierung der Führung vom Zuschauer eher nicht akzeptiert. Dies gilt besonders dann, wenn es sich um mit dem Format gut vertraute Zuschauer handelt, die ein hohes Maß an „Freiheit" erwarten. Gerhard Schröder von der Agentur K3 beschreibt diese sanfte Art der Lenkung der Wahrnehmung schön und treffend als „Verführung": [SCH17]

> „Statt dem Zuschauer vorzugeben, wohin er schauen soll, laden wir seinen Blick und seine Aufmerksamkeit dazu ein, einer Bewegung oder einem Objekt zu folgen. So wirkt der Aufmerksamkeitsfluss natürlich und stört die Zuschauer nicht."

Auf diese Weise, also mit möglichst wenigen Ablenkungen, steigt die Wahrscheinlichkeit, das Ziel der Immersion des Zuschauers zu erreichen, erheblich. Als Beispiel nennt Schröder zum Beispiel eine Person, die über eine Straße geht oder Luftballons, die nach oben steigen, und durch ihre eigenen Bewegungen den Blick des Zuschauers dabei nahezu automatisch mitnehmen und die Aufmerksamkeit auf ein zentrales Objekt lenken. Zudem wird dem Zuschauer auf diese Weise auch Sicherheit in der Szene vermittelt, denn er ist sich schnell über seine Umgebung im Klaren und findest sich schnell zurecht. Zudem kann so auch auf ansonsten störende Hilfsmittel wie eingeblendete Richtungspfeile oder andere Hinweisschilder verzichtet werden.

Nachteilig für die Immersion ist bei 360°-Aufnahmen ein technischer Aspekt, der in den klassischen Präsentationsformen schon lange gelöst ist. Anders als bei diesen Medienformaten gibt es auf Internetplattformen wie YouTube und Facebook lediglich Stereoton. Ein 360°-Audio, wie es bei großen Installationen in Freizeit- und Entertainmentparks üblich ist, fehlt bei den kleineren Präsentationsformen mit der heimischen Technik in der Regel. Somit ist auch kein auditives Verstärken des visuellen Eindrucks oder gar ein Lenken des Zuschauers durch auditive Impulse möglich. Je nach-dem, wie stark die Diskrepanz zwischen der visuellen und der auditiven Wahrnehmung ist, kann sich dies negativ auf die Immersion auswirken. [WID17b].

Die Wahl der Präsentationsform, also die Wahl zwischen einer Präsentation mit HMD und der Präsentation auf dem heimischen Bildschirm, hat wesentlichen Einfluss auf die Wahrnehmungsintensität und damit ebenfalls darauf, wie leicht Immersion zu erreichen ist, da sich die Wahrnehmungssituationen fundamental unterscheiden.

Die Präsentation am Bildschirm ist die wohl bekannteste und derzeit sicher auch noch die vertrauteste. Nach Nielson [NIE94] muss hier zwar unter-schieden werden in die Lean-back- und die Lean-Forward-Situation, allerdings ist beiden Situationen gemein, dass der Blick des Zuschauers zwar auf den Bildschirm gerichtet ist, er aber dennoch immer noch Dinge visuell wahrnehmen kann, die um ihn herum geschehen. (Abb. 2.5) Damit ist es auch ein leichtes, dass die Konzentration des Zuschauers auf die Präsentation und damit zwangsläufig auch die Immersion gestört wird. Dies geschieht bei der

2.2 Wahrnehmung

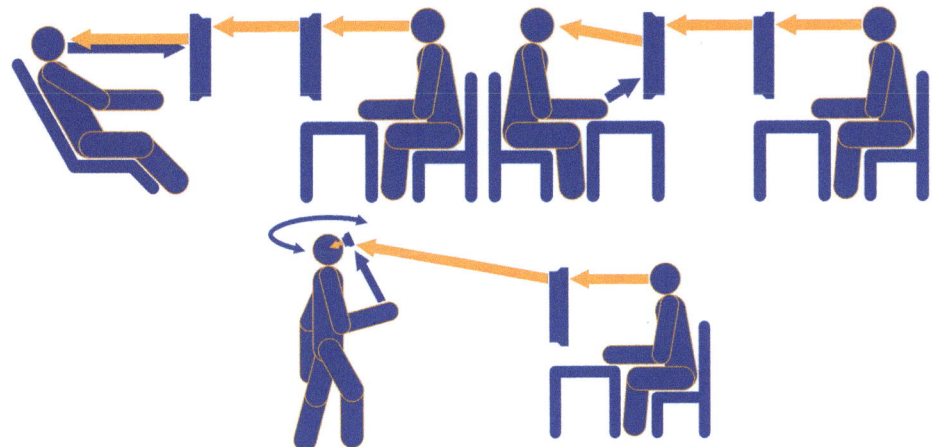

Abb. 2.5 Wahrnehmungssituationen (oben links: Lean back; oben rechts: lean forward; unten: dive in (z. B. mittels Headset)) (orange: Informationsfluss; blau: Interaktionsfluss)

Präsentation mit HMD, also in der Dive-in-Situation, nicht. Hier kann es keine visuellen Störungen von extern geben, da der Wahrnehmungsbereich auf die Displays des HMDs beschränkt ist. (Abb. 2.5 unten) Diese Situationen, sowie auch die, auf die im weiteren Verlauf hier bei der Betrachtung der Wahrnehmung der anderen Medienformen noch zurückgegriffen wird, sind ausführlich von Hoffmann untersucht und beschrieben. [HOF20b].

Einen interessanten Ansatz hat Hudelson in die Diskussion eingeführt, indem er das wahrgenommene Umfeld in verschiedene Zonen eingeteilt hat, wie es in Abb. 2.6 dargestellt ist. Diese Einteilung entstammt zwar eigentlich der Forschung im Kontext von virtueller Realität, kann aber durchaus auch schon hier im Kontext der 360°-Fotografie relevant sein.

Natürlich haben Produzent, Fotograf oder Filmer in der Regel keinen Einfluss darauf, für welchen Weg der Präsentation sich der Zuschauer entscheidet und auf welche Situation er sich damit einlässt. Jedoch sollten sie über die verschiedenen Situationen und die sich daraus ergebenden unter-schiedlichen Wirkungen Bescheid wissen, um zumindest zu versuchen, dies beim Aufbau der Szene während der Aufnahme zu berücksichtigen. Wenn die Aufnahme selbst schon durch einen (zu) unübersichtlichen Aufbau, eine (zu) hektische Situation oder ähnliche Faktoren die Gefahr des Information Overflow und damit eben den Verlust der Immersion bergen, so verstärkt sich diese Gefahr bei den bildschirmgestützten Präsentationsformen noch einmal mehr.

Zonen der Wahrnehmung

- Hintergrund +20m
- Komfortabler Bereich
- mittlerer Bereich +15m
- 70°
- Vordergrund +0,5m
- Periphere Zone
- "Unzone"
- Neugierzone
- 105°

Abb. 2.6 Zonen der Wahrnehmung (nach: [HUD17])

2.3 Interaktion

Die beiden, oben genannten, verschiedenen Arten der digitalen Präsentation von 360°-Inhalten, Bildschirm und HMD, wirken nicht nur in Bezug auf die Wahrnehmung beim Zuschauer unterschiedlich. Vielmehr unterscheiden sie sich ebenso in der Art und Weise, wie der Zuschauer mit der Präsentation interagiert.

Ein wesentlicher Unterschied der Interaktion mit 360°-Medien zur Interaktion in der später noch betrachteten Virtuellen Realität liegt darin, dass bei den 360°-Medien die Interaktion lediglich eine solche mit der Präsentation selbst ist und keine Interaktion mit dem präsentierten Inhalt, oder anders ausgedrückt:

- der Zuschauer interagiert mit dem Medium,
- er interagiert NICHT mit der Story.

▶ **Wichtig**
Egal, wie die Interaktion technisch abgebildet ist, hat sie stets das Ziel, dass der Zuschauer sich in der ihn vermeintlich umgebenden Szene umschauen kann.
Jedoch kann er diese Szene in keiner Weise verändern.

2.3 Interaktion

Dies bedeutet wiederum eine starke Reduzierung des technischen Aufwandes für die Interaktion, da lediglich die Navigation in der Szene für den Zuschauer möglich sein soll, und diese Navigation selbst besteht nur darin, dass er seinen einen Blick um die

- Longitudinalachse und die
- Horizontalachse und strenggenommen auch um die
- Sagittalachse

(zur Erläuterung der Achsen siehe auch Abb. 29) drehen können muss. Für die Interaktion mit 360°-Inhalten ist nicht einmal eine Translation, also eine Veränderung im Sinne einer Verschiebung des (Betrachtungs-) Standorte notwendig. Letztlich ist diese auch gar nicht sinnvoll, da der Zuschauer ja an genau der Stelle positioniert ist, an der sich die Kamera bei der Aufnahme befand.

Bei der Präsentation auf dem normalen Bildschirm, zum Beispiel im Fenster eines Webbrowsers, kann dazu die Maus, die Tastatur oder das Touch-Display selbst genutzt werden. Gefordert ist hier allerdings, dass der Betrachter eine gewisse Abstraktionsfähigkeit mitbringt. Diese ist dazu not-wendig, die Bewegung der Maus oder auch des Fingers auf dem Display, die auf einer Ebene, also zweidimensional, stattfinden, in die drei Dimensionen der 360°-Szene zu übertragen. Hier zeigt sich sehr gut das Problem:

- Aus der Bewegung der Maus, also einer Translation, nach rechts und links wird in der Regel eine Drehung um die Horizontalachse abgeleitet, und ...
- ... aus der Bewegung der Maus nach vorne und hinten wird eine Drehung um die Longitudinalachse abgeleitet.

Allein dies bedarf schon einer Abstraktion, die der Benutzer verstehen muss und die er nachvollziehen kann. Dies wird natürlich dadurch erleichtert, dass diese Abstraktion mittlerweile durchaus üblich ist. Schwierig wird es allerdings nun, wenn auch noch die Drehung um die Sagittalachse abgebildet werden soll, denn hier fehlt bei der typischen Maus eben die dritte Dimension beziehungsweise die Dimension, entlang der die Maus – oder auch der Finger auf dem Touch-Display – verschoben werden kann. Ist die erforderliche Abstraktionsleistung für die Übersetzung von Maus zum Medium zu groß, beeinflusst dies die Wahrnehmung und stört so die Immersion. (Abb. 2.7).

Weniger Störungen auf die immersive Wirkung ergeben sich bei der Interaktion mit der Präsentation in einem HMD. Ist das Störpotenzial auf die Immersion schon dadurch, dass die visuelle Wahrnehmung auf die Displays des HMDs, die sich unmittelbar vor den Augen des Zuschauers befinden, reduziert, so ist auch die Interaktion deutlich natürlicher und intuitiver als bei der Präsentation auf einem Bildschirm, was zur weiteren Reduzierung des Störpotenzials beiträgt.

Die gängigen Head-Mounted-Displays sind in der Regel mit einem oder mehreren (Gyro-) Sensoren ausgestattet, die die Bewegung des HMD registrieren. Eine Drehung des Kopfes, oder auch des ganzen Körpers, wird somit in eine Drehung der dargestellten

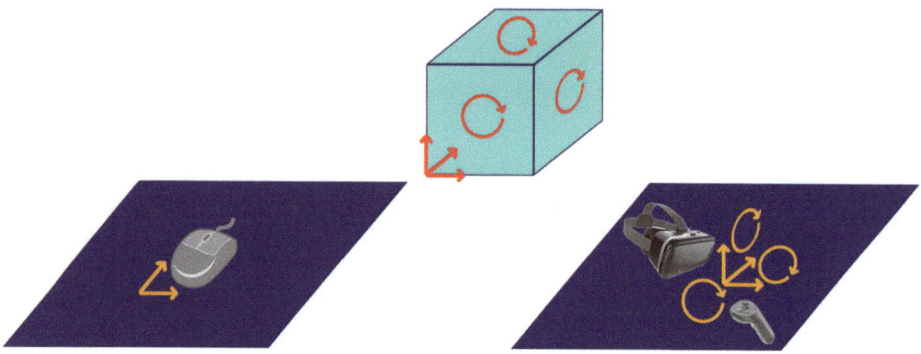

Abb. 2.7 Übertragung der Interaktion auf drei Dimensionen (links: Abstraktion 1: von zwei auf drei Dimensionen: rechts: Abstraktion 2: von zwei auf drei Dimensionen)

Szene übersetzt. Das Medium verhält sich also genau wie es die reale Umwelt bei einer Drehung von Kopf oder Körper ebenfalls macht. Es bedarf also keiner Abstraktionsleistung des Zuschauers.

Einige 360°-Präsentationssysteme erweitern die Navigation innerhalb der Szene durch einen Aspekt, der für eine andere Medienform charakteristisch ist. Gemeint sind damit die sogenannten „Panorama-Touren", wie sie zum Beispiel mit Werkzeugen wie „Pano2VR" produziert werden können. Hier können in der Präsentation Bereich definiert werden, die, wenn der Zuschauer diese aktiviert, dazu führen, dass ein Wechsel der Szene eintritt. Der Zuschauer verlässt auf diesem Wege seinen aktuellen Betrachtungsstandort und wechselt zu einem anderen. Auf diesem Wege kann der Zuschauer dann geführten Touren zum Beispiel durch Gebäude folgen. Die Aktivierung eines solchen Standortwechsels geschieht in der Regel wie im normalen Webbrowser dadurch, dass ein Cursor auf den definierten Bereich gebracht und ein Mausklick ausgelöst wird. Diese Art der Mediencharakteristik wird im späteren Abschnitt "Hyper Hyper ..." der sich mit den sogenannten Hypermedien auseinandersetzt, besprochen.

2.4 Storytelling

Eigentlich könnte dieses Kapitel sehr kurz gehalten werden:

▶ **Wichtig**
Alles, was bisher über Storytelling in, mit und durch Panoramen gesagt wurde, gilt eins-zu-eins auch für 360°-Inhalte.

Die einzige Erweiterung, die dabei vielleicht noch berücksichtigt werden könnte, wäre, dass der Betrachter jetzt eben auch noch nach oben und unten schauen kann.

2.4 Storytelling

Dieser Ansatz ist natürlich nicht ganz ernst gemeint, allerdings stimmt es schon, dass das Storytelling in Panoramen mit dem Storytelling in 360°-Inhalten sehr eng verwandt ist. In diesem Kapitel soll aber das, was oben schon beschrieben wurde, noch ein wenig erweitert werden. Im früheren Kapitel wurde bewusst nicht unterschieden in Panorama-Foto und Panorama-Film. Dies soll nun aber hier geschehen.

Grundsätzlich könnte gesagt werden, dass 360°-Fotos eine Art Zwischenschritt zwischen dem normalen Foto und einem Video darstellen. Dadurch, dass der Zuschauer nicht mit einem Blick die gesamte aufgenommene Situation erfassen kann, ist er gezwungen, sich im 360°-Raum umzusehen. Zwar verändert sich in der Präsentation nichts, ganz genau wie sich auch auf einem klassischen Foto nichts verändert, allerdings muss entweder der Zuschauer sich selbst oder aber das Bild bewegen, um es in Gänze erfassen zu können. Insofern könnte in gewisser Weise hier von einer nicht-statischen Präsentation gesprochen werden. Wenn allerdings nun schon das sich inhaltlich nicht verändernde Foto seine statischen Eigenschaften dynamisiert, so stellt die Auseinandersetzung mit einem 360°-Film eine nochmals größere Herausforderung dar. Christian Jakubetz drückt dieses Dilemma so aus:

> „Der Kniff dabei ist: Natürlich sind 360-Grad-Videos kein klassisch interaktives Format. Als linear kann man sie aber auch nicht gerade bezeichnen." [Jak20]

Bei den klassischen, linearen Medien wird für den Aufbau einer spannen-den Geschichte in aller Regel auf das Dramaturgiemodell, dass Aristoteles für seine Poetik entwickelte oder eine der vielen darauf basierenden Entwicklungen wie zum Beispiel die von Syd Field, gesetzt. [ARI07], [FIE87], [FIE03] Das Storytelling 360°-Medien folgt zwar in der Regel den gleichen Prinzipien wie auch das klassische Storytelling, und generell ist ein solcher Spannungsaufbau für 360°-Geschichten sicher auch ebenso sinnvoll. Allerdings müssen die Stolpersteine, die sich aus dieser 360°-Charakteristik ergeben, berücksichtigt werden. Wenn auf der einen Seite für den Produzenten oder den Fotografen gilt, dass er sich nicht verstecken kann, so gilt eben auf der anderen Seite damit auch, dass der Zuschauer alles sehen kann. Der Zuschauer hat die Freiheit, sich selbstbestimmt im Raum umzuschauen und diesen „auf eigene Faust" zu erkunden. [SCH17] Je erfahrener er im Umgang mit dem Medium ist, wird er diese Freiheit auch erwarten. Der Verlust dieser Freiheit könnte also schon zu einem Bruch der Immersion führen.

Während bei klassischen Foto- und Videoformaten der Fotograf Bildauswahl und -ausschnitt bestimmt und festlegt, was der Zuschauer zu sehen bekommt, und auf diese Weise Stimmung und Wirkung von Bildern und Videos gestaltet, gibt es diese Möglichkeit bei 360°-Medien nicht:

▶ **Wichtig**
Aristoteles …
　… steht hinter Dir!

Und damit geschehen die Dinge, die die Geschichte interessant machen und sie vorantreiben möglicherweise gerade dort, wo der Zuschauer nicht hinschaut. Die oben schon genannte Jessica Brillhardt schlägt deshalb vor, dass Produzenten von 360°-Inhalten statt in Bildausschnitten besser in Bildwelten denken sollten. In diesen Welten sollte der Produzent die verschiedenen Interessenspunkte betonen und hervorheben, auf die der „Besucher" seinen Blick richten kann. [BAS16] Mit diesem Wechsel der begrifflichen Bezeichnung weg vom „Zuschauer" hin zum „Besucher" unterstreicht Brillhardt die auch in „Beyond Hypertext" schon beschriebene Problematik der neuen Rolle des Publikums [HOF20a]:

- Nahm früher der Zuschauer einzig die passive Rolle des Beobachters ein, so …
- … wechselt der Besucher dadurch, dass er selbstbestimmt seinen Blick frei schweifen lassen kann, in eine aktive Rolle.

Als Hilfe und Werkzeug zur Planung unter Berücksichtigung der zu erzählenden Story nutzt Brillhart kein Storyboard, wie es in der 2D-Produktion die Regel ist, sondern sie bezeichnet ihre Art der Planung als „Storykreis", der ihr hilft, die Interessenspunkte in einer 360°-Umgebung besser zu visualisieren. Sie zeichnet dazu nicht nur die Interessenspunkte selbst, sondern auch deren Relation zum Blickwinkel des Besuchers ein. Brillhart ist dies deshalb wichtig, weil sie den Standpunkt vertritt, dass der Besucher einer 360°-Welt selbst zum Geschichtenerzähler innerhalb dieser Welt wird. Die ehemalige Rolle des Geschichtenerzählers, die in aller Regel der Produzent und/oder sein Produktionsteam innehatte, mutiert nun zur Rolle des Weltenerschaffers. [BAS16].

360° bedeutet, wie gerade schon gezeigt, dass die Geschichte im gesamten Raum ihren Verlauf finden kann. Allerdings verlangt diese Freiheit vom Produzenten zugleich aber auch, dass er das Fingerspitzengefühl haben muss, den Zuschauer – den Besucher! – nicht zu überfordern. Bei zu viel paralleler Aktivität kann der Zuschauer schnell den Überblick verlieren – und damit eventuell auch essentielle Teile der Geschichte verpassen. Daher muss die Geschichte nachvollziehbar sein und sich Schritt für Schritt entwickeln, damit alle gewünschten Informationen vermittelt werden. Dezent eingebaute Hinweise wie Schilder, sich bewegende Protagonisten oder auch, wenn 360°-Sound von der Präsentationstechnik unterstützt wird, akustische Signale können hier zur Lenkung der Wahrnehmung auf die wichtigen Teile der Handlung genutzt werden.

Allerdings ist auch diese Lenkung wiederum eine nicht ganz einfache Sache und kann schnell zur Verwirrung des Zuschauers und damit dem Verlust der Immersion führen. Was im Film in der Regel sicher hilft, nämlich ein „Guide", der aus dem Off die Handlung erzählt, wird in 359:1 Fällen im 360°-Medium nicht funktionieren. Der Produzent weiß schlicht und ergreifend nie mit absoluter Sicherheit, wohin der Zuschauer denn tatsächlich gerade blickt. Dann sind ist ein Satz wie „Und hier sehen wir jetzt …" ziemlich verwirrend oder gar störend. [JAK20].

Es ist sicherlich nicht falsch, wenn gesagt wird, dass diese neuen Möglichkeiten 360°-Medien zu einer neuen Kunstform machen. So sind 360°-Videos schon aufgrund

2.4 Storytelling

ihrer Immersion eine eigenständige Form des Films und gehorchen gänzlich anderen Regeln. Wie bei jeder neuen Kunstform sollte also auch hier ein zentraler Fehler vermieden werden. Dinge, die bei einem klassischen Foto oder einem klassischen Film funktioniert haben, müssen zunächst einmal auf ihre Wirkung im neuen Medium untersucht werden, bevor sie stumpf eins-zu-eins übernommen werden.

Neben der Frage, wie 360°-Geschichten erzählt werden sollen, ist eine weitere Frage ebenso naheliegend: Welche Geschichten können – oder sollten – in 360° erzählt werden – und welche nicht. 360°-Medien haben sich, nicht zuletzt dank der Integration in die Social-Media-Plattformen, mit großer Geschwindigkeit etabliert. Die Zeiten scheinen schon lange vorbei, dass allein ein Musikvideo wie das zu dem 2010 erschienen Stück „Salt in the Wounds" der australisch-britischen Drum-and-Bass-Band Pendulum die Zuschauer in Begeisterung versetzte. (Abb. 2.8).

Vielmehr ist heutzutage in bestimmten Bereichen und in bestimmten Themengebieten 360° geradezu eine Selbstverständlichkeit, wie zum Beispiel im Tourismus oder auch für die Präsentation von archäologischen Ausgrabungsstätten. Diese steigende Zahl von An-

Abb. 2.8 Das erste 360°-Musikvideo: „Salt in the Wounds" von Pendulum, 2010

wendungen bedeutet zugleich aber auch eine Steigerung der Erwartungshaltung und der Ansprüche der Zuschauer, die erfüllt werden wollen. Es reicht heutzutage nicht mehr, einfach mal die 360°-Kamera hoch- und auf das Motiv draufzuhalten. Schon bei diesem Satz fällt auf, dass hier ein anderes Denken zwingend notwendig ist:

▶ **Wichtig**
Motiv?
Welches Motiv?
Wir reden hier über die ganze Szene rund um die Kamera herum!

Selbstverständlich kann – theoretisch – 360° überall eingesetzt werden. Es bleibt aber fraglich, ob damit wirklich echter Mehrwert gegenüber einem „normalen" Bild oder einem normalen Film generiert wird. Der Vorteil, dass sich der Zuschauer am Aufnahmestandort umsehen kann, muss nicht zwingend ein Vorteil sein:

- Mal nimmt eine Wand die Hälfte des sichtbaren Bereiches ein.
- Mal sind die Interessenpunkt zu weit auseinander, als dass sich daraus eine Geschichte ergeben würde.
- Mal ist es schlicht nur ein einziger Interessenpunkt und das restliche Wahrnehmungsfeld ist für die Geschichte uninteressant.

Übersicht
Der oben ebenfalls schon erwähnte Christian Jakubetz hat diese Herausforderungen in drei Fragen zusammengeführt, die der 360°-Produzent vor einer Produktion bedenken sollte: [JAK20].

1. **Gibt es einen Wow-Effekt?**
Jakubetz bezieht sich hier auf die mittlerweile klassische 5-Shot-Regel der Videoproduzenten, nach der jede Sequenz eine Perspektive, ein Panorama oder ein Bild enthalten soll, das dem Zuschauer ein „Wow" entlockt. Jakubetz sagt ganz kurz und knapp: **„Ohne „Wow" keine 360°!"**
2. **Lohnt es sich?**
Jakubetz dreht diese Frage zum besseren Verständnis um und fragt: „**Würden Sie an den Ort, den Sie gerade filmen** wollen, **privat einen guten Freund mitnehmen, weil er das unbedingt mal gesehen haben muss?**" Oder reicht vielleicht auch ein ganz normales 16:9-Video?
3. **Bringe ich den Nutzer dazu, sich auch tatsächlich das ganze Panorama anzusehen?**
Dies ist – nicht nur nach Jakubetz – die zentrale Frage jeder 360°-Produktion: **„Das tollste 360-Grad-Video ist nämlich nur so mittelgut, wenn man damit nichts anderes machen kann als sich ein bisschen umzusehen."**

An dieser Stelle kann sich der potentielle 360°-Produzent an der etablierten „New York Times" orientieren, die über mehrere Monate auf der Startsete ihrer Webpräsenz die Rubrik „Daily 360" mit ansprechenden Inhalten zu füllen versuchte. Mittlerweile ist diese Rubrik wieder geschlossen, was durchaus ein Zeichen dafür sein kann, dass sich nicht jedes Thema für 360° eignet und die Zahl der Themen möglicherweise doch begrenzter ist, als man es sich landläufig vorstellt.

2.5 Rechtliches, Ethisches ... und die Marktreife

Als ob die Herausforderungen in Technik, Gestaltung und Storytelling nicht schon umfassend genug seien, soll an dieser Stelle nun noch (kurz!) auf rechtliche Aspekte aufmerksam gemacht werden. Schließlich bringt eine 360°-Aufnahme das Problem mit sich, dass eben ein Rund-herum-Blick abgebildet wird – und damit auch leicht Dinge und Personen aufgenommen werden, die eigentlich nicht das Ziel der Abbildung waren. Aber genau daraus können möglicherweise schnell Probleme entstehen.

Es geht hier natürlich nicht um Aufnahmen aus dem privaten Heim. Vielmehr werden sicherlich die meisten 360°-Aufnahmen, egal ob Foto oder Film, draußen, also im sogenannten öffentlichen Raum, gemacht. Von den Gebäuden, die diesen Raum ausmachen, können durchaus rechtliche Probleme ausgehen, denn ganz allgemein liegt das Urheberrecht eines Bauwerks zunächst einmal beim Architekten, ganz so, wie es einer Statue beim Bildhauer oder bei jedem anderen Kunstwerk beim jeweiligen Künstler liegt. Nach dem Urheberrecht dürften Fotos von Gebäuden oder Kunstwerken nicht kommerziell veröffentlicht werden. Zum Glück gilt aber im deutschen Recht der Begriff der „Panoramafreiheit". Diese Panoramafreiheit besagt, dass Fotos urheberrechtlich geschützter Werke veröffentlicht und vermarktet werden dürfen, sofern sie von öffentlichen Wegen und Plätzen aus fotografiert wurden und sich bleibend an diesem Ort befinden. Um ganz sicher zu gehen, muss an dieser Stelle nun ein Blick auf die rechtliche Bedeutung des Begriffes „öffentlich" geworfen werden. Die deutsche Rechtsprechung legt diesen Begriff so aus, dass jeder Ort, der ohne Zutrittsbeschränkung betreten werden kann, als öffentlich gilt. Ein Ort ist in der Regel dann nicht öffentlich, wenn ...

- ... Eintritt bezahlt werden muss, um an diesen Ort zu gelangen, ...
- ... er durch ein Tor, betreten werden muss oder wenn ...
- ... der Zutritt durch einen Zaun oder ähnliche Einrichtungen behindert wird.

Die Zuhilfenahme von Leitern oder gar von Drohnen zur Umgehung dieser Hürden ist nach deutschem Recht ausgeschlossen. [RAU17].

Allerdings ist öffnet der Begriff „öffentlich" nicht in jedem Falle einen Freibrief für Fotografen und Medienproduzenten. Ein einschränkender Faktor ist die Frage, ob es sich bei einem abgebildeten Werk um ein bleibendes Werk handelt oder nicht. Wie schwirig diese Beurteilung für den juristischen Laien sein kann, zeigt sehr anschaulich die Verhüllung des Berliner Reichtags im Juni/ Juli 1995. Natürlich ist der „Reichstag" als Gebäude von öffentlichen Wegen einsehbar, und das Gebäude an sich ist sicher auch ein bleibendes Werk. Nicht bleibend allerdings war die von Christo vorgenommene Verhüllung, die nach zwei Wochen wieder entfernt wurde. Somit dürfen Fotos, die den verhüllten Reichstag zeigen, nicht ohne Weiteres veröffentlicht oder gar kommerziell genutzt werden. [22PoJ].

Die Diskussion des Begriffes „kommerziell" wird an dieser Stelle bewusst nicht weiter verfolgt, denn dazu gibt es von verschiedenen deutschen Gerichten unterschiedlichste Auslegungen. So kann zum Beispiel auch der private Blog als kommerziell angesehen werden, wenn darauf ein Werbebanner enthalten ist, um damit die Betriebskosten des Blogs zu decken.

Noch schwieriger wird die juristische Beurteilung, wenn neben Gebäuden und Bauwerken auch noch Personen abgebildet werden. Gerade bei 360°-Aufnahmen wird es sich nicht immer vermeiden lassen, dass, vor allem wenn von öffentlichen Plätzen mit dichtem Publikumsverkehr aus fotografiert wird, Personen mit aufgenommen werden, die unabsichtlich in das Bild geraten sind. Insbesondere die Einführung der DSGVO hat hier zu einer großen rechtlichen Verunsicherung geführt. Vor der intensiven Auseinandersetzung mit entsprechender Rechtsliteratur mag vielleicht eine pragmatisch-ethische Herangehensweise hilfreich sein: Vor jeder Aufnahme möge sich der Fotograf oder Produzent selbst befragen, ob es für ihn in Ordnung wäre, an dieser Stelle und zu dieser Zeit ungefragt aufgenommen und (fotografisch) verewigt zu werden. [RAU17].

Ein anderer Aspekt neben dem (unbeliebten, aber dennoch wichtigen) rechtlichen Aspekt ist die grundlegende Frage, ob 360° nicht vielleicht doch einfach nur ein Hype ist, dem man in Zukunft zwar immer mal wieder begegnen, der aber doch keine hohe Relevanz haben wird. Kristian Widmer hat dazu den in der IT häufig genutzten Gartner Hype-Cycle zum Thema 360°-Medien untersucht. [WID17a].

Das Gartner-Institut ist ein Marktforschungsinstitut mit dem Schwerpunkt IT. Der von Gartner entwickelte Hype-Cycle versucht aufzuzeigen, welche Phasen der öffentlichen Aufmerksamkeit neue Technologien bei deren Einführung durchläuft. Gartner definiert beim Hype-Cycle fünf solcher Phasen, die eine neue, innovative Technologie bis zu ihrer Marktreife durch-läuft.

> **Übersicht**
> - Phase 1: der technologische Auslöser, einhergehend mit ersten Informationen um ein neues Produkt mit ungeahnten technischen Möglichkeiten,
> - Phase 2: der Gipfel der überzogenen Erwartungen, rund um den die ersten Produkte (oder deren Prototypen) dem Markt mit viel Wirbel vorgestellt werden,
> - Phase 3: das Tal der Tränen, in dem sich herausstellt, wieviel heiße Marketing-Luft rund um die eigentliche Innovation er-zeugt wurde,
> - Phase 4: der Pfad der Erleuchtung, auf dem die verbleibenden innovativen Ansätze für sinnvolle Anwendungen adaptiert werden,

- Phase 5: das Plateau der Produktivität, auf dem sich die erfolgreichen Produkte dann endlich vermarkten lassen.

Widmer behauptet 2017, dass sich „VR 360 Videos" (hier darf der Hinweis nicht fehlen: Vorsicht mit dem Begriff „VR"!) auf dem Weg in das Tal der Tränen und damit in der dritten Phase des Hype-Cycles befinden: „Während Zuckerberg und Zalando noch vor Freude geschrien haben, mehrte sich die Kritik an der Technologie. 2016 schloss Facebook die Türen des eigenen VR-Animationsstudios für VR 360 Video und reduzierte die Verkaufspunkte seiner VR-Brillen."

Zwar mischt auch Widmer (wie so viele so häufig) 360° mit VR, aber generell kann seine Interpretation des Hype-Cycle sowohl in Bezug auf die 360°-Medien als auch in Bezug auf VR-Anwendungen durchaus als optimistisch bezeichnet werden, denn beide Medienformen befinden sich nach ihm gerade auf dem Weg ins Tal der Tränen. Und diesem Tal folgt dann die eigentliche produktive Zukunft. [WID17a].

Virtual Reality 3

Inhaltsverzeichnis

3.1 Gestaltung & Technik 84
3.2 Wahrnehmung 92
3.3 Interaktion 96
3.4 Storytelling... 99
3.5 Cyber Sickness... 103

Genau wie das vorige Kapitel soll auch dieses Kapitel beginnen, denn letztlich kann, wie später deutlich werden wird, Virtual Reality aus Sicht der Medienentwicklung als Erweiterung der 360°-Medien betrachtet werden. Wenn die 360°-Darstellung auf der Innenseite einer Kugel rund um den Zuschauer das Eintauchen in die präsentierte Szene verstärkt, so ist der nächste Schritt der Weiterentwicklung naheliegend: da die Leinwand nicht mehr erweitert werden kann, soll der Zuschauer nun selbst in die Szene eingreifen können. Der Zuschauer ist also nicht mehr nur passiv, sondern kann aktiv seine Umgebung beeinflussen.

> Willkommen in der Virtuellen Realität.

Eigentlich ist VR also genau wie 360°, da die Szene den Zuschauer visuell vollständig umgibt. Zugleich aber ist VR auch mehr, da der Zuschauer nicht mehr Zuschauer bleibt, sondern ganz im Sinne von Jessica Brillhardt zum „Mitwirkenden" wird. [BAS16] Das Ziel, ihn solcherart einzubeziehen ist – wieder einmal – die Immersion des Zuschauers in das Medium.

Leider taugt das bisher Gesagte als Definition von Virtueller Realität ebenso wenig wie viele andere Beschreibungen in Literatur oder Internet. Ein Grund für die vielen unterschiedlichen Definitionsversuche liegt darin, dass VR keinem klassischen Medienansatz entspricht und genügt. Zudem besteht eine „funktionierende" virtuelle Realität aus mehr als einem dargestellten Inhalt, sondern es bedarf einer ganzen Reihe von verschiedenen Technologien, die erst im Zusammenspiel die VR entstehen lassen. Aus all diesen Medien- und Technologieperspektiven heraus wird aber versucht, eine Definition zu finden, was im Regelfalle eher nicht mit Erfolg beschieden ist. [OLI18] Einer der besten Ansätze zur Beschreibung von VR ist der von Brill, nach dem VR *„eine mittels Computer simulierte Wirklichkeit oder künstliche Welt [ist], in die Personen mit Hilfe technischer Geräte sowie umfangreicher Software versetzt und interaktiv eingebunden werden."* [BRI09] In dieselbe Richtung geht Böhringer, der aber deutlich herausstellt, dass die in der VR dargestellten Inhalte die reale Welt in vielen Elementen nachbilden kann, dies aber nicht muss, sondern auch vollständig „virtuell" sein kann. Diese Elemente können nach diesem Ansatz *„realitätsnah, stilisiert oder auch unrealistisch sein."* [BÖH14d].

Wie schwierig das Aufstellen einer korrekten Definition von VR ist, zeigt Palmer Luckey, der als Gründer von Oculus VR und Entwickler der Oculus Rift durchaus als vom Fach bezeichnet werden kann. Allerdings unterläuft auch ihm ein Fehler, wenn er *„VR als eine stereoskopische Perspektive mit deutlich erhöhter Sichtweite"* beschreibt, die dem Benutzer *„das Gefühl vermittelt, Teil einer virtuellen Welt zu sein."* [BBC02] Dieses Gefühl ist allerdings unabhängig von einer solchen Perspektive, da es eine solche in der Kognitionswissenschaft gar nicht gibt.

Um zumindest ein besseres Gefühl für das, was VR sein soll(te), zu bekommen, ist die Herangehensweise von Paul Milgram hilfreich. Sein Team und er stellten 1994 das sogenannte Realitäts-Virtualitäts-Kontinuum (RVK) vor, dass Abb 4 zeigt. [KIS94].

Dieses zeigt auf der linken Seite die reale Realität, die ausschließlich aus realen Elementen und Wahrnehmungen besteht. Hier können die „normale" Fotografie, die Panoramafotografie und letztlich auch die 360°-Fotografie verortet werden. Auch wenn die und letztlich auch Ihr Gegenüber steht auf der linken Seite die „Virtuelle Realität", die wiederum vollständig aus digitalen Elementen und Wahrnehmungen besteht. Alles zwischen diesen beiden Extremen bezeichnen Milgram und sein Team als () „Mixed Reality" (MR), die sich aus einer Kombination von realen und digitalen Elementen und Wahrnehmungen in unterschiedlichen Verhältnissen zusammensetzt:(Abb. 3.1).

- Überwiegen die realen Elemente die digitalen, so wird hier von angereicherter Realität, oder () „Augmented Reality" (AR) gesprochen, die im folgenden Kapitel noch im Detail betrachtet werden soll.
- Überwiegen hingegen die virtuellen Elemente die realen, so wird dies als angereicherte Virtualität oder „Augmented Virtuality" bezeichnet.

Die Übergänge innerhalb dieser Mixed Reality sind fließend und werden je nach Anwendung und je nach Definitionsansatz unterschiedlich ausgelegt. Ebenso unterschiedlich ist die Auslegung der beiden Extrempunkte. So wird durchaus unterschiedlich

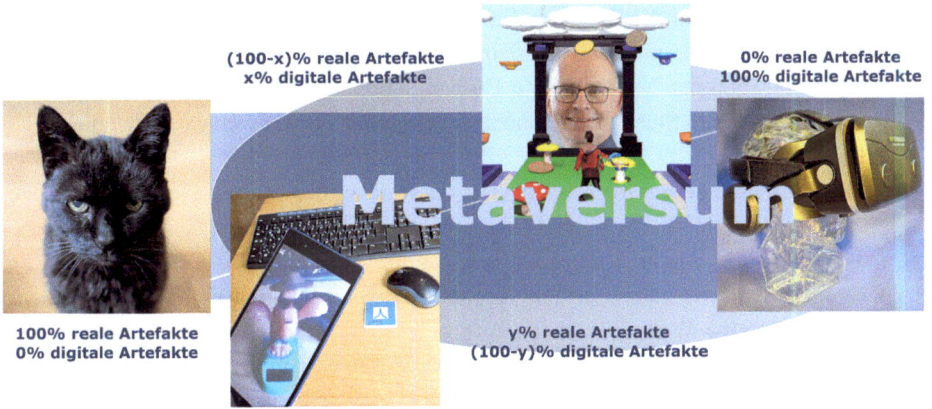

Abb. 3.1 Das Realitäts-Virtualitäts-Kontinuum: von realer Welt zum Metaversum [HOF24]

diskutiert, wo die digitale Anreicherung denn nun tatsächlich beginnt, und ob nicht ein Bildschirm, der Informationen aus der digitalen – also einer virtuellen – Welt zeigt, auch schon eine Anreicherung der Realität mit digitalen Informationen darstellt. Ebenso umstritten ist die Auslegung der hundertprozentigen Virtualität, denn strenggenommen kann diese unter Berücksichtigung der menschlichen Wahrnehmung nicht erreicht werden – außer es gelänge in Zukunft, in einer virtuellen Realität auch solche Wahrnehmungen wie die Schwerkraft abzubilden und zu verändern. Heutzutage ist dies wohl einer der Anker der Wahrnehmung, der beständig ist. [HOF24].

Der obige Definitionsansatz zeigt, dass es, um die als Ziel genannte Immersivität zu erreichen, notwendig ist zu berücksichtigen, dass „die VR" mehr ist als „nur" ihre mediale Darstellung. Vielmehr braucht es [SHE03] [OLI18]

- die virtuelle Welt mit ihren Informationen an sich,
- ein sensorisches Feedback, dass über die übliche visuelle/ grafische Darstellung hinausgeht sowie
- die Möglichkeit der Interaktion zwischen inhaltlichen Elementen der virtuellen Welt und noch einmal darüber hinaus
- die Möglichkeit der Interaktion des Benutzers – also des früheren Zuschauers – mit den Elementen der virtuellen Welt, wozu ebenfalls gehört, dass
- der Benutzer sich selbständig durch die virtuelle Welt bewegen und damit seinen () „Point-of-View" (POV), also seinen Stand- und Sichtpunkt, verändern kann.

Durch die Einführung des Begriffes () der Freiheitsgrade, im Englischen Degree of Freedom, kurz DoF, des Benutzers für den gerade zuletzt genannten Punkt wird der Unterschied zwischen 360° und VR besonders deutlich:

- Bei 360°-Medien hat der Benutzer 3 DoF und damit die Möglichkeit zur Rotation um die drei Achsen x, y, und z, also horizontal, vertikal und sagittal.
- Bei VR hingegen hat der Benutzer 6 DoF, weil der sich nicht nur um die Achsen drehen, sondern seinen Standort auch noch entlang aller Achsen verschieben kann.

Bei näherer Betrachtung wird schnell klar, dass die in den obigen Definitionsansätzen beschriebene mediale Weiterentwicklung nur auf Basis einer sehr starken technischen Grundlage möglich war und ist. Dennoch beginnt auch hier die Geschichte deutlich früher als es wahrscheinlich vielfach vermutet wird. Erstaunlich ist, dass die Idee von künstlichen (Daten-) Welten, wie sie heute unter dem Begriff VR oder auch dem verwandten Begriff () Cyberspace verstanden wird, ihren Ursprung nicht in den Visionen von Science-Fiction-Schriftstellern hat. Vielmehr sind es Techniker, die den Begriff VR vordachten und prägten.

Allgemein wird häufig gesagt, dass das Konzept der Virtuellen Realität erstmalig von Ivan Sutherland in seinem Beitrag „The Ultimate Display" zum IFIP-Kongress (International Federation for Information Processing) 1965 beschrieben wird. [SUT65] Auf drei Seiten stellt Sutherland die Interaktion und die notwendige Benutzungsschnittstelle als Basis für ein grundlegend neues Interaktionsparadigma vor. Dabei wird allerdings in der Regel der Filmemacher und Kameramann Morton Heilig vergessen. Er hatte in den frühen 1950er Jahren die Vision, dass Kino nicht nur auf der Leinwand stattfinden sollte, sondern das der Zuschauer auf allen Sinneskanälen in das Geschehen einbezogen werden sollte. Seine Ideen arbeitete er soweit aus, dass er 1955 ein Patent für das „Sensorama" erhielt, ein sperriges mechanisches Gerät, dass dem Zuschauer eine immersive und multisensorische Präsentation bot. (Abb. 3.2) Mittels ...

- eines stereoskopischen Farbdisplays,
- eines Lüfters,
- eines „Geruchsstrahlers",
- eines Stereo-Soundsystems und eines
- beweglichen Stuhls

simulierte Heilig mit dem Sensorama eine Motorradtour durch New York. Der Zuschauer nahm dafür auf einem imaginären Motorrad Platz und sah über das stereoskopische Display die Straßen, die er befuhr, spürte dabei den vom Ventilator erzeugten Wind, hörte den simulierten, aufgezeichneten Lärm der Stadt und kam auch in den Genuss ihres Geruchs. Das Gerät wurde aufgrund des technischen Aufwandes sowie auch wegen der hohen Kosten für die aufwendige Medienproduktion nur einmal gebaut. [HEI62][WIKoJ] Dennoch aber hat sich Morton Heilig mit dem Sensorama sowohl als Vater der multimodalen Präsentation und Interaktion sowie auch als eigentlicher Vater der Virtuellen Realität in die Bücher der Technikgeschichte eingetragen.

3 Virtual Reality

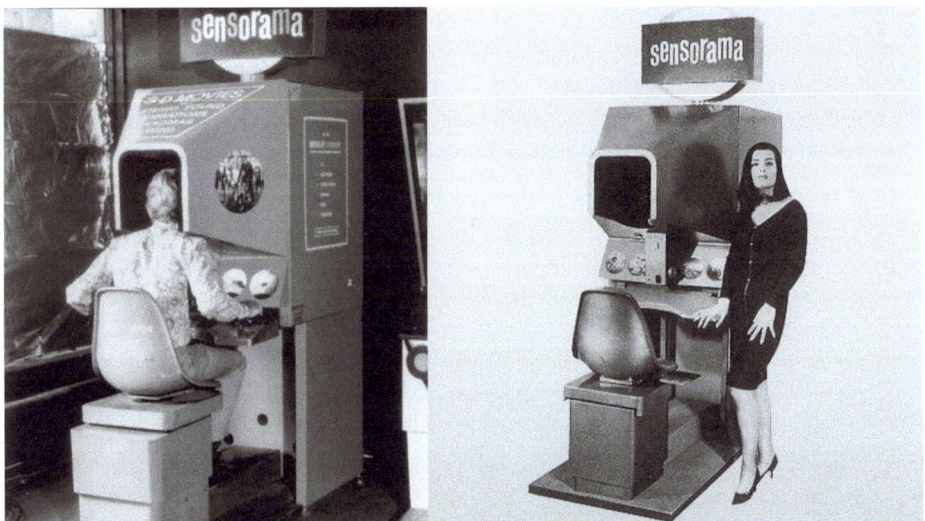

Abb. 3.2 Das Sensorama von Morton Heilig

Selbstverständlich muss hier unbedingt beachtet werden, dass es sich bei der Präsentation mittels des Sensorama strenggenommen dann aber doch nicht um VR handelt, so wie sie zu Beginn dieses Kapitels definiert wurde. Der Kritikpunkt ist der, dass der Zuschauer auch im Sensorama seinen Standort nicht selbständig verändern kann. Zwar sieht er die Szenerie auf der Straße stereoskopisch, also in 3D, was in einem späteren Kapitel im Einzelnen noch genauer betrachtet werden soll, allerdings folgt er – gezwungenermaßen – einzig der Kamera des Films. Auch hat er keine Möglichkeit zur Interaktion und zur Veränderung der aufgenommenen Szene. Es fehlen somit also zwei hauptsächliche Charakteristika von VR.

Das Morton Heilig den Benutzer auf die Position der Kamera fixiert, ist nicht wirklich erstaunlich, wenn dessen filmischer Background berücksichtigt wird. Diese Einengung ist bei Ivan Sutherland nicht gegeben, da er nicht aus der Filmwelt kommt, sondern einen durch und durch technischen Background hat. So wiederum sehen auch dann seine Vorstellungen von Interaktionsschnittstellen aus, wie im folgenden Kapitel zur Augmented Realität noch gezeigt wird.

> **Übersicht**
> Der heute übliche Begriff für solche interaktive und immersive Präsentations- und Interaktionsparadigmen wurde allerdings erst zwanzig Jahren nach diesen ersten Ideen geprägt. Wo er seinen genauen Ursprung hat, ist nicht mit absoluter Sicherheit nachzuvollziehen:

- Einerseits wird der Begriff „Virtuelle Realität" häufig in Zusammenhang mit dem Roman „Judas Mandala" von Damien Broderick aus dem Jahr 1982 genannt. [BRO82]
- Ob er von diesem Buch wusste und es gelesen hat, ist nicht bekannt, aber 1984 prägt Jaron Lanier den Begriff der Virtuellen Realität, begleitend zu den Dingen, die er mit seinem Kollegen bei VPL-Research zur Marktreife entwickelte.
- Nahezu parallel entwickelte und festigte sich aus den Kurzgeschichten von William Gibson und vor allem aus seiner Neuromancer-Romantrilogie auch der Begriff Cyberspace für ein Informationsnetz, in das der Benutzer ebenfalls immersiv eintauchen kann. Beide Begriffe wurden lange Zeit nahezu gleichwertig genutzt, bis in jüngerer Zeit der Begriff „Cyberspace" einen eher nerdigen und damit negativen Anstrich bekam.
- Abgelöst wurde der Begriff dann sicher auch durch die Bezeichnung „Matrix" aus dem gleichnamigen Film der Wachowskis aus dem Jahr 1999.

VR hat seither mehrere Hypes durchlaufen. Sowohl in den 1980er, als Sony ein erstes marktreifes Equipment für den Consumerbereich vorstellte, als auch in den 1990er und 2000er Jahren wurden immer mal wieder VR-Systeme vorgestellt. Dennoch ist VR auch heute noch immer nicht so präsent auf dem Markt ist, wie es von vielen Marketing"profis" vorausgesagt wurde. Sogar große Player wie Google mit den Google Glasses, Facebook in Verbindung mit Occulus Rift oder auch Microsoft mit der Hololens schaffen es nicht, einen wirklich funktionierenden Markt, insbesondere im unteren Preissegment, zu etablieren.

Nichtsdestotrotz scheint die Technologie an sich mittlerweile aber einen stabilen Zustand erreicht zu haben, denn sonst hätte das im vorigen Kapitel schon kurz erwähnte Gartner-Institut Virtual Reality 2018 nicht aus seinem Hype-Cycle entfernt. (Abb. 3.3) Zudem fällt VR auch zentral in den Bereich des Metaversums, welches oftmals als das Next Generation Internet bezeichnet wird. [HOF24]

3.1 Gestaltung & Technik

Virtual Reality (VR) kann als computergenerierte Simulation dreidimensionaler Umgebungen oder Situationen betrachtet werden, mit der Benutzer durch spezielle Hardware interagieren können. Diese Umgebung kann von einem realitätsgetreuen Abbild bis zu vollkommen fiktiven Inhalten reichen. Dazu bietet sie dem Benutzer die Möglichkeit einer immersiven Erfahrung. Die Immersion wird durch eine Kombination aus visuellen, auditiven und oft auch haptischen Reizen erreicht, die das Gefühl hervorrufen, physisch in der simulierten Welt präsent zu sein.

3.1 Gestaltung & Technik

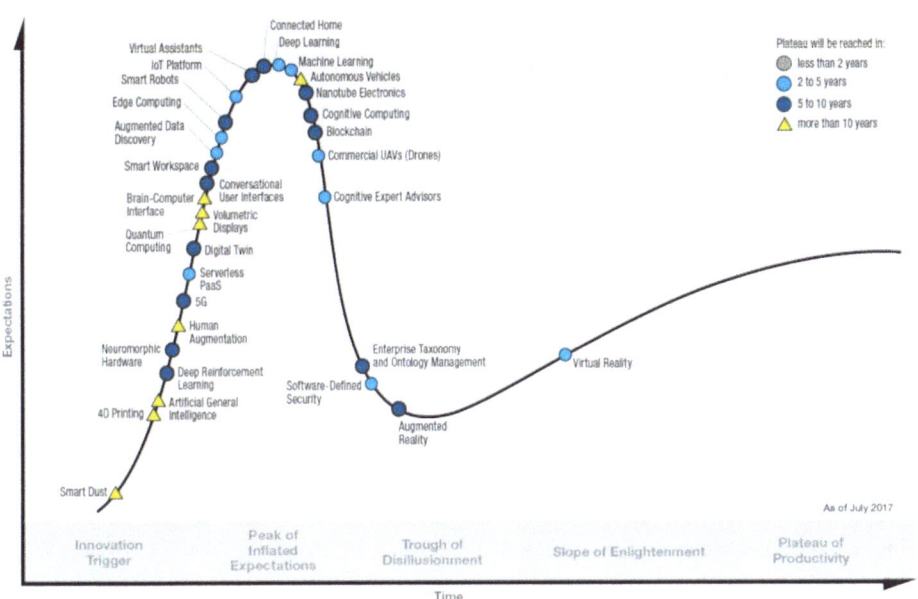

Abb. 3.3 VR im „Gartner Hype Cycle for Emerging Technologies" von 2022 [PAN17]

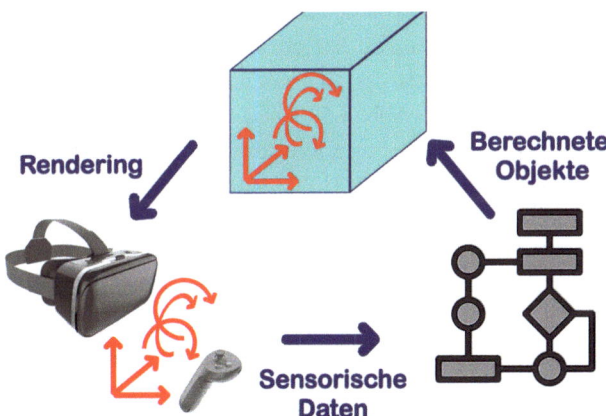

Abb. 3.4 Modellhafter Aufbau eines VR-Systems (Tracking, Processing, Rendering)

Die grundlegenden Komponenten eines VR-Systems umfassen, wie die meisten anderen Computersystem ebenfalls, eine technische Einheit zur Darstellung der VR-Modelle und -Inhalte. (Abb. 3.4) Schwerpunkt ist her sicherlich die visuelle Darstellung. Diese

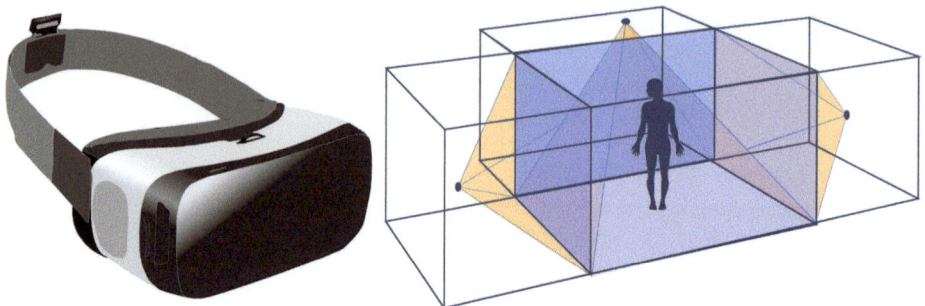

Abb. 3.5 Unterschied der Darstellung von VR (links: Headset; rechts: CAVE)

kann auf zwei Wegen erfolgen. Der eine sind die mittlerweile häufiger auch im Handel zu sehenden Head-Mounted Displays wie die bereits früher erwähnten "Oculus Rift" und ähnliche.

Ein HMD besteht aus zwei (kleinen) Bildschirmen, die vor den Augen des Benutzers platziert sind, um einen dreidimensionalen Eindruck zu erzeugen. (Abb. 3.5 links) Wichtige technische Merkmale eines HMDs sind die Auflösung, die Bildwiederholrate und das sogenannte () Field of View (FoV). Eine hohe Auflösung und eine hohe Bildwiederholrate sind erforderlich, um ein scharfes Bild ohne Flackern zu gewährleisten und die Wahrscheinlichkeit von Motion Sickness zu reduzieren. [LAV17].

In Kombination mit einem speziellen Anzug für die körperlichen, haptischen Sinne, häufig als "Data Suit" bezeichnet, könnte dies tatsächlich ein Weg sein, um die hundertprozentige Virtualität nach Milgram zu erreichen.

Andererseits gibt es den Ansatz der sogenannten CAVE [CRU92, CRU93], welcher erstmals 1992 vorgestellt wurde. (Abb. 3.5 rechts).

Der Name CAVE, ein Akronym für „Cave Automatic Virtual Involvement", ist dabei Programm. Ähnlich wie in einer echten Höhle befindet sich der Benutzer in einem vollständig geschlossenen Raum, auf dessen sechs Innenseiten künstlich erzeugte visuelle Informationen projiziert werden. Der Benutzer kann sich in diesem Raum frei bewegen, ohne klobige und bewegungsstörende technische Geräte wie bei einem Headset mit sich tragen zu müssen. Dies ist einerseits für den Benutzer sicherlich komfortabel; allerdings erscheint es eher unwahrscheinlich, dass sich die CAVE-Technologie für den Consumer- und Massenmarkt etablieren wird, da sie in irgendeiner Form in das Wohnumfeld des Menschen integriert werden müsste, was wiederum deutlich aufwendiger und schwieriger ist als die Benutzung eines HMD. Das Beispiel der CAVE verdeutlicht jedoch auch, dass hundertprozentige Virtualität automatisch die vollständige Entkopplung des Menschen von seiner realen Umwelt bedeutet.

Um die Interaktion mit den virtuellen Welten und ihren Inhalten abbilden zu können muss das technische Equipment noch erweitert werden um Eingabegeräte wie Controller, Sprachinterfaces oder sogenannte "Datenhandschuhe".

3.1 Gestaltung & Technik

Zum Eingabe-Equipment gehören im weiteren Sinne auch Sensoren und Tracker, um die Bewegungen des Benutzers in der physischen Welt zu erfassen und sie in die virtuelle Welt zu übertragen. Diese Geräte umfassen Inertialsensoren wie z. B. Beschleunigungsmesser und Gyroskope, die die Kopfbewegungen des Benutzers messen, sowie externe Tracking-Systeme wie z. B. Lighthouse-Sensoren oder Inside-Out-Tracking-Kameras, die die Position des Benutzers im Raum bestimmen. Eine präzise Erfassung und Synchronisierung dieser Daten ist entscheidend, um eine realistische Bewegungssteuerung und Interaktion in der VR-Umgebung zu ermöglichen. [JER15].

Tracking wird häufig neben dem Rendering als Das zentrale Element für VR bezeichnet, da es zentral ist für die Fähigkeit eines Systems, die Bewegungen des Nutzers zu erfassen und in Echtzeit in die virtuelle Umgebung zu übersetzen. Dies ermöglicht die angestrebte interaktive und immersive Erfahrung, bei der Nutzer sich quasi „natürlich" in der virtuellen Welt bewegen und mit ihr interagieren können. Es gibt verschiedene Arten von Tracking-Systemen, darunter optisches Tracking, Inertialsysteme und magnetisches Tracking, die jeweils ihre eigenen Stärken und Schwächen haben.

Übersicht
- **Optische Tracking-Systeme** verwenden Kameras und spezielle Markierungen oder Leuchtdioden (LEDs), um die Position und Ausrichtung von VR-Geräten zu ermitteln. Dabei kann das optische Tracking entweder inside-out oder outside-in sein. Bei inside-out-Tracking befinden sich die Kameras auf dem VR-Gerät selbst und erfassen die Umgebung, um die Position und Ausrichtung des Geräts zu bestimmen. Bei outside-in-Tracking befinden sich die Kameras in der Umgebung und erfassen die Position und Ausrichtung der VR-Geräte. Optisches Tracking kann sehr genau sein, ist aber anfällig für Verdeckungen und erfordert in der Regel eine Sichtverbindung zwischen den Kameras und den zu verfolgenden Geräten.
- **Inertialsysteme** verwenden Beschleunigungsmesser und Gyroskope, um die Bewegungen des VR-Geräts zu erfassen. Diese Sensoren messen die Beschleunigung und die Winkelgeschwindigkeit, die dann verwendet werden können, um die Position und Ausrichtung des Geräts zu berechnen. Inertialsysteme haben den Vorteil, dass sie nicht auf eine Sichtverbindung angewiesen sind und in jeder Umgebung funktionieren können. Sie können jedoch anfällig für kumulative Fehler sein, die sich über die Zeit ansammeln, bekannt als "Drift".
- **Magnetisches Tracking** verwendet Magnetfelder, um die Position und Ausrichtung der VR-Geräte zu ermitteln. Ein Sender erzeugt ein Magnetfeld, und Sensoren auf den VR-Geräten erfassen die Stärke und Ausrichtung dieses Feldes. Magnetisches Tracking ist nicht auf eine Sichtverbindung angewiesen und ist nicht anfällig für Verdeckungen, kann aber durch Metalle oder elektronische Geräte in der Umgebung beeinflusst werden.

Im Allgemeinen verwenden die meisten VR-Systeme eine Kombination dieser Techniken, um ein zuverlässiges und genaues Tracking zu gewährleisten. Dabei spielt die Auswahl des richtigen Tracking-Systems eine entscheidende Rolle für das Nutzererlebnis und die Leistung der VR-Anwendung. So muss das Tracking-System in der Lage sein, die Bewegungen des Nutzers präzise und mit minimaler Latenz zu erfassen, um eine glaubwürdige und komfortable VR-Erfahrung zu ermöglichen.

Zudem sind selbstverständlich auch leistungsfähige Computerhardware und spezialisierte Software notwendig, um die komplexen Berechnungen und Renderings in Echtzeit zu bewältigen. [BUR03] Die Anforderungen an Computer- und Grafikleistung sind bei VR-Anwendungen besonders hoch, da die Berechnung und Darstellung der virtuellen Umgebung möglichst in Echtzeit erfolgen müssen. Eine leistungsfähige CPU und eine hochentwickelte GPU sind notwendig, um die komplexen grafischen Berechnungen durchzuführen und die stereoskopischen Bilder für beide Augen gleichzeitig zu rendern. Aktuelle High-End-Grafikkarten wie die NVIDIA GeForce RTX- oder die AMD Radeon RX-Serie sind aktuell häufige Empfehlungen für VR-Systeme.

Zudem sollte der Computer über ausreichend Arbeitsspeicher und schnelle Speicherlösungen verfügen, um Ladezeiten zu minimieren und eine flüssige Benutzungserfahrung zu gewährleisten. [OCU21]

Generell gehören zu jeder Medientechnik auch die Werkzeuge, um die entsprechenden Medien produzieren zu können. Bei Gemälden sind dies Farbe und Pinsel, bei Fotografien und beim Film sind es Kamera, Objektive und Filmmaterial. Logisch fortgesetzt muss daher auch das Werkzeug zur Erstellung der VR-Anwendungen und -Inhalte zum technischen Equipment gezählt werden. Die entscheidende Komponente ist dabei die Softwaretechnik, die die Entwicklung und Implementierung von VR erst ermöglicht. Sie umfasst eine Vielzahl von Tools und Technologien, darunter Rendering-Engines, Entwicklungsumgebungen, aber auch spezielle Algorithmen und Protokolle, die dazu dienen, interaktive und immersive virtuelle Umgebungen zu erstellen und zu verwalten.

> **Übersicht**
> - **Rendering-Engines** sind Software-Bibliotheken oder -Frameworks, die die Erstellung und Darstellung von 3D-Grafiken ermöglichen. Sie sind dafür verantwortlich, die virtuellen Umgebungen und Objekte, die in einer VR-Erfahrung dargestellt werden, zu erzeugen und zu animieren. Moderne Rendering-Engines wie Unity oder Unreal Engine sind in der Lage, hochdetaillierte und realistische Grafiken zu erzeugen und unterstützen Funktionen wie Physiksimulationen, Beleuchtungseffekte und mehr. Für VR-Anwendungen ist es besonders wichtig, dass die Rendering-Engine in der Lage ist, zwei leicht verschobene Ansichten zu erzeugen (eine für jedes Auge), um eine stereoskopische Darstellung zu ermöglichen, und dass sie eine hohe Bildrate (üblicherweise

90 Hz oder höher) beibehält, um ein flüssiges und komfortables Benutzererlebnis zu gewährleisten.
- Die Erstellung von VR-Erfahrungen erfordert spezielle **Entwicklungstools**, die es den Entwicklern ermöglichen, 3D-Umgebungen zu erstellen, interaktive Elemente zu integrieren und die Logik der Anwendung zu programmieren. Dazu gehören integrierte Entwicklungsumgebungen (IDEs), Modellierungstools, Animationssysteme und Skriptsprachen. Einige populäre Entwicklungsumgebungen für VR beinhalten Unity und Unreal Engine, die beide eine Reihe von Werkzeugen und Bibliotheken bereitstellen, die speziell für die Entwicklung von VR-Erfahrungen optimiert sind.
- Die Softwaretechnik für VR beinhaltet auch eine Vielzahl von spezialisierten **Algorithmen und Protokollen**, die dazu dienen, spezifische Aspekte der VR-Erfahrung zu handhaben. Dazu gehören Algorithmen für die Bewegungsverfolgung, die Kollisionserkennung, die 3D-Audioverarbeitung, die Netzwerk-Synchronisation für Multiplayer-VR und mehr. Es gibt auch spezielle Techniken und Algorithmen, die entwickelt wurden, um spezifische Herausforderungen in VR zu bewältigen, wie die Vorbeugung von Motion Sickness durch Techniken wie die Bewegungswarping oder die Erhaltung einer niedrigen Latenzzeit durch Vorhersage- und Zeitwarping-Algorithmen.
- Das Rendering in VR schließt mittlerweile auch spezielle Techniken ein, um Motion Sickness, auf die in einem späteren Abschnitt noch einmal genauer eingegangen werden soll, zu vermeiden. Eine solche Technik ist das sogenannte **„Motion Warping"**, das leichte Anpassungen an der Darstellung vornimmt, um Inkonsistenzen zwischen der wahrgenommenen Bewegung und der tatsächlichen Bewegung des Benutzers zu reduzieren. Ein weiteres Beispiel ist das „Foveated Rendering", das die Grafikqualität in den Randbereichen des Sichtfeldes reduziert, um die Rechenlast zu verringern und die Bildrate zu erhöhen, da das menschliche Auge in diesen Bereichen weniger detailgetreu ist.

Die bis hierher betrachtete Technik ist nur eine Säule, die für die erfolgreiche Implementierung einer VR-Anwendung zwingend ist. Die zweite Säule ist die Gestaltung der Inhalte, Welten und Objekte, in die der Benutzer eintauchen können soll.

Um das Ziel, ein immersives Erlebnis für den Benutzer zu schaffen, muss die Gestaltung als multidisziplinäre Aufgabe verstanden werden, die den richtigen Einsatz visueller, auditiver und auch haptischer Reize finden muss. Dabei müssen Immersion und Präsenz, Realitätsnähe und Abstraktion sowie Raumgestaltung und Navigation berücksichtigt werden.

Die nun schon häufig angesprochene Immersion kann als Ausmaß, in dem ein Benutzer in der Lage ist, sich in eine alternative Realität zu versetzen und in diese einzutauchen, verstanden werden. Vereinfacht kann dabei durchaus gesagt werden, dass das intensive Ansprechen möglichst vieler Sinnesmodalitäten des Benutzers den Einstieg bzw. das Eintauchen erleichtert. Im Detail allerdings ist dies eine zu starke Vereinfachung, denn das Ansprechen einzelner Modalitäten ist zwar technisch einfach, allerdings kann das synchrone Ansprechen mehrerer Sinneskanäle beim Benutzer auch zu Wahrnehmungs- und Verständnisproblemen führen. Die sensorischen Eingaben müssen möglich genau synchronisiert und latenzarm sein, um die Wahrnehmung einer kohärenten virtuellen Umgebung zu unterstützen. [SLA97].

Ein tiefergehendes Ziel der Immersion ist, dass der Benutzer ein Gefühl der eigenen Präsenz in der ihn umgebenden virtuellen Realität erfährt. Immersion und Präsenz gehen Hand in Hand und werden durch die sensorische, kognitive und affektive Verarbeitung der wahrgenommenen Umgebung bzw. deren Reize hervorgerufen. Faktoren wie die Kohärenz der dargestellten Welt, die Reaktionsfähigkeit der Systeme auf Benutzeraktionen und die Übereinstimmung von sensorischen und motorischen Eingaben tragen zur Steigerung der Präsenz bei. [SHE92][HEE92] Ein starkes Gefühl der Präsenz führt zu einer intensiveren und authentischeren Benutzungserfahrung.

Je nach Ziel und Ausrichtung der VR-Anwendung muss bei der Gestaltung beachtet werden, wie realitätsnah sich die Welten und ihre Inhalte für den Benutzer präsentieren und vor welche Herausforderungen sich der Benutzer gestellt sieht, die wahrgenommene Welt so zu abstrahieren, dass sie in sein mentales Modell passt. Realitätsnähe bezieht sich im Kontext von VR auf den Grad, in dem die virtuelle Welt die physische Realität nachahmt. Hohe Realitätsnähe wird durch fotorealistische Grafiken, physikalisch korrekte Simulationen und naturgetreue Soundeffekte erreicht. Dies ist besonders wichtig in Anwendungen wie der medizinischen Ausbildung, der Architekturvisualisierung und der psychologischen Therapie, wo die Genauigkeit der Darstellung kritische Bedeutung hat. [LOO99][SLA16].

Realitätsnähe bedeutet allerdings auch, dass der Betrachter sehr viele Wahrnehmungen und Sinnesreize verarbeiten muss. Um die Verarbeitung zu reduzieren und um eine kognitive Überforderung zu vermeiden, ist der Mensch in der Lage, zu abstrahieren. Dies dient dazu, die Komplexität zu reduzieren und die Aufmerksamkeit auf wesentliche Aspekte zu lenken. Abstraktion ist aber auch dann grundlegend, wenn zum Beispiel Daten visualisiert werden sollen und die Visualisierung keine direkte Entsprechung in der realen Welt hat. Dies gilt auch für Beziehungen zwischen Daten, Entitäten und Objekten. [MCM12].

Eintauchen in eine virtuelle Welt bedeutet genaugenommen auch, dass der Benutzer in einen (dreidimensionalen) Raum eintritt. Daher ist auch effektive Raumgestaltung entscheidend für das Benutzungserlebnis. Dazu zählt die Anordnung von Objekten, die Gestaltung von Umgebungen und die Berücksichtigung von Maßstäben und Proportionen sowie auch von Farben und Formen. Zudem muss eine "gut" gestaltete VR-Welt neben der Funktionalität auch eine – angemessene, angepasste – Ästhetik aufweisen. Gerade dieser Punkt bedeutet eine immense Herausforderung, da dieser Aspekt in hohem Maße auch von psychologischen Hintergründen berührt wird. [DAR96][BOW04] Die Raumgestaltung hat zudem auch Einfluss darauf, ob und wie sich der Benutzer in der aufgespannten Informationswelt zurecht finden kann. Egal, ob die betretene VR-Umgebung ernsthaften oder spielerischen Hintergrund hat (wobei auch Spiele durchaus ernsthaft sind), so ist doch die, oftmals erst auf den zweiten Blick erkennbare, primäre Aufgabe die Orientierung und die Navigation durch diese Welt. Dies ist zudem unabhängig davon, ob das Navigieren und die Ortsveränderung per Teleportation, bei der sich der Benutzer sofort an einen neuen Standort bewegt, und die freie Bewegung, die durch physisches Gehen oder durch Eingabegeräte gesteuert wird. [USO99].

Die Gestaltung von VR betrifft also die Erstellung der Inhalte und Interaktionen, die in der virtuellen Umgebung stattfinden. Diese Gestaltung ist in ihrem Wesen eigentlich ein Modellieren von Objekten und deren Zusammenspiel in der virtuellen Welt. Gerade hier zeigen sich von Seiten der Medienproduktion deutliche Unterschiede zu den bisher betrachteten Medienformen. Während Panoramafotografie und auch die 360°-Fotografie ihren Ursprung in der analogen Medienproduktion – also der Fotografie – haben, hat VR seinen Ursprung in der digitalen Technologie. Dies spiegelt sich dann auch in der Produktion wider. Im Kontext von VR schließt die Modellierung eine Reihe von Techniken und Werkzeugen ein, beginnend mit „traditioneller" 3D-Modellierung über prozedurale Modellierung bis hin zu immersiver Modellierung:

Übersicht
- **Traditionelle 3D-Modellierungstechniken** beinhalten beispielsweise den Einsatz spezieller Software wie Autodesk Maya, Blender oder 3D Studio Max zur Erstellung von 3D-Modellen. Dies geschieht typischerweise durch das Manipulieren von Polygonnetzen, Kurven und Oberflächen, um das gewünschte Modell zu erstellen. Für realistische Darstellungen können zusätzlich Texturen, Materialien und Beleuchtungsinformationen hinzugefügt werden.
- Bei der **prozeduralen Modellierung** werden Algorithmen oder Funktionen verwendet, um 3D-Modelle zu generieren. Dies kann besonders nützlich sein, wenn große Mengen von Inhalt benötigt werden oder wenn natürliche Phänomene (wie Landschaften, Wettereffekte oder biologische Formen) modelliert werden sollen, die schwierig manuell zu erstellen sind. Prozedurale Modellierung kann auch zur Laufzeit verwendet werden, um dynamische oder sich verändernde Umgebungen in VR zu ermöglichen.
- **Immersive Modellierung** ist ein relativ neuer Ansatz, der die VR-Technologie selbst nutzt, um 3D-Modelle zu erstellen. Dabei trägt der Benutzer ein VR-Headset und verwendet Controller oder Handtracking, um direkt in der virtuellen Umgebung zu modellieren. Dies kann ein intuitiverer und natürlicherer Modellierungsprozess sein, insbesondere für Benutzer, die nicht mit traditionellen 3D-Modellierungstechniken vertraut sind. Softwaretools wie Googles Tilt Brush und Oculus' Medium ermöglichen diese Art der immersiven Modellierung.

Die Modellierung in VR stellt eine kritische Phase in der VR-Entwicklung dar, da die Qualität und Detailtreue der erstellten Modelle maßgeblich das Eintauchen und die Realitätsnähe der VR-Erfahrung beeinflussen. Es ist auch eine Bereich, der ständig weiterentwickelt wird, mit neuen Techniken und Werkzeugen, die kontinuierlich entwickelt werden, um den Prozess des Modellierens effizienter, einfacher und zugänglicher zu machen.

3.2 Wahrnehmung

Der Aspekt der Wahrnehmung von VR muss neben den „üblichen" kognitions- und medienpsychologischen Grundlagen berücksichtigen, dass der Benutzer nicht von außen auf das Medium blickt. Wie es typischerweise bei Fotografien, aber auch bei Texten aller Art der Fall ist, sondern dass der Benutzer in das Medium eingetaucht ist. Damit verändert sich die Wirkungsrichtung, aus der die übertragenen – oder empfangenen – Informationen auf den Benutzer einwirken. Dies ist letztlich der Immersion, die ja ein wesentliches Ziel von VR ist, zu verdanken, die künstliche sensorische Informationen liefert, die als real interpretiert werden können. Dies kann visuelle, auditive, haptische und sogar olfaktorische Informationen umfassen.

Übersicht
- Die **visuelle Wahrnehmung** in VR ist vielleicht die augenfälligste und unmittelbarste. Stereoskopische Displays erzeugen eine Illusion von Tiefe und Raum, während Tracking-Systeme die Bewegungen des Kopfes verfolgen, um eine parallaxenrichtige Ansicht der virtuellen Umgebung zu bieten. Faktoren wie Auflösung, Bildwiederholfrequenz und Sichtfeld können die Qualität der visuellen Wahrnehmung erheblich beeinflussen und zur Immersion beitragen oder diese beeinträchtigen. Kognitionspsychologische Modelle der visuellen Verarbeitung, wie das Zwei-Stufen-Modell von Treisman, können erklären, wie Benutzer visuelle Reize in VR erkennen und verarbeiten. [TRE80][GOL10]
- Die **auditive Wahrnehmung** spielt ebenfalls eine wesentliche Rolle in der VR. Räumlicher Sound kann dazu beitragen, die Immersion zu vertiefen, indem er eine akustische Umgebung schafft, die der visuellen Umgebung entspricht. Die Position und Bewegung von Klangquellen können in Echtzeit verfolgt werden, um ein überzeugendes Gefühl von Präsenz und Raum zu erzeugen. Forschung zeigt, dass auditive Reize die visuelle Verarbeitung ergänzen und die Gesamtwahrnehmung in VR verbessern können. [PAC17][BLA97]
- **Haptische Technologien** in der VR zielen darauf ab, das Gefühl von Berührung und Bewegung zu simulieren. Dies kann durch die Verwendung von VR-Controllern mit Force-Feedback-Funktionen erreicht werden, die physische

3.2 Wahrnehmung

> Reaktionen auf virtuelle Interaktionen liefern. Fortschrittlichere haptische Systeme, wie haptische Handschuhe oder Anzüge, können detailliertere und differenziertere haptische Rückmeldungen liefern. [BUR00][MAC08]
> - Die Simulation von Gerüchen, die sogenannte **Olfaktorische Wahrnehmung**, in VR ist ein Bereich aktueller Forschung und Entwicklung. Obwohl es technisch herausfordernd ist, könnte die Fähigkeit, Gerüche zu simulieren, das Immersionspotenzial von VR erheblich erweitern und neue Arten von Erlebnissen ermöglichen. [NAK13][HER02][MAT13]

Neben diesen sensorischen Faktoren spielen auch kognitive Faktoren eine wichtige Rolle bei der Wahrnehmung von VR. Dazu gehören

- die Wahrnehmung von Selbstpräsenz, also das Gefühl, tatsächlich in der virtuellen Umgebung präsent zu sein,
- die Wahrnehmung von räumlicher Präsenz, also das Gefühl, dass die virtuelle Umgebung ein realer Ort ist, und
- die soziale Präsenz, also das Gefühl, dass auch andere Benutzer in der virtuellen Umgebung anwesend und das sie real sind.

Diese kognitiven Faktoren sind eng mit den individuellen Unterschieden zwischen den Benutzern verbunden und können durch die Interaktions- und Darstellungstechniken der VR-Anwendung beeinflusst werden.

Die kognitive Wahrnehmung ist insbesondere bei und in VR ein essentieller Aspekt, da sie die Wechselwirkungen zwischen sensorischen Informationen aus dem VR-System und den kognitiven Prozessen, die diese Informationen interpretieren und verstehen, betrifft. Kognition basiert allerdings nicht nur auf den sensorischen Kanälen. Vielmehr spielen das Gedächtnis des Benutzers, seine Aufmerksamkeit, sein räumliches sowie sein abstraktes Verständnis und auch die Vorstellungskraft des Benutzers ebenso zentrale Rollen. Vereinfacht könnte gesagt werden, dass die sensorischen Modalitäten die Messwerte liefern, die dann verarbeitet werden müssen, um zum Beispiel das Gefühl von Präsenz oder für das Gefühl der Immersion zu erzeugen.

> **Übersicht**
> - Untersuchungen in VR haben gezeigt, dass es ein leistungsstarkes Werkzeug für Bildung und Training sein kann, da es ermöglicht, komplexe Informationen und Fähigkeiten in einem interaktiven und einprägsamen Kontext zu vermitteln. Studien haben gezeigt, dass **VR-basiertes Lernen** oft effektiver ist als traditionelle Lernmethoden, da es auf unser episodisches Gedächtnis abzielt, das Erlebnisse und Ereignisse in ihrem räumlichen und zeitlichen Kontext speichert.

- VR bietet ein hohes Maß an Kontrolle über die sensorischen Reize, die dem Benutzer präsentiert werden, und ermöglicht es, die **Aufmerksamkeit** des Benutzers gezielt zu lenken. Dies kann durch visuelle, auditive und haptische Hinweise sowie durch die Gestaltung der virtuellen Umgebung und der Interaktionen erreicht werden.
- VR ermöglicht eine intuitive und direkte Interaktion mit dreidimensionalen Objekten und Umgebungen, was das **räumliche Verständnis** und das Lernen fördern kann. Dies ist besonders nützlich in Bereichen wie Architektur, Ingenieurwesen und Medizin, wo ein tiefes Verständnis von räumlichen Beziehungen und Formen erforderlich ist.
- Eines der zentralen Ziele von VR ist es, ein Gefühl von Präsenz und Immersion zu erzeugen – das Gefühl, „wirklich da zu sein" in der virtuellen Umgebung. Dies wird durch die Kombination von hochwertigen sensorischen Reizen und interaktiven Elementen erreicht, die eine kohärente und glaubwürdige virtuelle Welt schaffen. Die Stärke des **Präsenzgefühl**s ist ein wichtiger Faktor, der die Wirkung und Akzeptanz von VR-Erfahrungen beeinflusst.

Die Zahl der in die Wahrnehmung einfließenden Modalitäten und der verarbeitenden Parameter ist nicht gering. Daher ist die Verarbeitung auch aufwendig und belastend. Vor diesem Hintergrund hat der Mensch eine besondere Hilfsstrategie entwickelt. Gemeint ist die selektive Aufmerksamkeit, die hilft, relevante Informationen zu identifizieren und irrelevante Reize auszublenden. [DUC17] Studien zur Multitasking-Fähigkeit in VR legen nahe, dass die kognitive Belastung und die Effizienz der Aufgabenbewältigung stark von der Interface-Gestaltung und der Aufgabenstruktur abhängen. [WIC08] Für eine Reduzierung der kognitiven Belastung eignen sich die Erkenntnisse der Cognitive Load Theory. Hierin werden Ansätze diskutiert, wie die kognitive Belastung analysiert und VR-Umgebungen so gestaltet werden können, dass sie das Lernen und die Leistung optimieren. [SWE88][PAA03].

Seit einiger Zeit wird bei der Gestaltung nicht nur von VR-Anwendungen als ein zentraler Gestaltungsaspekt auch die emotionale Perspektive berücksichtigt. Bei der Entwicklung typischer Arbeitssoftware wie Büroanwendungen o.ä. wird dies unter dem Begriff () „User Experience" (UX) verortet. Für VR gilt dies noch mehr, denn Emotionen spielen in VR eine noch gewichtigere Rolle bei der Gestaltung von Medieninhalten und Benutzungsschnittstellen.

Schon durch die Immersion und das Gefühl von Präsenz kann VR eine intensivere emotionale Beteiligung als traditionelle Medienformate erzeugen. Zudem ermöglicht die Interaktivität in VR den Benutzern, aktivere Teilnehmer als lediglich passive Beobachter zu sein. Auch dies führt zu stärkeren emotionalen Reaktionen.

3.2 Wahrnehmung

> **Übersicht**
> - **Narrative Immersion**: Geschichten sind ein mächtiges Werkzeug zur Erzeugung von Emotionen. In VR können narrative Techniken verwendet werden, um den Benutzer in eine Geschichte einzubinden, die sich um ihn herum entfaltet. Durch die Kombination von narrativen Elementen mit interaktiven und immersiven Techniken kann VR tiefe emotionale Reaktionen hervorrufen, die weit über das hinausgehen, was mit traditionellen narrativen Medien möglich ist.
> - **Emotionale Resonanz durch Gestaltung**: Die Gestaltung von VR-Erfahrungen, einschließlich visueller, auditiver und haptischer Elemente, kann gezielt genutzt werden, um bestimmte emotionale Zustände zu erzeugen. Farben, Beleuchtung, Sounddesign und sogar die Art der Bewegung innerhalb der VR können alle dazu beitragen, eine emotionale Reaktion zu erzeugen und zu verstärken.
> - **Empathieförderung**: VR hat vielfältige Möglichkeiten zur Förderung der Empathie gezeigt. Indem Benutzern erlaubt wird, die Perspektive einer anderen Person einzunehmen oder eine Situation aus erster Hand zu erleben, kann VR Mitgefühl und Verständnis fördern. Dies hat wichtige Anwendungen in Bereichen wie Bildung, Training und Therapie.
> - **Emotionale Herausforderungen**: Während die Fähigkeit von VR, starke emotionale Reaktionen hervorzurufen, ein mächtiges Werkzeug sein kann, birgt sie auch Herausforderungen. Starke negative Emotionen, einschließlich Angst und Übelkeit, können bei einigen Benutzern auftreten. Es ist wichtig, dass VR-Erlebnisse sorgfältig gestaltet werden, um diese negativen Reaktionen zu minimieren und gleichzeitig positive emotionale Reaktionen zu fördern.

Ein besonderes Phänomen im Bereich der Wahrnehmung insbesondere für photorealistische Medienformate und für immersive Anwendungen ist das sogenannte () Uncanny Valley. (Abb. 3.6) Damit wird ein Konzept beschrieben, das besagt, bei dem menschenähnliche Darstellungen, die fast, aber nicht ganz realistisch wirken, Unbehagen oder gar Ekel beim Betrachter auslösen. Dieses Phänomen wurde erstmals von dem Robotiker Masahiro Mori beschrieben und ist relevant für die Gestaltung von Avataren und virtuellen Charakteren in VR. [MOR70][MAC06] Aus der Perspektive der Kognitionspsychologie wird das Uncanny Valley oft durch die Diskrepanz zwischen den Erwartungen des Benutzers und der tatsächlichen Darstellung erklärt. Wenn ein virtueller Charakter zu realistisch aussieht, aber subtile Fehler in der Mimik oder Bewegung aufweist, kann dies eine unheimliche Wirkung erzeugen, da unser Gehirn inkonsistente oder fehlerhafte Reize als bedrohlich wahrnimmt. [SAY12] Um dieses Phänomen zu vermeiden, sollten Entwickler entweder stilisierte oder vollkommen realistische Darstellungen anstreben und sorgfältig auf Details wie Mimik, Augenbewegungen und Synchronisation

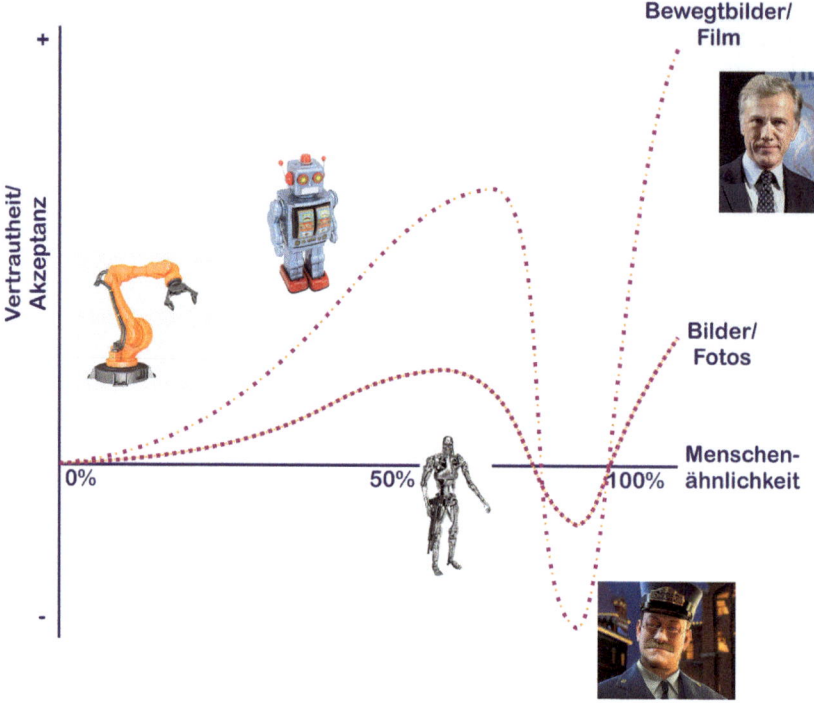

Abb. 3.6 Das Uncanny Valley

achten. Die Forschung zeigt, dass ein gezieltes Design und die Berücksichtigung der menschlichen Wahrnehmung zu einer positiv(er)en Benutzererfahrung beitragen können. [TIN11].

3.3 Interaktion

Wie oben schon mehrfach gesagt, beeinflusst die Interaktion mit und in VR maßgeblich die Akzeptanz des Nutzungserlebnisses. Zudem unterstützt die Gestaltung der Interaktion auch den Grad der Immersion erheblich. Hier zeigt sich deutlich der Unterschied zwischen allen aus dem Analogen stammenden Formen der Fotographie und den aus dem Digitalen stammenden Medienformen. Während die Interaktion mit einer Fotografie darauf reduziert werden kann, das Foto in die Hand zu nehmen, eröffnet VR ganz andere Möglichkeiten zur Auseinandersetzung mit den medialen Inhalten. Der Zuschauer ist hier, wie es Brillhart oben schon sagte, nicht mehr passiv, sondern er ist vielmehr ein aktiv (Mit-) Wirkender in der VR-Umgebung. Er kann mehr als nur umschauen, indem er sich um die/eine eigene Achse dreht. Vielmehr kann er sich sogar innerhalb der ihn

3.3 Interaktion

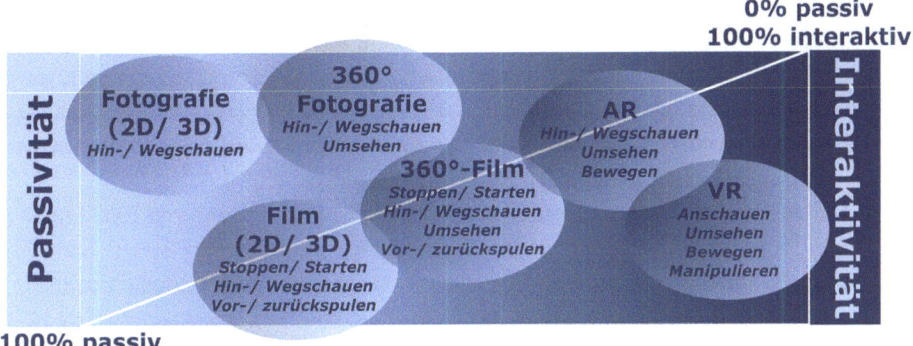

Abb. 3.7 Kontinuum der Interaktion

umgebenden Welt bewegen und, je nach technischer Ausprägung der VR, die ihn umgebende Welt sogar verändern. [BAR81][BAS16].

Das oben aufgespannte Kontinuum der Interaktionsmöglichkeiten, das Abb. 3.7 zeigt, belegt noch einmal, warum es so wichtig ist, die korrekte Bezeichnung für die gewählte Medienform zu benutzen. Eine falsche Bezeichnung weckt falsche Erwartungen bei der Zielgruppe!

Die Gestaltung von Interaktion bedeutet auch für VR-Anwendungen ein enges Zusammenspiel von Kognitionsaspekten und Technik. Passt die eingesetzte Interaktionstechnik nicht zu Zweck und Ziel oder nicht zur Zielgruppe der Benutzer, so stört dies die Immersion und reduziert die Akzeptanz. Daher muss genau bedacht werden, welche Interaktionstechnologien für den einzelnen Einsatzzweck zur Verfügung stehen. Offensichtlich wird dies schon bei der Betrachtung, ob die Präsentation mittels HMD oder mittels CAVE erfolgt. Bei HMD-Präsentationen kann z. B. eine Controller-basierte Interaktion durchaus sinnvoll sein, wo hingegen ein Controller in einer CAVE, die vollkommen freie Bewegungsmöglichkeiten anbietet, eher störend sein wird. [JER15][BOW04].

> **Übersicht**
>
> - Ein oben zwar kritisierter, dennoch aber üblicher Weg zur Interaktion in VR, sind **physische Controller**. Diese können eine Vielzahl von Eingaben unterstützen, darunter Tasten, Touchpads, Bewegungssteuerung und haptisches Feedback. Controller-basierte Interaktion kann einfach und intuitiv sein, erfordert jedoch oft ein gewisses Maß an Lernen und Anpassung von Seiten des Benutzers. Die Bedienung zum Beispiel einer Klaviatur mit einem Joy-stick-ähnlichen Controller bedarf einer hohen Abstraktion.

- **Gestensteuerung** ermöglicht Benutzern, direkt mit der virtuellen Umgebung zu interagieren, indem sie möglichst natürliche Hand- und Körperbewegungen verwenden können. Durch den Einsatz von Motion-Tracking-Technologie kann die VR-Software die Bewegungen des Benutzers erfassen und diese Bewegungen in Aktionen innerhalb der VR-Umgebung übersetzen. [PIU17]
- Ein weiterer Ansatz zur Interaktion in VR ist die Verwendung von **Eye-Tracking**-Technologie. Dabei wird die Blickrichtung des Benutzers erfasst und als Eingabe für die Interaktion verwendet. Dies kann besonders nützlich sein für feingranulare Interaktionen oder wenn die Hände des Benutzers anderweitig beschäftigt sind. [DUC17]
- **Spracherkennung** und -steuerung ermöglichen es den Benutzern, mündliche Befehle zu geben oder mit virtuellen Charakteren zu sprechen. Dies kann eine natürliche und intuitive Art der Interaktion sein, vor allem in Situationen, in denen Handbewegungen unpraktisch oder unmöglich sind. [KLE00]
- **Haptische Interaktion** bedeutet, physische Reaktionen als Reaktion auf Benutzeraktionen zu erzeugen, was das Gefühl von Präsenz und Immersion in der VR-Umgebung erhöht. Dies kann durch vibrierende Controller, tragbare Haptikgeräte oder sogar vollständige haptische Anzüge, die oben schon erwähnten Data-Suits, erreicht werden. [BUR00]

Aktuell zeichnet sich ab, dass sich die Gestaltung von Benutzungsschnittstellen zu bzw. in VR in Zukunft noch einmal deutlich verändern wird. Die gefühlt mittlerweile allgegenwärtige künstliche Intelligenz (KI) eröffnet neue Wege, die bisher nicht zur Verfügung standen. Mittels maschinellem Lernen und KI sollen bestehende Interaktionstechniken optimiert werden. Vielmehr aber wird daran gearbeitet, dass die VR-Umgebung (bzw. die Anwendungssoftware im Hintergrund) Absichten und Präferenzen des Benutzers verstehen und vorhersagen können.

Übersicht
- KI-gestützte Interaktionsstrategien sollen das Verhalten des Benutzers in Echtzeit analysieren und daraus lernen, um die Interaktion zu **personalisieren** und **adaptiver** zu gestalten. Dies eröffnet die Möglichkeit, Inhalte, Schwierigkeitsstufen oder die Wahl der Interaktionsmodalitäten an die individuellen Bedürfnisse und Fähigkeiten des Benutzers anzupassen. [BAK12]
- **Sprachverarbeitung** wird schon seit langem mit KI unterstützt. Zum einen ist das Ziel, die Spracherkennung zu verbessern, zum anderen sollen Anwendungen in die Lage versetzt werden, natürliche Dialoge führen zu können. Neben dem Ziel der Vereinfachung der Interaktion kann mit natürlicher

Sprache auch das Gefühl der Realität und damit die Immersion gesteigert werden. [JUR19]
- Darüber hinaus kann KI für die **Steuerung und Animation virtueller Charaktere** genutzt werden. Die KI soll die Charaktere „intelligent" agieren und möglichst natürlich auf Benutzerinteraktionen reagieren lassen. Auch komplexere Verhaltensmuster als bisher sollen so ermöglicht werden. Avatare können beispielsweise menschenähnliche Gesichtsausdrücke, Sprachverständnis und sogar Emotionen simulieren, was zu realistischen und glaubwürdigen Interaktionen führt. [CAS00]
- KI kann als „**kognitiver Agent**" auch genutzt werden, um kognitive Agenten zu entwickeln, die Benutzern in VR-Umgebungen unterstützen. Diese Agenten können mit dem Benutzer interagieren, indem sie Informationen bereitstellen, Ratschläge geben oder bei der Lösung von Problemen helfen. Sie können beispielsweise in Bildungsszenarien als virtuelle Tutoren eingesetzt werden oder in virtuellen Umgebungen als virtuelle Assistenten fungieren. [VEL14]

3.4 Storytelling

Zeigte die Auseinandersetzung mit der Interaktion schon, wie wichtig es ist, die korrekte Bezeichnung für ein Medium zu wählen, so wird dies durch die Betrachtung der Art und Weise, wie in VR Stories erzählt werden können, noch einmal deutlich verstärkt. Verändert der digitale Hintergrund schon die Interaktionstechniken und -formen, so hat er auch großen Einfluss auf das Storytelling.

Der grundlegende Unterschied des Storytelling in VR im Vergleich zu allen fotografischen Medienformen besteht darin, dass es dem Benutzer in VR möglich ist, nicht nur aktiv in die Welt, sondern auch aktiv in die Handlung einzutauchen und somit selber ein handelnder Teil der Geschichte zu werden. Dies wird einerseits unterstützt die große Immersion und das hohe Maß an Präsenz, durch die der Benutzer das Gefühl bekommt, physisch in der virtuellen Umgebung anwesend zu sein. Andererseits bekommt Immersion als Konzept für geschichtenerzählende (multi-) mediale Systeme eine wachsende Bedeutung. Die besondere Herausforderung besteht in diesem Kontext darin, dass die Handlung in ihrem Verlauf einerseits logisch, andererseits für das individuelle Publikum spannend sein soll und zugleich dem Benutzer einen möglichst hohen Grad an Interaktionsfreiheit zugestehen soll. Diese unterschiedlichen Dimensionen stehen häufig diametral zueinander, was die Entwicklung und.

Produktion solcher Systeme erschwert. [HOF10] (Abb. 3.66).

Dieses Problem der Interaktionsfreiheit resultiert aus zwei grundlegenden Charakteristika von VR, die an einigen Stellen oben schon kurz angerissen wurden.

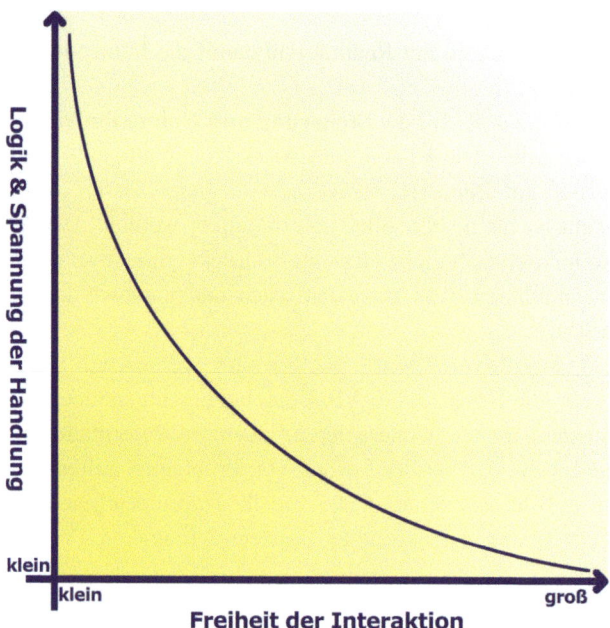

Abb. 3.8 Logik und Spannung der Handlung vs. Freiheit der Interaktion

- Der Benutzer kann zu jederzeit alle Freiheitsgrade der Bewegung nutzen, soweit dies – meist physikalischen – Rahmen der virtuellen Welt zulässt. Drehungen um sowie Verschiebung entlang jeder Achse sind möglich – und erlauben damit auch im wahrsten Sinne des Wortes, eine Story aus einer anderen Perspektive zu erleben.
- Zudem kann der Benutzer – auch hier gilt: soweit es der Rahmen der virtuellen Welt zulässt – interagieren, was im einzelnen bedeutet:
  - o Der Benutzer kann Objekte von einer Position zu einer anderen bewegen.
  - o Der Benutzer kann Objekte erzeugen oder zerstören.
  - o Der Benutzer kann mit generierten Charakteren kommunizieren und interagieren.
  - o In kollaborativem VR kann der Benutzer auch mit anderen Benutzern kommunizieren und interagieren.

Im Vergleich steht der Benutzer in der Präsentation eines 360°-Fotos dagegen lediglich inaktiv herum, während in VR die Story durch das aktive Eingreifen verändert werden kann. Dies mündet schließlich im sogenannten nichtlinearen Storytelling.

Mit diesen – neuartigen – Freiheiten und dem direkten, aktiven Eintauchen in die Geschichte kann allerdings auch die emotionale Bindung und das Engagement der Benutzer innerhalb der Handlung aktiv zu werden, gesteigert werden.

3.4 Storytelling

Übersicht

- In VR können Benutzer die Handlung aktiv beeinflussen und Entscheidungen treffen, die den Verlauf der Geschichte beeinflussen. Durch **interaktive Elemente** können die Benutzer in den Erzählprozess eingebunden werden und ihre eigene Erfahrung gestalten. Diese nichtlinearen Erzählformen eröffnen neue Möglichkeiten für wiederholtes Erleben und verschiedene Storypfade, die zu unterschiedlichen Endungen führen können. [MUR97]
- Die gezielt gestalteten virtuellen Welten und Szenen unterstützen und verstärken die Geschichte. Die **räumliche Gestaltung** der virtuellen Umgebung kann die Stimmung, Atmosphäre und Bedeutung einer Geschichte kommunizieren. Durch die Wahl von realistischen oder fantastischen Umgebungen kann das Storytelling visuell ansprechend gestaltet und optimal auf den Einsatzzweck abgestimmt werden. [MAT05]
- Die Integration verschiedener **(multi-) sensorischer Elemente**, wie visuelle, auditive und haptische Reize, ermöglichen die Verstärkung der immersiven Erfahrung. Durch die sorgfältige Abstimmung von visuellen Effekten, Sounddesign und haptischem Feedback kann das Storytelling in VR noch fesselnder und eindringlicher gestaltet werden. [MCM03]
- Das Einbetten von Stories in die **Räumlichkeit** der VR-Welt bietet neue Dimensionen des Erzählens. Der Raum selbst wird zu einer entscheidenden Komponente der Geschichte und zum Träger der Handlung. Er kann wichtige Informationen, Hinweise und Handlungsstränge liefern. Die Umgebung kann die Atmosphäre, den Kontext und die Stimmung der Geschichte vermitteln und ermöglicht es dem Benutzer, die Erzählung und ihre Handlungswelt durch die Erkundung des virtuellen Raums zu erfahren. [RYA01]
- Durch die angebotenen **Interaktion**smöglichkeiten kann der Benutzer mit der virtuellen Umgebung interagieren. Er kann Gegenstände untersuchen, Rätsel lösen, Türen öffnen oder in die Handlung eingreifen. Dies erlaubt es ihm, aktiv am Storytelling teilzunehmen und die Geschichte auf ihre eigene Weise zu beeinflussen. [MUR97]
- Die **Bewegung** innerhalb der virtuellen Umgebung kann ebenfalls zur Erzählung beitragen. Durch die Navigation durch den Raum können Benutzer unterschiedliche Perspektiven einnehmen, verschiedene Szenen erkunden und so die Geschichte aus verschiedenen Blickwinkeln erfahren. Die Bewegung kann die Erzählung vorantreiben und die Spannung und Dynamik der Geschichte verstärken. [SLA10]
- Das neue Element der Räumlichkeit im Storytelling ermöglicht es interessanterweise ebenfalls, den **zeitlichen Fluss** und die Inszenierung einer Geschichte zu kontrollieren. Durch die Platzierung von Ereignissen und Informationen an bestimmten Orten im Raum kann der Benutzer die Geschichte im eigenen

Tempo erleben und die Handlungsstränge nachvollziehen. Er hat die Wahl, in welcher Reihenfolge er die einzelnen Storyelemente ansteuert, was wiederum Einfluss auf den Aufbau der Geschichte beim Benutzer hat. Die räumliche Inszenierung kann darüberhinaus auch Spannung, Überraschungen und Wendungen erzeugen, wenn bestimmte Elemente erst beim Annähern oder Betreten bestimmter Bereiche sichtbar oder nur zu gewissen Zeiten aktiv werden. [MAT05]

- Der letztgenannte Punkt resultiert dann im **zeitlichen Storytelling**, bei dem Geschichten durch die Manipulation von Zeit und Chronologie erzählt oder zumindest beeinflusst werden. Der Benutzern kann die Zeit kontrollieren, Zeitsprünge machen und unterschiedliche zeitliche Ebenen erforschen. Zeitsprünge und Rückblenden können allerdings auch vom Geschichtenerzähler (dem Produzenten) nahtlos in die Geschichte integriert werden. Der Benutzer kann so in vergangene Ereignisse eintauchen und die Geschichte aus einer retrospektiven Perspektive erleben, was es ermöglicht, Hintergrundinformationen und Zusammenhänge zu liefern, die das Verständnis der Handlung vertiefen. Zudem bietet sich in VR auch die Möglichkeit an, die Zeit selbst zu beeinflussen – sie zu verlangsamen oder zu beschleunigen, um bestimmte Momente oder Aktionen hervorzuheben. Durch die Kontrolle der Zeit können wichtige Details genauer betrachtet werden, bestimmte Handlungen analysiert oder schnelle Abläufe besser erfasst werden, was ein fokussierteres Erlebnis bedeuten und die emotionale Wirkung der Geschichte verstärken kann. [RYA01]
- Diese neuartigen Freiheit en des Storytelling ermöglichen schließlich zusammen ein **nichtlineares Erzählen**. Je nachdem, wie sich der Benutzer innerhalb der VR-Welt bewegt und wie er mit der Welt und ihren Objekten interagiert, verändert sich die Reihenfolge der Ereignisse und die Art und Weise, wie die Geschichte beeinflusst werden können. Durch die Option, zwischen verschiedenen Handlungssträngen, Zeitebenen oder Charakterperspektiven zu wechseln eröffnet sich zudem die Möglichkeit parallel verlaufende Handlungssträngen in der Geschichtenwelt zu realisieren. Dies schafft eine mehrdimensionale Erzählform, die mit klassischen Medienformen nicht zu erreichen ist. [NUR97]

Bei starker Immersion kann sich in eine VR eine Narrative Realität einbetten. (Abb. 3.9) In diesem Fall taucht der Benutzer nicht nur technisch und interaktiv in die virtuelle Welt ein. Vielmehr taucht er, unterstützt von der ihm angebotenen interaktiven Freiheit, in das Handlungsgeschehen in der virtuellen Welt ein. [HOF10].

3.5 Cyber Sickness

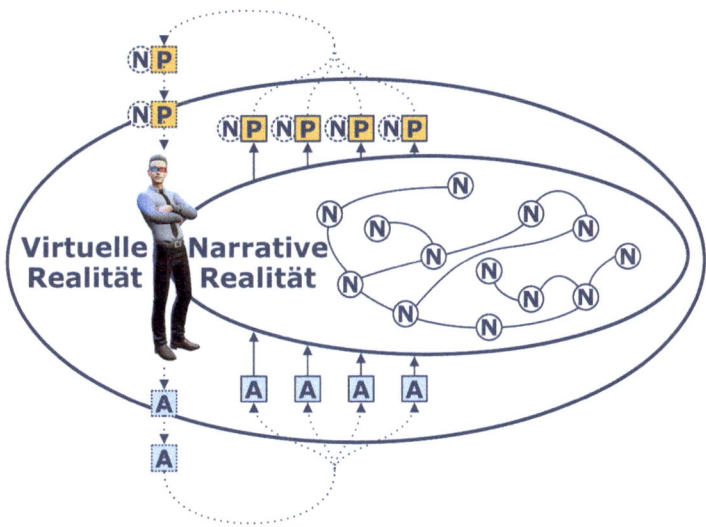

Abb. 3.9 Die Dimension der Narrativen Realität

3.5 Cyber Sickness

Ein recht neues Phänomen im Kontext von VR-Anwendungen ist die sogenannte Cyber Sickness, die manchmal auch als Motion Sickness oder als Simulator Sickness bezeichnet wird. Es äußert sich durch unangenehme Symptome wie Übelkeit, Schwindel, Kopfschmerzen und allgemeines Unwohlsein. Eigentlich ist dieses Phänomen gar nicht so neu. Die meisten Menschen werden es selber schon erlebt haben: Als Kind wird die Zeit auf dem Rücksitz des Autos während der Fahrt in den Urlaub schnell langweilig. Um sich abzulenken wird das Lieblingsbuch ausgepackt und begonnen, zu lesen. Aber – nach zwei drei Seiten wird dem Kind schlecht – Cyber Sickness!

Ein wesentlicher Grund für das Auftreten von Cyber Sickness ist das visuelle Mismatch, dass sich auch bei dem kurzen Beispiel des letzten Absatzes zeigt. Sowohl bei dem Kind als auch bei Benutzern von VR stimmen die durch die VR-Umgebung erzeugten visuellen Reize nicht mit den Informationen über, die das () vestibuläre System, das verantwortlich ist für die Wahrnehmung von Gleichgewicht und Bewegung, und andere Sinne empfangen. Wenn das visuelle System Bewegung und Veränderungen wahrnimmt, während der Körper in der realen Welt stillsteht, entsteht eine Diskrepanz, die zu Übelkeit und Unwohlsein führen kann. [REA75].

Ein weiterer wichtiger Faktor ist die Latenz, also die Verzögerung zwischen der Kopfbewegung des Benutzers und der Aktualisierung des visuellen Bildes im VR-Headset. Hohe Latenzzeiten führen zu einer Verzögerung zwischen der tatsächlichen Kopfbewegung und der virtuellen Bewegung, was eine Diskrepanz zwischen den erwarteten und den tatsächlichen visuellen Informationen verursacht und somit Unwohlsein hervorrufen kann. Auch ungenaues oder verzögertes Bewegungstracking kann zu einer mangelhaften Nachverfolgung der Bewegungen des Benutzers führen und zur Cyber Sickness beitragen. [LAV00].

Das Fehlen von haptischer Rückmeldung in VR ist ein weiterer Aspekt, der zu Cyber Sickness führen kann. Wenn das Gehirn sensorische Informationen erwartet, diese jedoch nicht geliefert werden, entsteht auch hier eine Diskrepanz. So kann beispielsweise das Berühren eines virtuellen Objekts ohne entsprechende haptische Rückmeldung zu einer Diskrepanz zwischen den visuellen und haptischen Informationen führen, wodurch der Benutzer desorientiert und unwohl wird. [DAV14].

Probleme bereiten häufig auch solche VR-Anwendungen, deren visuelle Stimulation besonders intensiv ist, wie etwa bei schnellen Bewegungen, raschen Richtungswechseln oder visuellen Effekten wie Flimmern oder Blinken. Solche starken visuellen Reize können das Gleichgewichts- und Orientierungssystem des Benutzers überfordern und Unwohlsein hervorrufen. [KOL95].

Interessant ist, dass die Empfindlichkeit gegenüber Cyber Sickness individuell unterschiedlich ist. Einige Menschen sind anfälliger für das Auftreten von Symptomen, während andere eine höhere Toleranz aufweisen. Faktoren wie das individuelle Gleichgewichtssystem, die Erfahrung mit VR und die Anpassungsfähigkeit des Gehirns beeinflussen die individuelle Reaktion auf die Darstellung und die Wahrnehmung der VR-Umgebung. [STA03].

Durch technologische Verbesserungen, wie die Verringerung von Latenz, die Verbesserung des Bewegungstrackings und die Integration von haptischem Feedback, kann das Auftreten von Cyber Sickness reduziert werden. Eine angemessene Gestaltung von VR-Erfahrungen, die individuelle Unterschiede und das oben erwähnte visuelle Mismatch berücksichtigt, trägt ebenfalls dazu bei, die unerwünschten Symptome zu minimieren und ein angenehmes VR-Erlebnis zu gewährleisten. [LAV00][DAV14].

Die körperlichen Auswirkungen von Cyber Sickness sind vielfältig. Übelkeit und Erbrechen sind die häufigsten Symptome, die oft zu erheblichem Unbehagen und einer starken Beeinträchtigung des allgemeinen Wohlbefindens führen können. Schwindel und Gleichgewichtsstörungen sind ebenfalls häufig und können zu Desorientierung und einem Verlust des Gleichgewichts führen, was insbesondere bei physischen Aktivitäten in VR gefährlich sein kann. Kopfschmerzen, die von milden bis starken Schmerzen reichen können, sind ein weiteres häufig auftretendes Symptom. Sie können die Konzentrationsfähigkeit beeinträchtigen, was den Aufenthalt in der VR-Welt negativ beeinflusst. Zudem können die intensiven visuellen und sensorischen Reize in VR zu Ermüdung und Müdigkeit führen, was sich insbesondere bei Langzeitanwendungen negativ auf die körperliche und geistige Leistungsfähigkeit auswirken kann. [STA03][KOL95].

Ebenso bedeutend sind die psychologischen Auswirkungen. Das Auftreten von Cyber Sickness kann begleitet werden von Angstgefühlen und zu einem allgemeinen Gefühl des Unwohlseins führen. Die Unsicherheit über die Dauer und Schwere der Symptome kann Stress und eine negative emotionale Reaktion hervorrufen. Wiederholtes oder starkes Auftreten von Cyber Sickness kann zu negativen Assoziationen mit VR führen, sodass Benutzer zögern, erneut VR-Anwendungen zu nutzen, um unangenehme Symptome generell zu vermeiden. Dies kann die Akzeptanz und Nutzung von VR-Technologie erheblich beeinflussen. Darüber hinaus können die Symptome von Cyber Sickness die Lern- und Gedächtnisfähigkeit beeinträchtigen, was zu einer geringeren Leistungsfähigkeit bei lernbasierten VR-Anwendungen führen kann. Frustration und Enttäuschung sind weitere mögliche Reaktionen, insbesondere wenn Benutzer eine positive und immersive Erfahrung erwartet haben, aber durch Cyber Sickness betroffen werden. [REA75][STA03].

Um geeignete Maßnahmen ergreifen zu können, die die Symptome von Cyber Sickness minimieren und ein angenehmes und sicheres VR-Erlebnis gewährleisten, ist die Kenntnis sowohl der allgemeinen potenziellen körperlichen und psychologischen Auswirkungen als auch die Kenntnis potenziell zu erwartender Probleme bei der erwarteten Benutzerzielgruppe. Daher ist eine angemessen abgestimmte Gestaltung der VR-Anwendungen incl. der Objekte, aber auch der Interaktionsmöglichkeiten, die Reduzierung von Latenz und Bewegungstracking-Problemen sowie die Berücksichtigung der individuellen Bedürfnisse und Empfindlichkeiten der Benutzer äußerst wichtig. [LAV00][DAV14].

Cyber Sickness stellt ein erhebliches Hindernis für eine weite Verbreitung der Nutzung von VR dar. Es können jedoch glücklicherweise verschiedene Maßnahmen werden, um das Auftreten dieser unerwünschten Symptome zu reduzieren oder zu vermeiden.

Ein zentraler Ansatz zur Reduzierung von Cyber Sickness ist die Optimierung der Hardware und Software. Wie oben mehrfach kurz angesprochen, ist die Latenz ein wesentlicher Treiber. Eine geringe Latenz zwischen der Kopfbewegung des Benutzers und der Reaktion des VR-Headsets ist also entscheidend, um Cyber Sickness zu minimieren. Durch gezielte Optimierung der technischen Komponenten kann die Latenz reduziert werden, was zu einer flüssigen und reaktionsschnellen VR-Erfahrung führt. Zudem ist eine Verbesserung des Bewegungstrackings von großer Bedeutung. Genauere und zuverlässigere Tracking-Systeme sorgen dafür, dass die virtuelle Bewegung im Einklang mit den tatsächlichen Bewegungen des Benutzers steht, was das visuelle Mismatch verringert und somit zur Reduktion von Cyber Sickness beiträgt. Darüber hinaus kann die Integration von haptischem Feedback in VR-Anwendungen dem Benutzer zusätzliche sensorische Rückmeldungen bieten und das Gefühl der Präsenz verbessern und das Sicherheitsgefühl erhöhen. Ebenso hilft haptisches Feedback, das Gefühl der Desorientierung zu verringern und die Symptome von Cyber Sickness zu reduzieren. [LAV00][DAV14].

Ebenso spielt die Gestaltung von VR-Welten und -Inhalten eine gewichtige Rolle bei der Minimierung von Cyber Sickness-Symptomen. Durch die Begrenzung schneller oder plötzlicher Bewegungen in der virtuellen Umgebung kann das Risiko von Cyber Sickness reduziert werden. Sanftere und fließendere Bewegungen tragen dazu bei, sensorische Diskrepanzen zu minimieren und visuelles Mismatch zu vermeiden. Außerdem sollte möglichst auf visuelle Effekte wie Flimmern oder Blinken verzichtet werden, da diese die Wahrscheinlichkeit von Cyber Sickness erhöhen können. Das Vermeiden unnatürlicher oder ungewöhnlicher Perspektiven ist ebenfalls von Bedeutung. Die visuelle Darstellung sollte den natürlichen Sehgewohnheiten entsprechen, um das Gefühl der Immersion zu fördern und die Wahrscheinlichkeit von Cyber Sickness zu verringern. [STA03][KOL95].

Eine weitere effektive Maßnahme zur Reduzierung von Cyber Sickness ist die Benutzeradaption. Regelmäßige Pausen und Ruhezeiten während der Nutzung von VR können ebenfalls helfen, das Auftreten von negativen Symptomen zu verhindern. Optimal ist es, wenn der Benutzer sich ausreichend erholen und mögliche Symptome lindern kann, bevor er den Aufenthalt in der VR-Welt fortsetzt. Eine schrittweise Anpassung an VR-Erfahrungen ist ebenfalls hilfreich. Indem Benutzer mit kurzen Sitzungen beginnen und die Dauer und Intensität allmählich erhöhen, kann sich ihr Körper besser an die virtuelle Umgebung gewöhnen. Darüber hinaus ist eine angemessene Schulung und Anleitung von großer Bedeutung. Benutzer sollten über die möglichen Symptome von Cyber Sickness informiert werden und es sollten ihnen Techniken an die Hand gegeben werden, um das Auftreten der Symptome zu reduzieren, wie das Fokussieren auf einen festen Punkt im Raum oder das Vermeiden von schnellen Kopfbewegungen. [REA75][STA03].

Augmented Reality 4

Inhaltsverzeichnis

4.1	Gestaltung & Technik	5
4.2	Wahrnehmung	10
4.3	Interaktion	13
4.4	Storytelling	15
4.5	Diminished Reality	19

Aus Sicht des oben als Orientierungshilfe eingeführten Realitäts-Virtualitäts-Kontinuum lagen bei der bisherigen Betrachtung mit den verschiedenen Spielarten der Fotografie und mit VR die beiden Extreme der vollständigen Realität und der vollständigen Virtualität im Fokus.

▶ **Wichtig** Dies ist aber nur die halbe Wahrheit.

Einerseits spannt sich zwischen diesen beiden Extremen ein großer Bereich auf, in dem analoge und digitale Artefakte in unterschiedlichen Anteilen zugleich auftreten. Zudem besteht die Welt in der Regel eben nicht ausschließlich aus Extrempositionen. Daher soll und muss an dieser Stelle die sogenannte Augmented Reality betrachtet werden.

Die Entwicklung von Augmented Reality (AR) ist in der Geschichte der interaktiven Technologien verankert und spiegelt eine kontinuierliche Entwicklung von frühen Interaktionskonzepten über aktuelle und weit verbreitete Anwendungsgestaltung bin hin zu neuartigen Interaktionsparadigmen wider. AR bezeichnet dabei einen methodischen Ansatz, der darauf abzielt, die menschliche Wahrnehmung der realen Welt durch computergenerierte Informationen zu erweitern. Diese Informationen können über verschiedene menschliche Sinne vermittelt werden, was zu einer Verschmelzung der physischen und

© Der/die Autor(en), exklusiv lizenziert an Springer Fachmedien Wiesbaden GmbH, ein Teil von Springer Nature 2025
P. Hoffmann, *Beyond (Multi-) Media,* X.media.press,
https://doi.org/10.1007/978-3-658-48567-2_4

digitalen Welt führt. [STA05] In der aktuellen Entwicklung mündet diese Verschmelzung dann im Metaversum. [HOF24].

Die Ursprünge von AR liegen Nahe bei denen von VR lassen sich, wie schon im vorigen Kapitel beschrieben, bis in die 1960er Jahre zurückverfolgen. Zu dieser Zeit, genauer im Jahre 1965, beschrieb Ivan Sutherland, der als Pionier der Computergrafik bezeichnet werden kann, in „The Ultimate Display" ein multisensorisches Interface beschrieb, das es ermöglichen sollte, vollständig in eine computergenerierte Umgebung einzutauchen. Diese Umgebung sollte so realistisch sein, dass sie von der physischen Realität nicht mehr zu unterscheiden wäre. [SUT65] Bereits 1968 entwickelte Sutherland dann auch mit Unterstützung von Bob Sproull das erste funktionelle Head-Mounted Display, das als „Sword of Damocles" bekannt wurde. Dieses Gerät projizierte dreidimensionale virtuelle Bilder in den Raum vor dem Benutzer, was als früher Vorläufer heutiger VR- und AR-Technologien gilt. [KRE07].

Der Begriff „Augmented Reality" selbst wurde jedoch erst ab etwa 1990 von Tom Caudell geprägt. Er benutzte den Begriff zur Beschreibung eines Systems, das Elektrikern bei Boeing der Verkabelung von Flugzeugen durch die Überlagerung von virtuellen Kabelwegen auf die reale Welt half unterstützen sollte. Diese Entwicklung markierte einen bedeutenden Meilenstein in der Geschichte von AR, da sie den Übergang von theoretischen Konzepten hin zu praktischen Anwendungen einleitete. [CAU92].

In den 1990er Jahren wurden weitere wichtige Entwicklungen gemacht, die die Grundlage für die moderne AR-Anwendungen bilden sollten. Forscher wie Steven Feiner, Blair MacIntyre und Doree Seligmann an der Columbia University entwickelten das „KARMA"-System, das AR zur Bereitstellung von interaktiven Reparaturanweisungen für Drucker verwendete. [FEI93][FEI97] Gleichzeitig begannen Entwickler und Nerds, auch andere Anwendungsbereiche wie Unterhaltung und Spiele zu erkunden, was schließlich zur Entwicklung des ersten AR-Spiels „AR-Quake" in den späten 1990er Jahren führte. [PIE02].

Die Einführung leistungsfähigerer und tragbarer Hardware, insbesondere von Smartphones und Tablets mit integrierten Kameras und Sensoren, in den 2000er Jahren, brachte AR einer breiteren Öffentlichkeit näher. Anwendungen wie ARToolkit, Layar und Wikitude ermöglichten es vielen Benutzern, AR auch im Alltag zu erleben. Anwendungen dieser Art eröffneten neue, ernsthafte Möglichkeiten in Bereichen wie Bildung, Tourismus und Einzelhandel. Mit den Fortschritten der 2010er Jahre, als „Technologiegiganten" wie Google, Microsoft und Apple in AR investierten, erreichte die Technologie eine neue Reife. Produkte wie Google Glass, Microsoft HoloLens sowie Plattformen wie Apples ARKit und Googles ARCore erweiterten das Spektrum der AR-Anwendungen erheblich. [FRI17].

Auch Augmented Reality zählt zu den immersiven Anwendungen. Das Besondere an AR ist jedoch, das die physische Welt durch das Hinzufügen digitaler Elemente angereichert wird, ohne den Benutzer vollständig von der realen Umgebung zu entkoppeln.

▶ **Definition** AR unterscheidet sich diesbezüglich also grundlegend von VR, bei der der Benutzer in Gänze in eine vollständig digitale Umgebung versetzt wird!

Während VR die reale Welt ersetzt, strebt AR danach, diese zu erweitern, indem „virtuelle Objekte" und Informationen zur physischen Welt hinzugefügt werden. [AZU97].

Die Implementierung einer AR-basierten Anwendung kann auf verschiedene Weisen und auf allen Geräteklassen erfolgen, einschließlich mobiler Geräte wie Smartphones und Tablets, spezialisierter AR-Brillen wie Apples Vision Pro oder auch Projektionen auf physische Oberflächen. [APP23] Jede dieser Implementierungen bietet unterschiedliche Möglichkeiten und Herausforderungen für die Gestaltung und Interaktion von AR-Erfahrungen. AR ist nicht nur eine Technologie, sondern auch ein multidisziplinäres Forschungs- und Anwendungsfeld, das Disziplinen wie Informatik, Design, Psychologie, und Medienwissenschaften umfasst. Daher wird AR häufig auch nicht als Technik, sondern als Interaktionsparadigma verstanden.

Wie eingangs dieses Kapitels schon gesagt, wird AR im Gegensatz zu VR im Realitäts-Virtualitäts-Kontinuum nicht in einem der beiden Extreme verortet. [MIL94] Das RVK wurde von Milgram und Kishino 1994 beschrieben und erstreckt sich von der vollständig realen Welt ohne jede digitale Anreicherung bis hin zur vollständig digitalen, also virtuellen Umgebung. Augmented Reality liegt irgendwo zwischen diesen beiden Extremen, da reale und virtuelle Elemente in einer Visualisierung kombiniert werden. Dies gelingt nur, wenn virtuelle Objekte nahtlos in die Wahrnehmung der realen Welt integriert werden. So werden „hybride Umgebungen", die sowohl physische als auch digitale Komponenten enthalten. AR positioniert sich im RVK jedoch näher an der realen Welt, da die digitalen Informationen als Ergänzung „über die physische Umgebung gelegt werden", ohne die reale Welt zu ersetzen. Das große Ziel besteht also darin, die menschliche Wahrnehmung zu erweitern und neue Formen der Interaktion mit der digitalen, aber zugleich auch mit der physischen Welt zu ermöglichen. Die fortschreitende Integration dieser Technologien in den Alltag verspricht, sowohl technische als auch soziale und kulturelle Auswirkungen zu haben, die noch weiter erforscht werden müssen. Ein sehr anschauliches Beispiel dafür ist der Spacetop von Sightful (Abb. 4.1), ein Laptop, der ohne Bildschirm auskommt und stattdessen mit einem HMD arbeitet.

Interessant ist die Entwicklung des Verständnisses von AR, dass sich im Verlaufe der Zeit mehrfach deutlich ändert. Caudel und, noch deutlicher, Azuma sprechen in ihren frühen Ausführungen durchgehend von der passgenauen Anreicherung der Wahrnehmung durch dreidimensionale Objekt an der korrekten Position im Raum. Dies stellte zu der Zeit jedoch eine hohe technische Hürde durch die im Vergleich zu heute geringe Leistungsfähigkeit der Hard- und Software dar. Dies hatte zur Folge, dass die Verbreitung von AR als Anwendungsparadigma sehr klein blieb. Erst, als der hohe Anspruch der 3D-Augmentierung reduziert und stattdessen z. B. auch Texte als Augmentierungsobjekte akzeptiert wurden, stieg die Zahl der Anwendungen. (Abb. 4.2) Das Anreichern der dreidimensionalen physischen Welt mit zweidimensionalen Objekten wie Texten

Abb. 4.1 Spacetop, der AR-Laptop von Sightful

Abb. 4.2 AR in 2D (links) und in 3D (rechts)

oder Bildern hat zudem den Vorteil, dass auch die Ansprüche an die passgenaue Positionierung reduziert werden konnten. Erst in jüngerer Zeit wird wieder verstärkt an der 3D-Augmentierung gearbeitet.

4.1 Gestaltung & Technik

Wurde im vorigen Kapitel schon VR als komplexes, interdisziplinäres Gebiet bezeichnet, das sowohl technische als auch gestalterische Aspekte umfasst, so gilt dies für AR umso mehr. Auch hier sind beide Aspekte untrennbar miteinander verbunden, da die Technologie die Möglichkeiten und Grenzen für die Gestaltung bestimmt und die Gestaltung wiederum die Technologie herausfordert und vorantreibt.

Auf der technischen Seite besteht AR aus mehreren Schlüsselkomponenten, die zusammenwirken, um die Illusion von digitalen Objekten zu erzeugen, die in der physischen Welt existieren. (Abb. 4.3).

Die zentralen Aufgabe innerhalb eines AR-Systems bestehen in Tracking und Registrierung. Dabei handelt es sich um Techniken, um die Position und Orientierung des Benutzers in der realen Welt zu bestimmen und den digitalen Inhalt entsprechend zu positionieren und auszurichten. Es gibt verschiedene Techniken, die hier zum Einsatz kommen können, darunter Sensordatenfusion, Marker-basiertes Tracking, SLAM (Simultaneous Localization and Mapping), und mehr. Effektives Tracking und eine genaue Registrierung sind entscheidend, um ein glaubwürdiges und vor allen Dingen nicht störendes AR-Erlebnis zu schaffen.

Tracking bezieht sich auf die Techniken und Algorithmen, die verwendet werden, um die Position und Orientierung des Benutzers oder der AR-Geräte in der physischen Welt zu bestimmen. Dies kann unter anderem durch die Nutzung von GPS, Inertialsensoren (wie Beschleunigungsmesser und Gyroskope), Kameras und optischen Markern erreicht werden. Zum Beispiel verwendet ein Smartphone in der Regel eine Kombination aus Sensordatenfusion, bei der Daten von verschiedenen Sensoren kombiniert werden, um eine genauere und zuverlässigere Schätzung der Position und Orientierung zu erhalten.

Registrierung hingegen bezieht sich auf die Ausrichtung und Platzierung der digitalen Inhalte in Bezug auf die physische Welt. Das bedeutet, dass das System in der Lage sein muss, die digitalen Objekte korrekt zu den realen Objekten und Umgebungen in Bezug

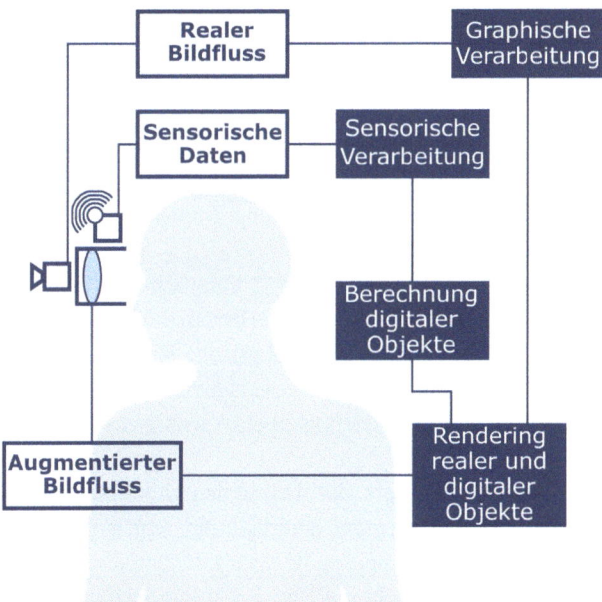

Abb. 4.3 AR-Verarbeitungspipeline

zu setzen, sowohl in Bezug auf Position und Skalierung als auch in Bezug auf Orientierung und Perspektive. Dazu gehört auch die Fähigkeit, Änderungen in der Position und Orientierung des Benutzers oder der AR-Geräte zu erkennen und darauf zu reagieren, indem die digitalen Inhalte entsprechend aktualisiert werden.

Tracking und Registrierung können auf unterschiedlichen Wegen realisiert und implementiert werden.

> **Übersicht**
> - So verwendet das **marker-basierte Tracking** optische Marker, die in der physischen Umgebung platziert werden und vom System erkannt und verfolgt werden können. Dies kann sehr genau sein, erfordert jedoch das Vorhandensein von speziell entworfenen Markern in der Umgebung, die in manchen Fällen dort als störend empfunden werden.
> - Im Gegensatz dazu ermöglichen **markerlose Tracking-Techniken**, wie SLAM (Simultaneous Localization and Mapping), die Position und Orientierung ohne die Notwendigkeit von speziellen Markern zu bestimmen. Stattdessen nutzen sie visuelle Merkmale in der Umgebung oder Tiefeninformationen, die von speziellen Sensoren gesammelt werden, um eine Karte der Umgebung zu erstellen und gleichzeitig die Position und Orientierung des Geräts in dieser Umgebung zu verfolgen.

Effektives Tracking und präzise Registrierung sind entscheidend für die Qualität des AR-Erlebnisses. Wenn die digitalen Inhalte nicht korrekt im dreidimensionalen Raum platziert oder orientiert sind oder wenn sie nicht korrekt auf Bewegungen oder Änderungen in der Perspektive des Benutzers reagieren, kann dies die Immersion und Funktionalität der AR-Anwendung stark beeinträchtigen. Auch heute noch liegt hier ein aktives Forschungs- und Entwicklungsfeld, das weiterhin neue Herausforderungen und Möglichkeiten bietet, insbesondere mit der Entwicklung immer leistungsfähigerer und vielseitigerer Technologien.

Weitere Komponenten der sogenannten AR-Verarbeitungspipeline sind Rendering und Display. Diese beiden Aspekte sind für die Erzeugung und Darstellung der digitalen Inhalte verantwortlich, die nahtlos in die physische Realität des Benutzers integriert werden müssen. Ohne präzises Rendering und geeignete Display-Technologien wäre ein glaubwürdiges und immersives AR-Erlebnis ebenso wenig realisierbar wie ohne Tracking und Registrierung.

Rendering beschreibt den Prozess der Erzeugung dreidimensionaler digitaler Objekte, die in das Sichtfeld des Benutzers innerhalb der realen Welt eingebettet werden. Dieser Prozess umfasst sowohl technische als auch künstlerische Elemente, darunter die Modellierung, Texturierung, Beleuchtung und Schattierung der digitalen Inhalte. Eine besondere Herausforderung im Rendering für AR besteht darin, dass dieser Prozess in

Echtzeit ablaufen muss, um eine interaktive und immersive Benutzererfahrung zu gewährleisten.

▶ **Definition** Hier liegt auch ein weiterer bedeutender Unterschied zwischen SR und den fotografischen Medien sowie auch zwischen AR und VR: „echtes" AR im eigentlichen Sinne von Caudel und Azuma ist ein Live-Medium, während fotografische Medien und auch VR (vor-) produziert sind!

Die Leistungsfähigkeit und Qualität des Renderings spielen eine entscheidende Rolle für das visuelle Erscheinungsbild und die Glaubwürdigkeit der in AR dargestellten Inhalte.

Ein spezifischer Aspekt des Renderings in AR ist die Integration digitaler Objekte in die physische Umgebung des Benutzers. Dies erfordert, dass das System in der Lage ist, Elemente der realen Welt, wie Lichtverhältnisse und räumliche Gegebenheiten, zu erkennen und zu interpretieren. Diese Informationen werden dann verwendet, um die digitalen Objekte so zu rendern, dass sie harmonisch in die physische Umgebung eingebettet sind. Zum Beispiel kann bzw. muss sogar die Beleuchtung der digitalen Objekte an die tatsächlichen Lichtverhältnisse der Umgebung angepasst werden, sodass die Illusion entsteht, dass die Objekte tatsächlich Teil der physischen Welt sind. Ebenso können digitale Objekte so gerendert werden, dass sie von realen Objekten verdeckt werden, was das Umgebungsbewusstsein verstärkt und die visuelle Kohärenz zwischen digitalen und physischen Elementen erhöht.

Ebenfalls entscheidend ist die Frage der Präsentations- oder Displaytechnik, um die gerenderten Inhalte in Richtung des Benutzers darzustellen. Grundsätzlich stehen hier verschiedene Geräteklassen zur Verfügung, von Smartphones, Tablets, „AR-Brillen" – die letztlich nichts anderes sind als HMDs – sowie auch durch Projektionen auf physische Oberflächen. Die Qualität und Realitätsnähe des AR-Erlebnisses wird maßgeblich durch die Auflösung, das Sichtfeld und die Farbtreue des Displays beeinflusst. Ein hochwertiges Display, das ein breites Sichtfeld und eine hohe Auflösung bietet, trägt wesentlich zur Immersion des Benutzers bei und ermöglicht eine klarere und detailliertere Darstellung der digitalen Inhalte in der physischen Umgebung.

Die Auswahl der Technologien und Geräte für eine AR-Anwendung hat erheblichen Einfluss auf die Art und Weise, wie Inhalte gestaltet und wahrgenommen werden. Diese Wahl hat nicht nur Einfluss auf die technische Umsetzung, sondern auch auf die Qualität der User Experience, auf die Gestaltung des User Interfaces und auf die Art der präsentierten Inhalte.

Im Hinblick auf die User Experience muss AR so gestaltet sein, dass sie dem Benutzer hilft, seine Ziele effektiv zu erreichen und seine Aufgaben effizient zu erfüllen. Dies bedeutet, dass für die Gestaltung einer AR-Anwendung das Verständnis der Bedürfnisse, Präferenzen und Fähigkeiten der Benutzer vorhanden ist. Zudem muss berücksichtigt werden, in welchen Kontexten der Benutzer AR nutzen wird. Gute User Experience sorgt dafür, dass die Interaktion mit der AR-Anwendung nicht nur funktional, sondern auch angenehm und zufriedenstellend ist. Dies erfordert eine benutzerzentrierte

Designphilosophie, die sowohl die physische Umgebung als auch die kognitiven Belastungen berücksichtigt, denen die Benutzer während der Interaktion ausgesetzt sind.

Der User-Experience-Entwurf mündet in der Gestaltung der Benutzungsschnittstelle, mittels derer der Benutzer mit den digitalen Inhalten in der AR-Anwendung interagiert. Sie fungiert sozusagen als Brücke zwischen dem Benutzer, der realen, physischen und der digitalen Welt und sollte daher so intuitiv und leicht verständlich wie möglich gestaltet sein. Eine gut gestaltetes UI ermöglicht es dem Benutzer, seine Interaktionen effizient durchzuführen und es reduziert potenzielle Frustrationen, die durch komplizierte oder schwer verständliche Bedienelemente entstehen. Die Benutzungsführung muss klar und konsistent sein, um sicherzustellen, dass die Benutzer die AR-Inhalte problemlos navigieren und mit ihnen interagieren können. Grundlegend kann hier – wie selbstverständlich auch beim Entwurf jeder anderen Anwendung – die DIN EN ISO 9241 sein. Jede einzelne Anwendungsentwicklung muss aber unbedingt berücksichtigen, dass jede Anwendungsdomäne und jeder Anwendungszweck eigene Anforderungen stellt.

Ein weiterer kritischer Aspekt bei der Entwicklung sind die Inhalte, die in einer AR-Anwendung präsentiert werden sollen. Diese müssen nicht nur relevant und „wertvoll" sein, sondern sie müssen darüber hinaus auch ästhetisch, ansprechend und auf die Bedürfnisse der Benutzer zugeschnitten sein. Die Inhalte können in verschiedenen Formen vorliegen. Dies schließt Texte, Bilder, Videos ebenso ein wie auch 3D-Modelle und auditive Inhalte. Dem Einsatzzweck entsprechend können und sollen sie eine Vielzahl von Informationen bieten, die von informativ-lehrreich bis hin zu unterhaltsam und emotional ansprechend reichen. Die Qualität und die Präsentation dieser Inhalte bestimmen maßgeblich, wie effektiv die AR-Anwendung ihre Ziele erreicht und wie stark sie die Aufmerksamkeit und das Engagement der Benutzer fördert.

Die Gestaltung von Inhalten für Augmented Reality (AR) umfasst also mehrere Dimensionen, die sorgfältig berücksichtigt werden müssen – Art der Inhalte, deren Qualität, Relevanz und ihre nahtlose Integration in die reale Welt.

Die Art der Inhalte, die in AR-Anwendungen genutzt werden können, ist vielfältig. Ihre Auswahl hängt von den Zielen und Anforderungen der jeweiligen Anwendung ab. So können beispielsweise AR-Anwendungen im Bildungsbereich komplexe 3D-Modelle und Animationen benötigen, um abstrakte Konzepte anschaulich darzustellen. Im Gegensatz dazu könnten Anwendungen für Navigation oder als Informationstools vor allem Text und Symbole verwenden, um dem Benutzer relevante Informationen in Echtzeit zur Verfügung zu stellen. Die Wahl der Inhaltsart sollte stets darauf abzielen, den Nutzen und die Effektivität der AR-Anwendung zu maximieren, indem sie den spezifischen Bedürfnissen der Benutzer entspricht.

Die Qualität der Inhalte ist ein weiterer kritischer Faktor, der die Wahrnehmung und Akzeptanz von AR maßgeblich beeinflusst. Hierbei spielt sowohl die technische Qualität, wie die Auflösung, Detailgenauigkeit und der Realismus der digitalen Elemente, als auch die inhaltliche Qualität, also die Genauigkeit, Vollständigkeit und Aktualität der bereitgestellten Informationen, eine wesentliche Rolle. Hochwertige Inhalte sind entscheidend, um eine glaubwürdige und ansprechende AR-Erfahrung zu schaffen, die die

Zufriedenheit und das Engagement der Benutzer fördert. Eine sorgfältige Gestaltung und Überprüfung der Inhalte trägt dazu bei, das Vertrauen der Benutzer in die AR-Anwendung zu stärken und deren Nutzen nachhaltig zu erhöhen.

Die Relevanz der Inhalte bezieht sich darauf, inwieweit die bereitgestellten Informationen den Bedürfnissen und Zielen der Benutzer entsprechen. Es ist unerlässlich, dass die Inhalte nicht nur korrekt und vollständig sind, sondern auch kontextbezogen und auf die spezifischen Aufgaben der Benutzer abgestimmt werden. Beispielsweise könnte eine AR-Anwendung im Einzelhandel Produktinformationen anzeigen, die auf den Vorlieben und dem bisherigen Kaufverhalten des Benutzers basieren. Im Bereich des Tourismus könnten hingegen standortbezogene Informationen über Sehenswürdigkeiten und Veranstaltungen bereitgestellt werden, die den Interessen des Benutzers entsprechen. Die Relevanz der Inhalte bestimmt maßgeblich, wie nützlich und ansprechend die AR-Erfahrung für den Benutzer ist.

Ein zentrales Merkmal von AR ist die Integration der digitalen Inhalte in die reale Welt. Diese Integration erfordert, dass das AR-System in der Lage ist, den physischen Raum und die Umgebungsbedingungen präzise zu erkennen und zu interpretieren, um die digitalen Inhalte entsprechend zu positionieren und anzupassen. Eine erfolgreiche Integration ermöglicht es, eine kohärente und glaubwürdige AR-Erfahrung zu schaffen, die das Eintauchen des Benutzers in die Anwendung fördert und die Interaktion mit den digitalen Elementen in der realen Umgebung erleichtert. Die nahtlose Verschmelzung von digitalen und physischen Welten ist dabei entscheidend, um die AR-Anwendung sowohl funktional als auch immersiv zu gestalten.

Augmented Reality (AR) ist ein digitales Medium, das jedoch in der physischen Welt stattfindet und daher den physischen und sozialen Kontext der Benutzer berücksichtigen muss. Der Kontext, in dem AR-Anwendungen genutzt werden, spielt eine entscheidende Rolle sowohl für die technische Umsetzung als auch für die Gestaltung von AR-Erfahrungen. Dieser Kontext umfasst verschiedene Dimensionen, darunter physische, soziale, kulturelle, zeitliche und nutzerzentrierte Aspekte, die maßgeblich beeinflussen, wie AR-Anwendungen entworfen, implementiert und erlebt werden.

Der physische Kontext bezieht sich auf die Umgebung, in der die AR-Anwendung genutzt wird, sei es ein Innenraum wie ein Museum oder ein Geschäft, oder ein Außenraum wie ein Stadtviertel oder ein Park. Dieser Kontext bestimmt, wie das AR-System die reale Welt erfasst, interpretiert und wie es digitale Inhalte in diese einfügt. Technische Aspekte wie Tracking und Rendering müssen an die spezifischen Eigenschaften und Bedingungen des physischen Kontexts angepasst werden, um eine optimale Integration der digitalen Inhalte in die reale Umgebung zu gewährleisten. Faktoren wie Beleuchtung, Oberflächenbeschaffenheit, Entfernungen und Bewegungsmuster spielen dabei eine zentrale Rolle.

Der soziale Kontext umfasst die sozialen Interaktionen und Beziehungen, die im Rahmen der AR-Anwendung stattfinden. AR kann sowohl für individuelle Benutzer als auch für kollaborative und soziale Erfahrungen konzipiert werden. Daher muss das Design die sozialen Normen, Erwartungen und Dynamiken berücksichtigen, die in diesen Kontexten relevant sind. Der soziale Kontext beeinflusst auch, wie Benutzer AR-Inhalte miteinander teilen und kommunizieren und wie sie die Präsenz und Interaktion anderer Benutzer in der AR-Umgebung wahrnehmen.

Darüber hinaus spielt der kulturelle Kontext eine wesentliche Rolle. Dieser bezieht sich auf die kulturellen Normen, Werte und Bedeutungen, die in dem spezifischen Nutzungskontext der AR-Anwendung gelten. Kulturelle Aspekte können die Interpretation und Wertschätzung von AR-Inhalten stark beeinflussen. Daher ist es wichtig, dass das Design von AR-Anwendungen kulturell sensibel ist und die spezifischen kulturellen Kontexte der Benutzer berücksichtigt, um Missverständnisse zu vermeiden und die Relevanz der Inhalte zu maximieren.

Der zeitliche Kontext bezieht sich auf den zeitlichen Rahmen, in dem die AR-Anwendung genutzt wird. Dies kann sowohl die tatsächliche Uhrzeit und das Datum als auch den zeitlichen Verlauf der AR-Erfahrung umfassen. Der zeitliche Kontext hat Einfluss darauf, welche AR-Inhalte für den Benutzer relevant und angemessen sind und wie sie diese Inhalte wahrnehmen und mit ihnen interagieren.

Schließlich ist der nutzerzentrierte Kontext von entscheidender Bedeutung. Dieser bezieht sich auf die individuellen Bedürfnisse, Ziele, Fähigkeiten und Vorlieben der Benutzer. Jeder Benutzer bringt seine eigenen Kenntnisse, Erfahrungen, Interessen und Erwartungen in die AR-Erfahrung ein, weshalb das Design dieser Anwendungen flexibel genug sein muss, um diese individuellen Unterschiede zu berücksichtigen. Nur so kann eine effektive und zufriedenstellende AR-Erfahrung geschaffen werden, die den Benutzer optimal unterstützt und begeistert.

4.2 Wahrnehmung

Wahrnehmung bezieht sich natürlich auch im Kontext von AR auf die mentalen Prozesse, die bei der Informationsverarbeitung beteiligt sind. Diese Wahrnehmung umfasst die Fähigkeit der Benutzer, virtuelle AR-Inhalte zu erkennen und zu verstehen und diese in ihr vorhandenes Wissen und vor allem in die Wahrnehmung der realen physischen Welt zu integrieren. Faktoren wie Komplexität und Klarheit der AR-Inhalte, Erfahrung des Benutzers sowie seine kognitive Fähigkeiten und Präferenzen, beeinflussen die Wahrnehmung erheblich. [DED09][DUE08].

Eine zentrale Rolle spielt die visuelle Wahrnehmung, da die meisten Anwendungen auf der visuellen Überlagerung digitaler Inhalte mit der realen Welt basieren. Die digitalen Inhalte müssen präzise und kohärent in die physische Umgebung eingebettet werden. Dabei müssen die visuellen Eigenschaften und Bedingungen der Umgebung, wie Beleuchtung, Farben, Texturen und Bewegungen, berücksichtigt werden. Darüber hinaus ist es wichtig, dass das AR-System die visuelle Aufmerksamkeit und das Blickverhalten der Benutzer versteht und entsprechend die Darstellung der Inhalte steuert.

Daneben darf jedoch auch die auditive Wahrnehmung nicht vergessen werden. Audiosignale oder -hinweise können genutzt werden, um die Aufmerksamkeit der Benutzer zu

4.2 Wahrnehmung

lenken, Informationen bereitzustellen oder auch, um die Immersion zu verstärken. Die Qualität und Richtung des Sounds, das Vorhandensein von Hintergrundgeräuschen sowie die auditive Aufmerksamkeit und Erwartungen der Benutzer sind entscheidende Faktoren, die die auditive Wahrnehmung in AR beeinflussen können. [GAR19].

Durch die angestrebte synchronisierte Überlagerung von realen durch virtuellen Anteilen, ist auch die Fähigkeit des Benutzers relevant, AR-Inhalte und ihre Position, Orientierung und Bewegung erkennen. Diese Fähigkeit ist entscheidend für die Glaubwürdigkeit der AR-Inhalte. Faktoren wie Genauigkeit und Konsistenz des Trackings und des Renderings, visuelle und haptische Hinweise sowie die räumlichen und zeitlichen Fähigkeiten der Benutzer spielen hierbei eine wesentliche Rolle. [BIL12][MAC04].

Sicherlich können auch AR-Anwendungen die taktile Wahrnehmung nutzen, um haptisches Feedback oder physische Interaktionen zu ermöglichen. Dies könnte beispielsweise durch Vibrationen, Druck oder Bewegungen geschehen, um bestimmte Reaktionen bei den Benutzern hervorzurufen oder Informationen zu vermitteln. Die taktile Wahrnehmung wird dabei von der Intensität und Qualität des haptischen Feedbacks, der physischen Umgebung sowie der taktilen Aufmerksamkeit und vor allem von der individuellen Empfindlichkeit des Benutzers beeinflusst. [SPE11].

Die kognitive Wahrnehmung bestimmt, wie ein Benutzer AR erlebt und darauf reagiert. Die dazu zählenden mentalen Prozesse sind erforderlich, um Informationen aus der AR-Umgebung zu verarbeiten und zu interpretieren. Zu diesen Prozessen gehören Aufmerksamkeit, Verständnis, Lernen, Gedächtnis und Problemlösung, die alle maßgeblich beeinflussen, wie effektiv und nützlich AR-Anwendungen für den Benutzer sind.

Die Aufmerksamkeit ist dabei ein besonders wichtiger Faktor, da jede AR-Anwendung dem Benutzer eine Vielzahl von visuellen und auditiven Informationen anbietet. Um relevante Inhalte erkennen und verarbeiten zu können, müssen der Benutzer in der Lage sein, seine Aufmerksamkeit gezielt zu steuern. Die Gestaltung von AR-Anwendungen muss daher die Mechanismen der Aufmerksamkeitslenkung berücksichtigen und darauf abzielen, die Aufmerksamkeit des Benutzers auf wesentliche Informationen zu lenken, um ihn nicht zu überfordern. Hierbei ist es entscheidend, eine Balance zwischen Informationsdichte und Benutzungsfreundlichkeit zu finden, um die kognitive Belastung zu minimieren und die Effizienz der Informationsverarbeitung zu maximieren. [WAN16].

Ist die Aufmerksamkeit des Benutzers garantiert, so muss erreicht werden, dass er das Wahrgenommene auch versteht. Verständnis als mentaler Prozess bezieht sich auf die Fähigkeit des Benutzers, Bedeutung und Zweck präsentierter Inhalte zu erkennen und korrekt zu interpretieren. Da AR häufig neue und komplexe Informationen sowie Interaktionen vermittelt, kann dies eine kognitive Herausforderung darstellen. Die Gestaltung von AR-Anwendungen muss daher darauf ausgerichtet sein, die kognitiven Anforderungen, die mit dem Verständnis dieser Inhalte verbunden sind, zu berücksichtigen. Dies kann durch die Verwendung einer klaren und konsistenten visuellen Sprache, unterstützende erklärende Texte oder Tutorials erreicht werden, die den Benutzern helfen, die dargebotenen Informationen besser zu erfassen und zu verarbeiten. [DUN14].

Ein kritischer Aspekt ist die Fähigkeit von Benutzern, einzelne Informationen oder ganze Erlebnisse aus der AR-Umgebung zu speichern und später abzurufen. Das Gedächtnis spielt die entscheidende Rolle, wenn es darum geht, Lern- und Anwendungsprozess zu unterstützen. Die Präsentation in AR sollte, wie auch in anderen Bereichen, so gestaltet sein, dass sie Gedächtnisprozesse durch gezielte Wiederholungen, Erinnerungen und Zusammenfassungen fördern, um das Langzeitgedächtnis der Benutzer zu stärken. [LIN13].

Der resultierende kognitive Prozess ist schließlich die Problemlösung, also die Fähigkeit des Benutzers, potenzielle Herausforderungen oder Aufgaben innerhalb der AR-Umgebung zu bewältigen. Problemlösung bedeutet Planung, Entscheidungsfindung und Überwachung. Die Gestaltung von AR-Anwendungen sollte daher Mechanismen einbeziehen, die die Problemlösungsprozesse unterstützen, beispielsweise durch Hilfestellungen, direktes Feedback oder zusätzliche Werkzeuge, die den Benutzern bei der Bewältigung von Aufgaben in der AR-Umgebung helfen. [KAU03].

Ist die Berücksichtigung emotionaler Aspekte schon in der „normalen" Anwendungsentwicklung vor dem Hintergrund der UX zentral, so sind einzelne Aspekte der der emotionalen Wahrnehmung im Kontext von AR noch einmal bedeutender. Emotionen spielen ohnehin eine wichtige Rolle in der menschlichen Wahrnehmung. Sie beeinflussen sowohl die Aufmerksamkeit in der jeweiligen Situation aber auch Motivation, Lernerfahrung und Zufriedenheit. [NOR04].

Übersicht
- Das generelle emotionale Ziel in jeder Anwendungsentwicklung ist es, **Freude und Begeisterung** beim Benutzer auszulösen. Dies kann durch spannende und überraschende Inhalte, lustige und befriedigende Interaktionen, ästhetische und ansprechende Gestaltung und positive Feedback- und Belohnungssysteme erreicht werden. [LAZ06]
- Starke Reaktionen werden auch durch **Überraschung** hervorgerufen. So kann Aufmerksamkeit und Neugier des Benutzers geweckt werden. Dies kann durch unerwartete und ungewöhnliche Inhalte, dynamische und variable Interaktionen und kreative und innovative Gestaltung erreicht werden.
- Jedoch können Anwendungen auch **Angst** beim Benutzer hervorrufen. Dies gilt auch für AR-Anwendungen- Absichtlich hervorgerufen kann auf diesem Wege eine starke emotionale Erfahrung erzeugt werden. Jedoch können gerade Angstgefühle auch eine negative Reaktion auf bestimmte Aspekte von AR auslösen. Zu komplexe oder verwirrende Interaktionen, unangenehme oder bedrohliche Inhalte oder auch abstrakte Datenschutz- und Sicherheitsbedenken sind zentrale Auslöser, die es möglichst zu vermeiden gilt. [LAZ06][FIN10]
- Schlechte, oder zumindest nicht optimale, Gestaltung resultiert häufig in **Frustration** des Benutzers. Neben inhaltlichen Verständnisproblemen können auch

technische Probleme, Benutzungsfehler oder unklare Anweisungen frustrierend sein.
- Das hohe Ziel ist es, dass der Benutzer, gerade bei (derzeit noch) neuartigen und angewohnten Technologien, der Anwendung **vertraut**. Dies ist eine grundlegende emotionale Bedingung für die positive Annahme und Nutzung von AR-, aber auch von anderen Arten der Anwendung. [HAS08]

4.3 Interaktion

Trotz der, wenn auch langsamen, Verbreitung von AR als Gestaltungsparadigma, so stellt insbesondere die Gestaltung der Interaktion mit AR-Systemen ausgesprochen spezifische Herausforderungen für User Experience und Usability dar.

Die grundlegende Herausforderung für die Interaktionsgestaltung liegt darin, dass AR eine Brücke zwischen der physischen, analogen und der virtuellen digitalen Welt darstellt. Dies bedeutet, dass Interaktion in verschiedenen Richtungen möglich sein muss: (Abb. 4.4)

- Interaktion mit realen Objekten in der realen Welt
- Interaktion mit digitalen Objekten in der digitalen Welt
- Interaktion mit realen Objekten in der digitalen Welt
- Interaktion mit digitalen Objekten in der realen Welt

Unter dieser Prämisse ergibt sich, dass die Gestaltung der Benutzungsschnittstelle für ein AR-System ein komplexes Problem darstellt und eine große Herausforderung für User Experience und Usability.

Allgemein kann gesagt werden, dass Benutzungsschnittstellen in der Lage sein müssen, komplexe Informationen übersichtlich und verständlich darzustellen, um eine effektive Interaktion zu gewährleisten. Ein überladenes oder unstrukturiertes User Interface verwirrt und frustriert den Benutzer nur allzu leicht, was die UX und letztlich auch die Akzeptanz negativ beeinflusst. [DEY18].

Die Art und Weise, wie Informationen in AR präsentiert werden, stellt eine besondere Herausforderung dar. Digitale Inhalte müssen so positioniert und ausgerichtet werden, dass sie nahtlos in die reale Umgebung integriert sind. Fehlerhafte Registrierung oder ungenaue Platzierung können dazu führen, dass Benutzer Schwierigkeiten haben, die Inhalte richtig zu interpretieren, was die Interaktion erheblich stört. Darüber hinaus können visuelle Ablenkungen durch eine Überladung des Sichtfeldes die Effizienz und das UX beeinträchtigen. [AZU01].

Ein weiteres bedeutendes Problem im Zusammenhang mit der Usability von AR-Systemen betrifft die Eingabe- und Steuerungsmechanismen. Traditionelle Eingabe-

Abb. 4.4 Richtungen der Interaktion in AR (oben links: Reale Objekte in der realen Welt; oben rechts: Reale Objekte in der digitalen Welt; unten links: Digitale Objekte in der realen Welt; unten rechts: Digitale Objekte in der digitalen Welt)

methoden wie Tastaturen und Touchscreens sind in AR-Kontexten oft aufgrund der aktuellen Benutzungssituation nicht anwendbar. Stattdessen werden in AR-Systemen häufig neue Interaktionsformen wie Gestensteuerung, Sprachbefehle oder Augenbewegungsverfolgung eingesetzt. Diese Eingabemethoden haben jedoch ihre eigenen Herausforderungen. Gestensteuerung kann ungenau sein und wird durch Umgebungsbedingungen wie Licht und Geräusche beeinflusst. Sprachbefehle können durch Hintergrundgeräusche gestört werden und erfordern eine präzise Spracherkennung. [BIL15].

Präzision und Zuverlässigkeit von Eingabemethoden sind schon allgemein entscheidend für die Usability. Für AR-Systeme gilt dies noch einmal mehr.

Es ist weder neu noch überraschend, dass die kognitive Belastung des Benutzers die User Experience beeinflusst. Bei AR-Anwendungen ist es erforderlich, dass de Benutzer gleichzeitig auf digitale und reale Informationen achten, was die kognitive Last erheblich erhöht. Dies kann besonders problematisch sein, wenn der Benutzer längere Zeit mit der Anwendung interagieren muss. Studien von Pfeifer und anderen haben gezeigt, dass eine hohe kognitive Belastung zu Ermüdung und einer verminderten Fähigkeit führen kann, effektiv mit dem System zu interagieren. [PFE13].

Zudem muss der Benutzer seine Aufmerksamkeit zwischen digitalen Inhalten und der physischen Umgebung aufteilen, was zu einer Überlastung des visuellen Systems führen kann. Eine unzureichende Anpassung der visuellen Inhalte an die physischen Bedingungen, wie Beleuchtung oder Kontrast, kann die Usability weiter beeinträchtigen. [OLS12].

Leider ist auch aktuelle Hardware nicht unbegrenzt leistungsfähig. Technische Einschränkungen und Hardware-Limitierungen stellen auch mit heutigen Geräten eine durchaus nicht geringe Herausforderung für Usability und UX dar. AR-Geräte wie HMDs haben oft begrenzte Verarbeitungsressourcen, was zu Latenzen in der Verarbeitung und einem schlechten Rendering führen kann. Zudem können auch Probleme wie geringe Akkulaufzeit, eingeschränkte Displayauflösung und ein begrenztes Sichtfeld sowohl die Immersion und damit auch die Interaktivität von AR-Anwendungen erheblich beeinträchtigen. [SWA05] Die Abhängigkeit von stabiler Hardware und Software bedeutet, dass selbst kleine Fehler in der Systemleistung die gesamte Benutzererfahrung negativ beeinflussen können.

Zwei besondere Aspekte, die beim Interaktionsdesign für klassische Anwendungen eher keine Rolle spielen, aber zentral für AR-Anwendungen sind, sind soziale und kulturelle Anforderungen. AR-Anwendungen kommen zwar sicherlich auch in „klassischen" Bürosituationen zum Einsatz, aber vor allem werden sie wohl im öffentlichen Raum oder in sozialen Umgebungen verwendet. In solchen Benutzungssituationen ist die potenzielle Ablenkung für den Benutzer höher als im „sicheren" Büro. Zudem sind die Benutzer von AR-System in der Öffentlichkeit in der Regel nicht von Menschen umgeben, die mit dieser Situation vertraut sind. So können Benutzer von AR-Systemen als abgelenkt oder unhöflich wahrgenommen werden. Diese Wahrnehmung kann die Akzeptanz und Nutzung von AR-Systemen einschränken, insbesondere in Kulturen, in denen direkte menschliche Interaktion hoch geschätzt wird. [RAU18] Zudem gibt es kulturelle Unterschiede in der Wahrnehmung und Akzeptanz von Technologie. In einigen Kulturen ist es daher wahrscheinlich, dass AR-Anwendungen als aufdringlich oder unangemessen empfunden werden, was die Nutzung und Verbreitung dieser Technologien einschränken könnte. [JUN15] (Abb. 4.5 und Abb. 4.6).

4.4 Storytelling

Die synchronisierte Verbindung von Realität und Virtualität, die DAS Charakteristikum und DAS Alleinstellungsmerkmal von Augmented Reality ist, stellt eine große Herausforderung dafür dar, wie Geschichten mit und in diesen Anwendungen erzählt werden können. Andererseits eröffnet gerade diese Herausforderung aber auch neue Wege für das Storytelling.

Augmented Reality zählt zu den immersiven Technologien, wie es auch für VR gilt. Dort allerdings ist das Storytelling auf den digitalen, virtuellen Rahmen beschränkt. Allerdings kann vieles von dem, was für den Aufbau und die Vermittlung von Dramaturgie in Handlungen gilt, auch auf AR übertragen werden. Dennoch gibt es einige Aspekte, die sich vom Storytelling in VR unterscheiden.

Abb. 4.5 Akzeptierte Interaktionsformen in gesellschaftlichen Situationen

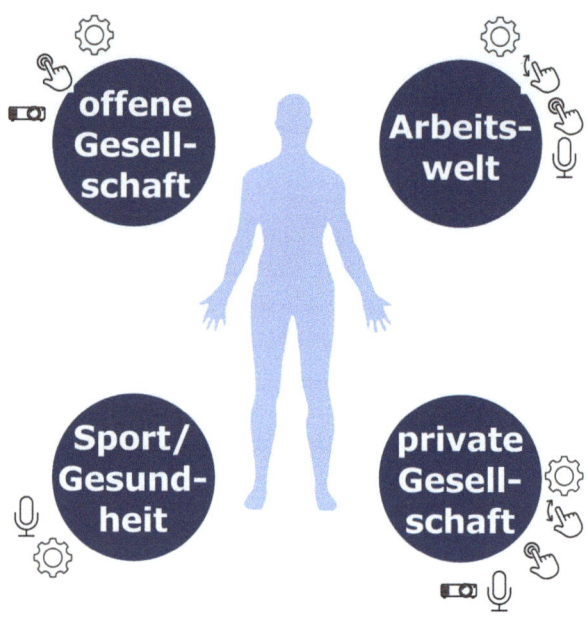

Abb. 4.6 Soziale Interaktion in AR? (Symbolbild)

Auch allgemein gewinnt das Konzept der sogenannten räumlichen Erzählung zunehmend an Bedeutung. Diese wächst noch einmal im Zusammenhang mit neuen Technologien wie z. B. AR. Geschichten synchronisiert in einem physischen und räumlichen Kontext zu erzählen, erweitert und bereichert die narrative Strukturen auf eine einzigartige Weise. Durch AR bietet sich die Möglichkeit, Handlungsorte visuell in den realen Raum zu integrieren, historische oder fiktive Ereignisse an ihren tatsächlichen Schauplätzen zu rekonstruieren und interaktive Erkundungs- und Abenteuerspiele zu gestalten. Indem AR Geschichten mit realen Orten und Räumen verknüpft, wird das räumliche Verständnis und das Gedächtnis der Benutzer gestärkt, wodurch ein intensiveres Gefühl von Präsenz und Realismus entsteht. [FLA14].

Räumliches Storytelling nimmt deshalb eine zentrale Rolle ein, da es den Raum als wesentliches narratives Element betont. Dies ermöglicht es, Geschichten nicht nur inhaltlich, sondern auch in Bezug auf ihre räumlichen Dimensionen und Beziehungen zu erzählen. AR bietet in diesem Zusammenhang Möglichkeiten, indem digitale Inhalte nahtlos in die physische Welt des Benutzers integriert werden. So wird es möglich, die Handlung einer Geschichte räumlich zu visualisieren, indem digitale Bilder, Objekte, Charaktere oder Szenen in der realen Umgebung des Benutzers dargestellt werden. Diese Art der Visualisierung verbessert die visuelle Wahrnehmung und fördert auch seine Vorstellungskraft, sie verdeutlicht die räumlichen Aspekte und Beziehungen der Geschichte und kann gleichzeitig die ästhetische Qualität und Anziehungskraft der Erzählung erhöhen. [BOL13].

Darüber hinaus ermöglicht AR eine räumliche Interaktion mit Geschichten, indem der Benutzer sich im wahrsten Sinne des Wortes innerhalb der Geschichte bewegt, digitale Elemente manipuliert und so auch die Perspektive verändern kann. Diese interaktive Komponente fördert nicht nur sein körperliches Engagement und seine Immersion, sondern ermöglicht auch eine aktivere Teilnahme und damit hoffentlich auch ein besseres Verständnis der Geschichte. Die dynamische und explorative Natur dieser Erzählweise trägt dazu bei, das narrative Erlebnis zu intensivieren. [MUR17].

Von Bedeutung ist auch die räumliche Kontextualisierung von Geschichten. Durch die Verknüpfung digitaler Inhalte mit realen Orten, Räumen oder Landschaften, die für die Benutzer relevant sind, verstärkt AR das räumliche Gedächtnis und die Orientierung der Benutzer. Zudem hebt diese Technik kulturelle, historische oder ökologische Aspekte der Geschichte hervor und steigert die soziale und lokale Relevanz der Erzählung. Auf diese Weise trägt AR dazu bei, die Verbindung zwischen der Geschichte und ihrer physischen Umgebung zu vertiefen, was die narrative Wirkung verstärkt. [DOU06].

Diese Einzelaspekte münden darin, dass AR tatsächlich die Möglichkeit für die räumliche Narration von Geschichten bietet. Die räumliche Situation steuert und adaptiert die digitalen Inhalte und Handlungspfade. Diese erlaubt es, die narrative Struktur und Dramaturgie gezielt zu gestalten, um räumliche Spannungen und Konflikte in der Handlung zu inszenieren und die künstlerische und poetische Ausdruckskraft der Erzählung zu erweitern. Durch die Integration von AR in die narrative Praxis wird der Raum zu einem aktiven Teilnehmer der Erzählung, der die Art und Weise, wie Geschichten erlebt und interpretiert werden, maßgeblich beeinflusst. [MAN01].

Die Synchronisierung digitaler und realer Elemente bedeutet auch die aktive Berücksichtigung chronologischer Einflüsse auf das Storytelling. Das Konzept des zeitlichen

Storytellings ist fundamental in der Erzähltheorie und -praxis. Es befasst sich damit, wie Erzählungen durch den Einsatz zeitlicher Strukturen organisiert werden, um Handlungsverläufe zu gestalten und die Wahrnehmung und das Verständnis der Geschichte durch den Rezipienten zu beeinflussen. Grundlegend sind hier zunächst einmal die Arbeiten von Genette, der sich schon früh ausführlich mit zeitlichen Aspekten in der Handlung und beim Erzählen an sich auseinandersetzt. [GEN69][GEN72][GEN76a][GEN76b] AR eröffnet in diesem Kontext neue Möglichkeiten, indem sie die Synchronisation und Interaktion digitaler Inhalte mit der realen Zeit und den Aktivitäten des Benutzers ermöglicht, was wiederum eine dynamische und personalisierte Erzählweise fördert. [BOL13].

Die wohl stärkste Einflussmöglichkeit auf chronologische Abläufe, die AR anbietet, ist die Sequenzierung und das Timing digitaler Inhalte, die durch die reale Situation gezielt gesteuert und angepasst werden. Durch narrative Techniken wie Flashbacks, Foreshadowing, Cliffhanger oder Zeitlupen können AR-Erzählungen die narrative Spannung und das Tempo einer Geschichte präzise modulieren. Diese Kontrolle über den Zeitverlauf der Erzählung ermöglicht es, zeitliche Konflikte und Überraschungen effektvoll zu inszenieren, wodurch die dramatische und emotionale Wirkung der Geschichte vertieft wird. [MUR17] Durch die Verknüpfung digitaler Inhalte mit den realen Zeit- und Aktivitätsmustern des Benutzers, beispielsweise durch zeitabhängige Ereignisse oder Benachrichtigungen, können Geschichten sogar in den Alltag des Benutzers integriert werden. Diese zeitliche Kontextualisierung erhöht das Bewusstsein des Benutzers für die eigenen Routinen und die relevanten zeitlichen Aspekte der Erzählung, was die narrative Relevanz und die persönliche Verbindung zur Geschichte verstärkt. [MCL94].

Zu guter Letzt bietet die Option der aktiven Beteiligung des Benutzers an eine AR-Anwendung bietet das Potenzial, sowohl das narrative Verständnis als auch kreative Ausdrucksfähigkeiten. Dies kann dann zu einem personalisierten und autonomen Erzählerlebnis führen.

Die interaktive Beteiligung der Benutzer wird durch AR auf verschiedene Weise unterstützt. Interaktive Elemente fördern nicht nur das Engagement und die Immersion des Benutzers, sondern heben auch moralische, soziale und persönliche Dimensionen der Erzählung hervor. In diesem Zusammenhang ermöglicht AR eine tiefere Reflexion und eine transformative Erfahrung, indem sie den Benutzer in eine narrative Welt eintauchen lässt, in der ihre Handlungen und Entscheidungen reale Konsequenzen innerhalb der Geschichte haben. [JEN04].

Die interaktive Beteiligung in AR geht über die passive Rezeption von Inhalten hinaus und fordert den Benutzer auf, aktiv an der Erzählung teilzunehmen. Dies schafft eine dynamische Beziehung zwischen Benutzer und Geschichte, die auf persönlicher Ebene resoniert und die narrative Erfahrung intensiviert. Die Fähigkeit von AR, eine solche Form der Beteiligung zu ermöglichen, stellt einen bedeutenden Fortschritt in der Art und Weise dar, wie Geschichten erzählt und erlebt werden können. Durch die Integration von Entscheidungsprozessen und kreativen Interaktionen in die narrative Struktur bietet AR nicht nur ein hohes Maß an Benutzerengagement, sondern ermöglicht auch die Schaffung individueller und einzigartiger Erzählerfahrungen. [MUR17].

Darüber hinaus stärkt die interaktive Natur von AR das Potenzial für transformative Erlebnisse. Wenn Benutzer die Handlung einer Geschichte beeinflussen oder ihre eigene narrative Version kreieren können, wird das Erzählen zu einem aktiven und reflexiven Prozess, der tief in die individuellen Überzeugungen und Werte der Benutzer eingebettet ist. Diese Form der Erzählung ermöglicht es den Benutzern, ihre Perspektiven zu erweitern und neue Bedeutungen zu entdecken, während sie gleichzeitig eine engere Verbindung zur Geschichte und zu den dargestellten Themen aufbauen. [RYA15].

4.5 Diminished Reality

▶ **Definition** Wenn in einem Sinneskanal etwas eingeblendet wird, dann wird – zwangsläufig – etwas anderes in diesem Sinneskanal ausgeblendet.

Der Begriff „Diminished Reality" (DR) bezeichnet eine reduzierte Realität und ist ein – eher selten benutzter – Unterbegriff im breiteren Spektrum der Mixed-Reality-Technologien, zu denen auch die AR gehört. Während AR die Realität erweitert, indem sie digitale Elemente in die reale Umgebung einfügt, zielt DR darauf ab, die Realität zu reduzieren, indem sie physische Elemente aus der realen Umgebung entfernt. DR repräsentiert somit ein anderes, aber ebenso bedeutendes Paradigma für die Veränderung der menschlichen Wahrnehmung und Interaktion im Kontext der Gestaltung von Benutzungsschnittstellen und Computersystemen und -anwendungen.

Die Implementierung von DR erfordert den Einsatz einer Vielzahl von Technologien und Algorithmen, die auf die Erfassung, Modellierung und Manipulation der realen Umgebung abzielen. (Abb. 4.7) Ein DR-System muss, ebenso wie ein AR-System, in der Lage sein, die aktuelle physische Umgebung präzise zu erfassen, wofür häufig Sensoren wie Kameras oder Lidar verwendet werden. Diese Sensoren erfassen Daten, die zur Erstellung eines detaillierten dreidimensionalen Modells der Umgebung beitragen. Ein entscheidender Schritt in diesem Prozess ist die Erkennung und Lokalisierung der Objekte, die aus der Szene entfernt werden sollen. Dies kann entweder durch vortrainierte Mustererkennungsalgorithmen oder durch spezifische Benutzereingaben erfolgen. Nach der Erkennung muss das System die identifizierten Objekte „maskieren" und die dadurch entstandenen Lücken füllen. Dies geschieht entweder durch die Rekonstruktion des Hintergrunds oder durch die Interpolation der umliegenden Texturen, um eine nahtlose Darstellung zu gewährleisten. [GRU18].

Die Anwendungen und Potenziale von Diminished Reality sind vielfältig und betreffen zahlreiche Branchen. Im Design und in der Architektur könnte DR beispielsweise genutzt werden, um unerwünschte Elemente aus einer Szene zu entfernen und alternative Designoptionen zu visualisieren. Dies könnte Architekten und Designern helfen, ästhetisch ansprechendere und funktionalere Räume zu planen, indem störende Elemente ausgeblendet werden, um den Fokus auf wesentliche Aspekte zu lenken. Im

Abb. 4.7 Diminished Reality als Konzept und im Beispiel

Einzelhandel und in der Werbung bietet DR die Möglichkeit, konkurrierende oder störende visuelle Elemente aus dem Sichtfeld der Benutzer zu entfernen und durch personalisierte, kontextbezogene Werbeinhalte zu ersetzen. Dies könnte die Wirksamkeit von Werbekampagnen erhöhen, indem die Aufmerksamkeit der Benutzer gezielt auf die präsentierten Inhalte gelenkt wird. [LEE19] Auch im Bildungsbereich zeigt DR durchaus erhebliches Potenzial. Durch die Entfernung ablenkender oder irreführender Informationen aus Lernmaterialien könnte DR dazu beitragen, fokussierte und vereinfachte Lernumgebungen zu schaffen. Dies würde den Lernenden ermöglichen, sich besser auf die wesentlichen Inhalte zu konzentrieren und die Aufnahme von Wissen zu optimieren. Insbesondere in komplexen Bildungsfeldern, in denen visuelle Klarheit und Informationsverarbeitung entscheidend sind, könnte DR die Effektivität von Lehrmethoden erheblich steigern. [BIL12].

> **Übersicht**
> - Technisch gesehen ist die effektive und nahtlose Entfernung von Objekten aus einer realen Szene eine komplexe und anspruchsvolle Aufgabe, die eine hohe Rechenleistung, eine genaue Sensorik und ausgefeilte Algorithmen erfordert.
> - Ethisch gesehen ist die Macht der DR, die Realität zu manipulieren und zu zensieren, eine potenzielle Quelle von Missbrauch und Manipulation, die eine sorgfältige Regulierung und Kontrolle erfordert.
> - Sozial gesehen könnte die weit verbreitete Verwendung von DR die Wahrnehmung und Wertschätzung der Realität verändern und zur Entfremdung oder Virtualisierung von Erfahrungen führen.

Der Einsatz von DR bringt tiefgreifende ethische und soziale Fragen mit sich, die einer sorgfältigen Untersuchung und Diskussion sowohl in der Gesellschaft als auch im wissenschaftlichen Diskurs bedürfen. Ein umfassendes Verständnis der potenziellen Risiken und Chancen dieser Technologie ist unerlässlich, um angemessene Reaktionen und Regelungen zu entwickeln.

4.5 Diminished Reality

Ein zentrales ethisches Dilemma bei der Nutzung von DR betrifft die Manipulation der wahrgenommenen Realität. DR-Technologien erlauben es, Teile der physischen Welt zu entfernen oder zu maskieren, wodurch Benutzer die Möglichkeit erhalten, ihre Umgebung nach eigenen Vorstellungen zu gestalten. Dies wirft entscheidende Fragen darüber auf, wer das Recht hat, solche Eingriffe in die Realität vorzunehmen und auf welcher Grundlage diese Entscheidungen getroffen werden sollten. Die Fähigkeit, die Realität zu verändern, birgt das Risiko, dass DR-Technologien missbraucht werden könnten, um bestimmte Informationen zu zensieren oder die Wahrnehmung der Realität gezielt zu verzerren, was schwerwiegende Konsequenzen für die Wahrnehmung und das Vertrauen in die gezeigte Realität haben könnte. [SCH16].

Ein weiteres bedeutendes ethisches Problem, das sich aus der Anwendung von DR ergibt, betrifft den Schutz der Privatsphäre. Die Möglichkeit, spezifische Elemente der Realität zu entfernen, wie zum Beispiel Personen oder persönliche Gegenstände, könnte tiefgreifende Auswirkungen auf die individuellen Rechte und den Datenschutz haben. Diese Technologie könnte dazu führen, dass die Privatsphäre von Personen verletzt wird, wenn ihre Präsenz oder ihre Eigentümer bewusst aus einer Szene gelöscht werden, ohne ihr Wissen oder ihre Zustimmung. Solche Eingriffe könnten nicht nur die Privatsphäre, sondern auch das Grundrecht auf Wahrung der persönlichen Integrität gefährden. [FLO16].

Die ethischen Implikationen von DR verdeutlichen die Notwendigkeit eines intensiven und informierten Diskurses, der die potenziellen Missbrauchsmöglichkeiten dieser Technologie ebenso berücksichtigt wie ihre positiven Anwendungen. Es ist entscheidend, dass sowohl Regulierungsbehörden als auch die Forschungsgemeinschaft klare Richtlinien und Standards entwickeln, um sicherzustellen, dass DR-Technologien verantwortungsvoll und zum Wohl der Gesellschaft eingesetzt werden. Die Auseinandersetzung mit diesen ethischen Fragen sollte fortlaufend und dynamisch gestaltet sein, um den sich schnell entwickelnden technologischen Landschaften gerecht zu werden und die Wahrung grundlegender ethischer Prinzipien zu gewährleisten. [BRE12].

Eine weit verbreitete Nutzung – und Akzeptanz – von Diminished Reality könnte tiefgreifende zudem soziale Auswirkungen haben, insbesondere in Bezug auf die Art und Weise, wie Menschen ihre Umgebung wahrnehmen und erleben. Wenn bestimmte Aspekte der Realität ausgeblendet oder manipuliert werden, besteht die Gefahr, dass Benutzer zunehmend isoliert von der tatsächlichen physischen Welt leben. Diese Entwicklung könnte zu einer Fragmentierung der gemeinsamen sozialen Realität führen, da individuelle Wahrnehmungen der Welt immer stärker voneinander abweichen. Diese potenzielle Fragmentierung stellt eine ernsthafte Herausforderung für das soziale Gefüge dar, da gemeinsame Erfahrungen und kollektive Wahrnehmungen eine zentrale Rolle in der sozialen Interaktion und im kulturellen Verständnis spielen. [TUR17].

Ein weiteres Risiko, das mit der Nutzung von DR verbunden ist, liegt in der Möglichkeit, dass Benutzer in personalisierten Realitätsblasen leben könnten. Die Fähigkeit, die wahrgenommene Realität nach eigenen Vorlieben zu gestalten, könnte dazu führen, dass Menschen sich zunehmend in ihre eigenen, individuell zugeschnittenen Wahrnehmungen zurückziehen. Dieser Trend könnte die Entwicklung von Empathie und einem tiefen Verständnis für unterschiedliche Lebenserfahrungen und Perspektiven erheblich beeinträchtigen. Wenn Benutzer die Welt nur durch die Linse ihrer eigenen Präferenzen und Vorurteile sehen, könnte dies zu einer weiteren Polarisierung und einem Verlust des Verständnisses für die Komplexität und Vielfalt menschlicher Erfahrungen führen. [SUN17].

Die potenziellen sozialen Implikationen der Verbreitung von DR-Technologien erfordern daher eine kritische Reflexion darüber, wie diese Technologien in der Gesellschaft eingesetzt werden und welche langfristigen Auswirkungen sie auf das soziale Miteinander haben könnten. Es ist unerlässlich, dass diese Diskussion sowohl in akademischen Kreisen als auch in der breiten Öffentlichkeit geführt wird, um sicherzustellen, dass die Nutzung von DR verantwortungsbewusst und mit einem Bewusstsein für ihre möglichen sozialen Konsequenzen erfolgt. [COU17].

Teil II
Weitere, verwandte Medienformen

Multimedia und Hypermedia stellen ebenfalls wichtige Aspekte des digitalen Medienraums dar und haben ihre eigenen spezifischen Merkmale, die sie sowohl von traditionellen Medien als auch von neueren Formen wie Panoramafotografie, 360°-Fotografie und Virtual Reality (VR) unterscheiden.

> **Übersicht**
> - **Multimedia** ist ein Begriff, der sich auf die Verwendung mehrerer Formen von Medieninhalten in einer einzigen Anwendung oder Präsentation bezieht. Dies kann eine Kombination von Text, Grafiken, Bildern, Audio und Video sein. Während multimediale Elemente auch in Panorama-, 360°-Fotografie und VR-Erfahrungen integriert werden können, ist die Integration von Medieninhalten aus verschiedenen Quellen in einem zusammenhängenden Ganzen das primäre Merkmal von Multimedia. Dies unterscheidet Multimedia von den spezifischeren, immersiven und interaktiven Techniken, die in den Panorama-, 360°-Fotografie und VR-Anwendungen verwendet werden.
> - **Hypermedia** erweitert das Konzept von Multimedia um die Idee der Nichtlinearität und Interaktivität. Hypermedia-Systeme ermöglichen es den Benutzern, durch eine Vielzahl von verwandten Informationsblöcken zu navigieren, die durch Hyperlinks miteinander verbunden sind. Dieses Konzept ist grundlegend anders als das der Panoramafotografie, 360°-Fotografie und VR, wo das Hauptziel darin besteht, den Benutzer in eine immersive und realitätsnahe Umgebung zu versetzen, nicht notwendigerweise eine, die durch eine Vielzahl von Hyperlinks navigiert werden kann.

Darüber hinaus unterscheiden sich die Technologien und Fertigkeiten, die für die Erstellung von Multimedia- und Hypermedia-Inhalten erforderlich sind, von denen, die für die

Erstellung von Panorama-, 360°-Fotografie und VR-Inhalten benötigt werden. Während letztere spezialisierte Ausrüstung und Kenntnisse in Bereichen wie 3D-Modellierung und Computergrafik erfordern, erfordern Multimedia- und Hypermedia-Anwendungen in der Regel ein breiteres, aber weniger spezialisiertes Wissen in Bereichen wie Webdesign, Grafikdesign und Audio-/Videoproduktion.

Da die Grenzen und Schnittmengen nicht unbedingt eindeutig sind, soll die Begriffe Multimedia und Hypermedia getrennt von Panoramafotografie, 360°-Fotografie und VR erläutert werden, um ihre jeweiligen Eigenschaften, Potenziale und Herausforderungen vollständig zu verstehen und zu schätzen. Jede dieser Medienformen bietet einzigartige Möglichkeiten für die Informationsübertragung, das Storytelling und die Benutzerbeteiligung und hat ihre eigene Rolle in der sich ständig weiterentwickelnden digitalen Medienlandschaft.

3D-Fotographie & 3D-Film

5

Inhaltsverzeichnis

5.1	Gestaltung & Technik	7
	5.1.1 Wahrnehmung	17
5.2	Interaktion	19
5.3	Storytelling	20
5.4	Wahrnehmungsprobleme: Sehbeeinträchtigungen	21

3D-Fotografie, häufig auch als Stereofotografie bezeichnet, ist eine Form der Fotografie, die die Illusion von Tiefe in einem zweidimensionalen Bild zu erzeugen versucht. Diese Wirkung wird durch die Verwendung von (→) Stereoskopie erreicht, einer Technik, die auf der Fähigkeit des menschlichen Gehirns beruht, Tiefeninformationen aus zwei leicht unterschiedlichen Bildern zu interpretieren, die von jedem Auge aufgenommen werden. In aller Kürze beschrieben werden in der Stereofotografie zwei Bilder aus leicht unterschiedlichen Winkeln aufgenommen, die, wenn sie auf eine bestimmte Weise betrachtet werden, ein einziges Bild mit der Wahrnehmung von Tiefe ergeben.

Obwohl sie oft in ähnlichen Kontexten verwendet werden, sind 3D-Fotografie und 360°-Fotografie zwei unterschiedliche Technologien mit ganz eigenen Merkmalen und Anwendungen. Ihre Abgrenzung liegt in der Art und Weise, wie sie Bilder erfassen und darstellen, und in der Art des visuellen Erlebnisses, das sie dem Betrachter bieten. Eine größere Ähnlichkeit besteht zwischen 3D-Fotos und VR, wenn diese über ein HMD präsentiert wird. Auch beim HMD werden die räumlichen Informationen mittels zweier Displays – eines vor jedem Auge – aus leicht unterschiedlichen gezeigt und dann im Wahrnehmungsapparat verarbeitet.

Die Anfänge der Stereoskopie, die als technologische Grundlage der 3D-Fotografie gilt, lassen sich bis in die frühen Jahre des 19. Jahrhunderts zurückverfolgen. Die Entwicklung dieser Technik war eng mit dem Bestreben verbunden, die menschliche Wahrnehmung räumlicher Tiefe und Perspektive technisch nachzubilden. Ein Meilenstein in der Geschichte der Stereoskopie wurde 1838 erreicht, als der britische Wissenschaftler Sir Charles Wheatstone das erste Stereoskop vorstellte. (Abb. 5.1) Dieses Gerät ermöglichte es, zwei leicht versetzte Bilder, die jeweils dem linken und dem rechten Auge präsentiert wurden, zu einem einzigen räumlichen Bild zu kombinieren. Wheatstones Arbeiten legten den Grundstein für die spätere Entwicklung der Stereoskopie und der 3D-Bildgebung [WAD16].

Wheatstones Stereoskop basierte auf der Erkenntnis, dass das menschliche Gehirn zwei leicht unterschiedliche Bilder, die von den beiden Augen aufgenommen werden, zu einem dreidimensionalen Bild verarbeitet. Diese Entdeckung war bahnbrechend, da sie die visuelle Wahrnehmung und das Sehen in der dritten Dimension technisch nachvollziehbar machte. In den folgenden Jahren wurde die Technologie weiter verfeinert und popularisiert. Besonders hervorzuheben ist der Beitrag von Sir David Brewster, einem schottischen Physiker und Erfinder, der in den 1840er Jahren ein handlicheres, prismatisches Stereoskop entwickelte. Dieses Gerät ermöglichte eine deutlich verbesserte Betrachtung stereoskopischer Bilder und machte die Stereoskopie erstmals einem breiteren Publikum zugänglich [ORR15].

Ein weiterer bedeutender Pionier der Stereoskopie war der französische Erfinder Jules Duboscq, der in den 1850er Jahren die kommerzielle Produktion von Stereoskopen und Stereobildern in großem Maßstab einführte. Die Version des Stereoskops von Duboscq wurde zu einem beliebten optischen Gerät in Europa und Nordamerika und trug maßgeblich zur Verbreitung und Popularität der Stereoskopie im 19. Jahrhundert bei. Die Stereobilder, die Duboscq produzierte, zeigten oft Landschaften, berühmte Bauwerke und Szenen des täglichen Lebens und boten dem Betrachter eine beeindruckend realistische Darstellung von Tiefe und Raum [GER18].

Die Weiterentwicklung der Stereoskopie führte schließlich zur Kombination dieser Technik mit der Fotografie. Die ersten stereoskopischen Fotografien wurden um 1850 aufgenommen und ermöglichten eine neue Art der Bilddarstellung, die nicht nur realistische Abbildungen, sondern auch räumliche Tiefe vermittelte. Diese frühen stereoskopischen Fotografien waren insbesondere bei wohlhabenden Bürgern beliebt und wurden oft in speziellen Stereokarten-Sammlungen aufbewahrt, die mit dem entsprechenden

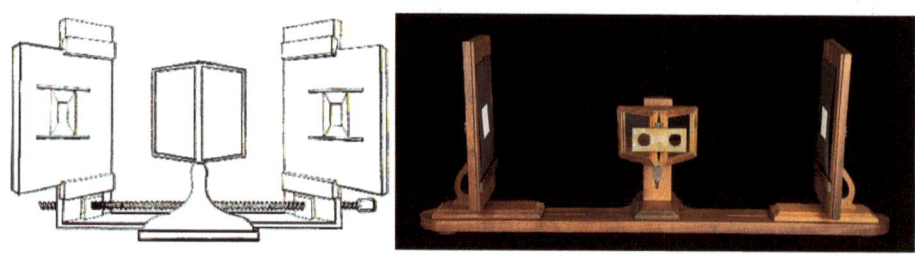

Abb. 5.1 Stereoskop nach Wheatstone (links: Skizze; rechts: Nachbau)

Stereoskop betrachtet werden konnten. Die Kombination aus Fotografie und Stereoskopie legte den Grundstein für die moderne 3D-Fotografie und eröffnete neue Möglichkeiten in der visuellen Kommunikation und Kunst [BEN18].

Die frühen Pioniere der Stereoskopie leisteten entscheidende Beiträge zur Entwicklung der 3D-Bildgebung und legten das Fundament für die fortlaufenden Innovationen in diesem Bereich. Ihre Erfindungen und Entdeckungen haben nicht nur die technische Basis für die Stereoskopie geschaffen, sondern auch das Verständnis der menschlichen Wahrnehmung von Raum und Tiefe entscheidend geprägt.

Der Beginn des 20. Jahrhunderts war geprägt von technischem Aufbruch, Innovation und Fortschritt, was auch die Kenntnisse und Techniken der 3D-Fotografie rasant voran brachte. Insbesondere die Entwicklung von Stereoskopie-Techniken und mehr noch die Einführung von Anaglyphenverfahren spielten eine zentrale Rolle in der Popularisierung und technischen Verfeinerung der 3D-Fotografie.

Bereits zu Beginn des 20. Jahrhunderts erlebte die Stereoskopie eine Wiederbelebung durch die Weiterentwicklung stereoskopischer Kameras und Betrachtungsgeräte. Diese technischen Verbesserungen ermöglichten eine präzisere Aufnahme und Wiedergabe von dreidimensionalen Bildern. Die Entwicklung kompakter und benutzerfreundlicher Stereokameras, wie die „Verascope" von Jules Richard, trug dazu bei, die 3D-Fotografie einem breiteren Publikum zugänglich zu machen. Diese Kameras ermöglichten es Amateurfotografen, eigene stereoskopische Aufnahmen zu erstellen und zu betrachten, was zu einer zunehmenden Verbreitung der 3D-Fotografie in den frühen Jahrzehnten des Jahrhunderts führte [GER18].

Wahrscheinlich einer der bedeutendsten Durchbrüche in der 3D-Fotografie war die Einführung des Anaglyphenverfahrens, das in den 1930er Jahren an Popularität gewann. Bei dieser Technik werden zwei leicht versetzte Bilder in unterschiedlichen Farben, meist Rot und Cyan, übereinandergelegt. Der Betrachter verwendet eine spezielle Brille mit farblich angepassten Linsen, um die Bilder zu separieren und einen dreidimensionalen Effekt zu erzeugen. Dieses Verfahren ermöglichte es, 3D-Bilder mit herkömmlichen Druck- und Präsentationsmethoden darzustellen, was die Verbreitung von 3D-Bildern in Printmedien und frühen Filmvorführungen erleichterte. Die Anaglyphentechnik blieb für viele Jahre ein dominantes Verfahren in der 3D-Fotografie und wurde auch in den Anfängen der 3D-Kinematographie verwendet [MEN09].

Die Mitte des 20. Jahrhunderts brachte eine weitere Welle technologischer Innovationen mit sich, insbesondere in den 1950er Jahren, die oft als das „goldene Zeitalter" der 3D-Fotografie und des 3D-Films bezeichnet werden. In dieser Zeit wurden neue Techniken entwickelt, um die Qualität der 3D-Bilder zu verbessern und die Anwendungsbereiche der 3D-Fotografie zu erweitern. Die Einführung von Polaroid-Filmen und die Verwendung von Polarisationsfiltern zur Trennung der Bildkanäle stellten einen erheblichen Fortschritt dar. Diese Technologien ermöglichten eine klarere und farbechtere Darstellung von 3D-Bildern und wurden schnell in verschiedenen Bereichen eingesetzt, darunter auch in der Werbung, im Druck und in wissenschaftlichen Publikationen [ZON14].

Ein weiteres bedeutendes technologisches Ereignis im 20. Jahrhundert war die Entwicklung holographischer Verfahren in den 1960er Jahren. Die Holographie, die auf den Arbeiten von Dennis Gabor basiert, revolutionierte die dreidimensionale Bildgebung, indem sie es ermöglichte, vollständige dreidimensionale Bilder zu erzeugen, die unabhängig vom Blickwinkel des Betrachters realistisch erscheinen. Obwohl die Holographie ursprünglich vor allem in wissenschaftlichen und industriellen Anwendungen genutzt wurde, legte sie den Grundstein für spätere Entwicklungen in der 3D-Bildgebung und beeinflusste die weitere Evolution der 3D-Fotografie erheblich [BIE17].

Parallel zur Entwicklung der 3D-Fotografie machte auch die Filmindustrie erste Schritte in Richtung dreidimensionaler Darstellungen. Die Ursprünge des 3D-Films lassen sich auf das frühe 20. Jahrhundert zurückverfolgen, als Filmemacher begannen, mit stereoskopischen Techniken zu experimentieren. Der erste bekannte 3D-Film, „The Power of Love", wurde 1922 in den USA produziert und aufgeführt. Der Film verwendete das sogenannte Anaglyphen-Verfahren, bei dem zwei leicht versetzte Filmstreifen mit roten und grünen Filtern übereinandergelegt wurden, um den Eindruck von Tiefe zu erzeugen. Das Publikum musste spezielle Brillen tragen, um den dreidimensionalen Effekt zu sehen [ZON14].

Die 1950er Jahre gelten als die erste große Blütezeit des 3D-Films, auch bekannt als das „Goldene Zeitalter" der 3D-Kinematographie. In dieser Zeit erlebte die Filmindustrie einen regelrechten Boom an 3D-Filmen, insbesondere in den Vereinigten Staaten. Filme wie „Bwana Devil" (1952) (Abb. 5.2) und „House of Wax" (1953) wurden große Erfolge und trugen zur Popularität des 3D-Films bei. Diese Filme nutzten die Polaroid-Technologie, um stereoskopische Bilder zu erzeugen, die dem Publikum eine verbesserte Tiefenwahrnehmung boten. Trotz des anfänglichen Erfolgs nahm das Interesse an 3D-Filmen in den späten 1950er Jahren jedoch ab, was auf technische Herausforderungen,

Abb. 5.2 Kinoplakat „Bwana Devil"

hohe Produktionskosten und die Schwierigkeiten bei der Synchronisation der beiden Bildstreifen zurückzuführen war. [MEN09].

Ein erneutes Interesse am 3D-Film entstand in den 1980er Jahren, als neue Technologien und digitale Verfahren entwickelt wurden, die die Erstellung und Projektion von 3D-Filmen erleichterten. Filme wie „Jaws 3-D" (1983) und „Friday the 13th Part III" (1982) nutzten die neuen Technologien, um den dreidimensionalen Effekt zu verbessern und das Publikum erneut für 3D-Filme zu begeistern. Die größten Durchbrüche im Bereich des 3D-Films kamen jedoch im 21. Jahrhundert mit der Einführung digitaler 3D-Kinematographie und moderner Projektionssysteme [ROS18].

Ein Schlüsselmoment in der Geschichte des 3D-Films war sicherlich die Veröffentlichung von James Camerons „Avatar" im Jahr 2009. „Avatar" nutzte fortschrittliche 3D-Technologien und setzte neue Maßstäbe in der Filmproduktion. Der Film war nicht nur ein kommerzieller Erfolg, sondern trug auch dazu bei, das Interesse an 3D-Filmen weltweit neu zu entfachen. Die technischen Innovationen, die für „Avatar" entwickelt wurden, insbesondere die Verwendung von Stereokameras und digitalem Rendering, haben die Möglichkeiten der 3D-Filmproduktion erheblich erweitert und einen neuen Standard für die Branche gesetzt [CAM10].

Heute ist der 3D-Film ein fester Bestandteil des globalen Kinos und wird in einer Vielzahl von Genres eingesetzt, von Action- und Animationsfilmen bis hin zu Dokumentationen und Kunstfilmen. Die kontinuierliche Weiterentwicklung von 3D-Technologien, einschließlich 4D- und Virtual-Reality-Kinematographie, zeigt, dass das Potenzial des 3D-Films bei weitem noch nicht ausgeschöpft ist. Während die 3D-Fotografie die Grundlagen der räumlichen Bildgebung legte, hat der 3D-Film diese Konzepte aufgegriffen und weiterentwickelt, um immersive visuelle Erlebnisse zu schaffen, die die Zuschauer in nie dagewesener Weise in die Handlung eintauchen lassen. [MEN09].

Insgesamt war das 20. Jahrhundert eine Zeit raschen technologischen Fortschritts in der 3D-Fotografie, die den Weg für die heutigen hochentwickelten 3D-Technologien ebnete. Die in dieser Periode entwickelten Verfahren und Geräte legten die Grundlagen für die moderne dreidimensionale Bildgebung und beeinflussten sowohl die populäre Kultur als auch wissenschaftliche und industrielle Anwendungen nachhaltig.

Mit dem (frühen) Ende de2 20. Jahrhunderts markierte dann die Digitalisierung einen weiteren tiefgreifenden Wandel in der 3D-Fotografie, der sowohl technische als auch kreative Prozesse veränderte und neue Möglichkeiten für die Erfassung, Bearbeitung und Darstellung dreidimensionaler Bilder eröffnete. Während die analoge 3D-Fotografie auf mechanischen und chemischen Prozessen basierte, ermöglichte die Einführung digitaler Technologien eine präzisere, schnellere und flexiblere Arbeitsweise, die das Feld der 3D-Bildgebung erheblich erweiterte.

Ein zentraler Aspekt der Digitalisierung in der 3D-Fotografie ist die Entwicklung und Verbreitung digitaler Stereokameras. Diese Geräte nutzten fortschrittliche Bildsensoren, um gleichzeitig zwei Bilder aus leicht unterschiedlichen Perspektiven aufzunehmen, die dann zu einem stereoskopischen Bild kombiniert werden konnten. Die hohe Auflösung und Genauigkeit digitaler Sensoren ermöglichten eine wesentlich detailliertere und realistischere Darstellung von Tiefeninformationen im Vergleich zu den früheren analogen Techniken. Diese Verbesserung der Bildqualität war besonders bedeutend für Anwendungen in der Medizin, Architektur und industriellen Bildverarbeitung, wo Präzision und Detailgenauigkeit entscheidend sind [MCI20].

Neben der Aufnahme von Bildern veränderte die Digitalisierung auch die Art und Weise, wie 3D-Bilder bearbeitet und optimiert werden. Software für die digitale Bildbearbeitung bietet eine Vielzahl von Werkzeugen, um stereoskopische Bilder zu justieren, zu verfeinern und zu manipulieren. Dies umfasst Korrekturen von Verzerrungen, Anpassungen der Tiefenwirkung und die Möglichkeit, komplexe Bildkompositionen zu erstellen. Solche Techniken erweiterten nicht nur die kreativen Möglichkeiten der 3D-Fotografie, sondern machten es auch möglich, Fehler zu korrigieren, die bei der Aufnahme entstehen könnten, wodurch die Gesamtqualität der Bilder verbessert wurde [MEN09].

Ein weiterer bedeutender Fortschritt, der durch die Digitalisierung in der 3D-Fotografie erreicht wurde, ist die Möglichkeit der Integration von 3D-Bildern in digitale Medien und interaktive Plattformen. Digitale 3D-Fotografien können nun nahtlos in Computerspiele, VR und AR integriert werden, wodurch völlig neue Erlebnisse und Interaktionsmöglichkeiten geschaffen werden. Diese Anwendungen haben nicht nur die Unterhaltungsindustrie revolutioniert, sondern auch neue Wege für die Präsentation von Kunst, Wissenschaft und Bildung eröffnet. Beispielsweise können in der Archäologie rekonstruierte 3D-Modelle von Fundstücken und Stätten in interaktiven Ausstellungen oder digitalen Lehrmaterialien verwendet werden, um eine immersive und lehrreiche Erfahrung zu bieten [ROS18].

Darüber hinaus hat die Digitalisierung die Speicherung und den Austausch von 3D-Bildern vereinfacht. Digitale Daten können problemlos archiviert, repliziert und weltweit geteilt werden, was die Verbreitung und Zugänglichkeit von 3D-Inhalten erheblich gesteigert hat. Dies hat nicht nur die Zusammenarbeit zwischen verschiedenen Disziplinen gefördert, sondern auch die Möglichkeit eröffnet, umfangreiche Datenbanken mit 3D-Bildern und Modellen aufzubauen, die für Forschung und Entwicklung genutzt werden können [GEN19].

Die Digitalisierung hat auch zur Entwicklung neuer Anzeigetechnologien geführt, die die Darstellung von 3D-Bildern ohne spezielle Brillen oder andere Sehhilfen ermöglichen. Autostereoskopische Displays, die verschiedene Bilder für jedes Auge projizieren, um einen dreidimensionalen Effekt zu erzeugen, wurden in den letzten Jahren zunehmend populär. Diese Displays bieten eine natürlichere und komfortablere Möglichkeit, 3D-Inhalte zu betrachten, und finden Anwendung in Bereichen wie der Werbung, dem Design und der medizinischen Bildgebung [LAM09].

Die Entwicklung der 3D-Fotografie ist letztlich also auch ein Spiegelbild der technologischen Fortschritte im Bereich der visuellen Darstellung. Von den ersten Experimenten mit Stereoskopen bis hin zu modernen 3D- und VR-Technologien hat die Stereofotografie immer wieder neue und innovative Wege gefunden, um uns die Welt um uns herum in immer realistischeren und immersiveren Formen zu zeigen.

5.1 Gestaltung & Technik

Stereoskopie basiert auf dem Prinzip der binokularen Disparität, welches die Grundlage dafür bildet, dass Menschen räumliche Tiefe überhaupt wahrnehmen können. Dieses Prinzip nutzt die Tatsache, dass der Mensch zwei Augen hat und jedes Auge aufgrund seiner physischen Position auf dem Gesicht eine leicht unterschiedliche Perspektive auf ein Objekt einnimmt. Diese beiden unterschiedlichen Bilder werden dann im Gehirn verarbeitet und zu einem einzigen Bild mit Tiefeninformation kombiniert, wodurch der Eindruck von Dreidimensionalität entsteht [HOW12].

In der Stereoskopie wird dieses natürliche Prinzip der menschlichen Wahrnehmung technisch reproduziert, um räumliche Tiefe in zweidimensionalen Bildern darzustellen. Dies geschieht, indem zwei leicht versetzte Bilder aufgenommen werden, die jeweils einem Auge zugeordnet sind. Diese Bilder werden dann dem Betrachter auf eine Weise präsentiert, dass jedes Auge nur das entsprechende Bild sieht. Das Gehirn des Betrachters kombiniert diese beiden Bilder auf ähnliche Weise wie bei der natürlichen Wahrnehmung, wodurch der Eindruck eines dreidimensionalen Raumes entsteht [BAR16].

Die technischen Grundlagen der Stereoskopie erfordern eine präzise Erfassung und Wiedergabe der beiden Bildperspektiven. Traditionell wird dies durch den Einsatz von Stereokameras erreicht, die zwei Linsen haben, die in einem Abstand voneinander angeordnet sind, der dem Abstand der menschlichen Augen entspricht. Diese Kameras nehmen gleichzeitig zwei Bilder auf, die später entweder durch spezielle Brillen oder andere Displaytechniken getrennt wiedergegeben werden. Diese Technik ermöglicht es, die Tiefe und den räumlichen Aufbau der Szene zu erfassen und darzustellen, was insbesondere in der Fotografie, dem Film und der Virtual Reality Anwendung findet [MCI20].

Ein wichtiger Aspekt der Stereoskopie ist die richtige Justierung der beiden Bilder, um ein angenehmes und präzises Seherlebnis zu gewährleisten. Dabei spielt der sogenannte Konvergenzpunkt eine zentrale Rolle. Der Konvergenzpunkt ist der Punkt im Bild, auf den beide Augen fokussieren, wenn sie ein Objekt betrachten. Eine falsche Justierung der Bilder kann zu einer Fehlinterpretation der Tiefeninformation führen und bei den Betrachtern zu Unbehagen oder Augenbelastung führen. Daher erfordert die Stereoskopie nicht nur technische Präzision bei der Aufnahme der Bilder, sondern auch bei deren Bearbeitung und Wiedergabe [BAN16].

Wahrnehmung von Tiefe in der Stereoskopie kann zudem durch weitere visuelle Hinweise unterstützt werden, wie Schatten, Überlappungen und Größenverhältnisse. Diese Hinweise ergänzen die binokulare Disparität und tragen dazu bei, das räumliche Verständnis des Betrachters zu verstärken. Die Kombination all dieser Faktoren ermöglicht es der Stereoskopie, eine realistische und immersive Darstellung dreidimensionaler Szenen zu erzeugen [CUT18].

In den letzten Jahren hat die digitale Stereoskopie erhebliche Fortschritte gemacht, insbesondere durch die Entwicklung von softwarebasierten Lösungen, die die präzise Bearbeitung und Manipulation stereoskopischer Bilder ermöglichen. Diese Fortschritte haben die Anwendungsbereiche der Stereoskopie erweitert und ihre Bedeutung in verschiedenen Branchen, von der medizinischen Bildgebung bis zur Unterhaltungselektronik, erhöht [SWA16].

3D-Fotografie nutzt unterschiedliche Aufnahmeverfahren, um stereoskopische Effekte zu erzeugen. Diese Verfahren sind essenziell, um die illusionäre Dreidimensionalität zu erzeugen, die dem Betrachter das Gefühl vermittelt, in die Szene eintauchen zu können. Die Wahl des Aufnahmeverfahrens hängt dabei stark von den spezifischen Anforderungen der Anwendung, der verfügbaren Ausrüstung und den gewünschten ästhetischen Ergebnissen ab.

Das „traditionelle" Verfahren ist die Nutzung von Stereokameras mit zwei Objektiven, wie Abb. 5.3 eine zeigt. Diese Kameras simulieren das menschliche Sehen, indem sie zwei leicht versetzte Bilder gleichzeitig aufnehmen, die jeweils einer separaten Linse zugeordnet sind. Der Abstand zwischen den beiden Objektiven, auch als Basislinie bezeichnet, entspricht in der Regel dem durchschnittlichen Abstand zwischen den menschlichen Augen, der etwa 6,5 cm beträgt. Durch diese Anordnung werden die unterschiedlichen Perspektiven, die jedes Auge natürlicherweise auf eine Szene hat, nachgebildet, was eine realistische Wiedergabe von Tiefeninformationen ermöglicht [HOW12].

Stereokameras arbeiten nach dem Prinzip der Stereoskopie, bei dem die beiden aufgenommenen Bilder so verarbeitet werden, dass sie dem Betrachter den Eindruck eines dreidimensionalen Raumes vermitteln. Die beiden Bilder werden entweder durch optische oder digitale Verfahren übereinandergelegt und dem Betrachter getrennt für jedes Auge angezeigt. Diese Technik erfordert, dass das Stereobild korrekt ausgerichtet und synchronisiert ist, um eine einheitliche Tiefenwahrnehmung ohne störende Effekte wie

Abb. 5.3 Stereokamera

Doppelbilder zu gewährleisten. Moderne Stereokameras nutzen fortschrittliche Bildverarbeitungsalgorithmen, um die Qualität und Genauigkeit der 3D-Bilder weiter zu verbessern [BAN16].

Ein wesentlicher Vorteil der Verwendung von Stereokameras liegt in der simultanen Aufnahme der beiden Bilder, was besonders bei sich schnell bewegenden Szenen oder dynamischen Umgebungen von Bedeutung ist. Im Gegensatz zu sequenziellen Aufnahmeverfahren, bei denen die Kamera zwischen den Aufnahmen verschoben wird, fängt eine Stereokamera beide Perspektiven gleichzeitig ein. Dies reduziert die Gefahr von Bewegungsunschärfe oder Bildfehlern, die bei der nachträglichen Kombination von zwei separat aufgenommenen Bildern auftreten können. Dadurch wird eine höhere Präzision und Konsistenz in der Tiefendarstellung erreicht, was insbesondere in professionellen Anwendungen wie der Filmproduktion, der medizinischen Bildgebung oder der wissenschaftlichen Dokumentation von Vorteil ist [MCI20].

Ein weiterer Aspekt der Stereokamera-Technologie ist die Möglichkeit, die Basislinie zwischen den beiden Objektiven anzupassen. Eine größere Basislinie verstärkt den Tiefeneffekt, was insbesondere bei der Aufnahme weitläufiger Landschaften oder großer Objekte vorteilhaft sein kann. Umgekehrt kann eine kleinere Basislinie bei der Aufnahme von Nahaufnahmen oder kleineren Objekten verwendet werden, um subtile Tiefeneffekte zu erzeugen, ohne dass die räumliche Darstellung unnatürlich wirkt. Diese Flexibilität ermöglicht es Fotografen und Filmemachern, die 3D-Wirkung ihrer Aufnahmen gezielt zu steuern und an die spezifischen Anforderungen der Szene anzupassen [SZE22].

Die technologische Entwicklung der Stereokameras hat in den letzten Jahren bedeutende Fortschritte gemacht. Moderne Stereokameras sind mit hochauflösenden Bildsensoren ausgestattet, die eine detaillierte Erfassung von Texturen und feinen Details ermöglichen. Zudem sind viele dieser Kameras in der Lage, die aufgenommenen Bilder direkt in Echtzeit zu verarbeiten und als 3D-Bild oder -Video darzustellen. Dies ist besonders in Bereichen wie VR oder AR von Vorteil, wo eine schnelle und präzise Verarbeitung der Tiefeninformationen erforderlich ist [GEN19].

Eine Alternative zur Nutzung von Stereokameras ist die Einzelbildaufnahme mit nachträglicher Bildverarbeitung. Dieses Vorgehen wird insbesondere in solchen Situationen genutzt, in denen der Einsatz einer Stereokamera nicht möglich oder praktikabel ist. Dieses Verfahren beruht auf der Aufnahme eines einzelnen Bildes, das später mithilfe spezialisierter Software in ein stereoskopisches Bild umgewandelt wird. (Abb. 5.4) Die Technik hat sich insbesondere mit der Weiterentwicklung der digitalen Bildverarbeitung etabliert und bietet flexible Möglichkeiten für die Erzeugung von 3D-Effekten, die sowohl in der Fotografie als auch in der Filmproduktion Anwendung finden.

Im Kern dieser Methode steht die digitale Manipulation des aufgenommenen Bildes, um die Illusion von räumlicher Tiefe zu erzeugen. Ein häufig verwendetes Verfahren ist die Disparitätskartierung, bei der Unterschiede in den Tiefeninformationen eines Bildes berechnet werden, um ein zweites Bild zu generieren, das leicht versetzt zum Originalbild ist. Diese beiden Bilder werden dann als stereoskopisches Paar kombiniert, um

Abb. 5.4 Anaglyphe aus Einzelbildaufnahmen

einen 3D-Effekt zu erzeugen. Die Qualität der resultierenden 3D-Bilder hängt maßgeblich von der Genauigkeit und Komplexität der verwendeten Algorithmen ab, die in den letzten Jahren erheblich weiterentwickelt wurden [SZE22].

Eine der größten Herausforderungen bei der Einzelbildaufnahme mit nachträglicher Bildverarbeitung ist die Rekonstruktion der Tiefeninformationen aus einem einzigen Bild. Da das Bild selbst keine direkten Tiefeninformationen enthält, müssen diese entweder durch aufwendige Berechnungen oder durch manuelle Eingriffe rekonstruiert werden. Ein gängiger Ansatz ist die Verwendung von Tiefenkarten, die die verschiedenen

Ebenen einer Szene auf Grundlage von Textur-, Farb- oder Kontrastunterschieden segmentieren. Diese Karten dienen als Grundlage für die Erzeugung des zweiten Bildes, das für den stereoskopischen Effekt benötigt wird [GEN19].

Die Entwicklung von Algorithmen für maschinelles Lernen und Künstliche Intelligenz (KI) hat die Leistungsfähigkeit dieser Techniken erheblich verbessert. KI-basierte Modelle können anhand von großen Datensätzen trainiert werden, um Tiefeninformationen aus zweidimensionalen Bildern präzise zu rekonstruieren. Diese Modelle sind in der Lage, komplexe Szenen zu analysieren und die Tiefeninformationen automatisch zu generieren, was die Erstellung von 3D-Bildern aus Einzelaufnahmen erheblich vereinfacht und beschleunigt hat [MCI20].

Ein bedeutender Vorteil der Einzelbildaufnahme liegt in ihrer Flexibilität. Da nur eine einzelne Aufnahme erforderlich ist, kann diese Methode in einer Vielzahl von Kontexten angewendet werden, in denen der Einsatz von Stereokameras unpraktisch oder unmöglich wäre, etwa bei historischen Fotografien, die nachträglich in 3D konvertiert werden sollen, oder bei Situationen, in denen schnelle Bewegungen eine gleichzeitige Aufnahme aus zwei Perspektiven verhindern. Darüber hinaus ermöglicht dieses Verfahren die nachträgliche Anpassung der Tiefenwirkung, wodurch Fotografen und Filmemacher eine größere kreative Kontrolle über das Endprodukt erhalten [ADE18].

Trotz der Vorteile gibt es auch Einschränkungen bei dieser Methode. Die Nachbearbeitung erfordert oft erheblichen Aufwand und kann zu Artefakten führen, wenn die Tiefeninformationen nicht präzise rekonstruiert werden können. Darüber hinaus ist die Qualität der erzeugten 3D-Bilder häufig von der Komplexität der Szene abhängig; Szenen mit vielen sich überschneidenden Objekten oder wenig Textur können schwieriger zu verarbeiten sein und zu weniger überzeugenden 3D-Effekten führen [LAM09].

Mit der Digitalisierung der Fotografie haben softwaregestützte Verfahren zur Erzeugung von 3D-Bildern an Bedeutung gewonnen. Eine der fortschrittlichsten Methoden ist die digitale Nachbearbeitung, bei der spezielle Algorithmen verwendet werden, um aus einer Serie von Aufnahmen oder sogar aus einem einzigen Bildpaar ein 3D-Bild zu generieren. Diese Softwarelösungen können Verzerrungen korrigieren, Tiefeneffekte verstärken und sogar stereoskopische Bilder aus nicht-traditionellen Aufnahmen erstellen. Diese Verfahren sind besonders in der Film- und Unterhaltungsindustrie weit verbreitet, wo sie es ermöglichen, 2D-Filmmaterial nachträglich in 3D zu konvertieren [GEN19] . Die digitale Nachbearbeitung bietet den Vorteil, dass sie eine hohe Flexibilität und Kontrolle über das Endergebnis bietet, was in vielen professionellen Anwendungsbereichen unerlässlich ist.

In der jüngeren Vergangenheit haben neue Technologien wie die Lichtfeldfotografie das Potenzial der 3D-Fotografie weiter erweitert. Bei der Lichtfeldfotografie werden Lichtstrahlen aus verschiedenen Winkeln erfasst, wodurch es möglich wird, nachträglich den Fokus und die Perspektive des Bildes zu ändern. Dies ermöglicht die Erzeugung von 3D-Bildern, die interaktiv und anpassbar sind, was einen bedeutenden Fortschritt gegenüber herkömmlichen Aufnahmeverfahren darstellt. Lichtfeldkameras bieten eine beeindruckende Tiefenwahrnehmung und eröffnen neue kreative Möglichkeiten, insbesondere in der virtuellen und erweiterten Realität [ADE18].

Zusätzlich zur Wahl des Aufnahmeverfahrens spielen auch andere technische Überlegungen eine entscheidende Rolle für die Qualität der 3D-Bilder. Dazu gehören die richtige Wahl der Kameraeinstellungen, die Berücksichtigung der Beleuchtung und die Auswahl des geeigneten Aufnahmeortes. All diese Faktoren beeinflussen die räumliche Darstellung und die Wahrnehmung der Tiefeninformation im fertigen Bild [SZE22].

Nachdem die Bilder aufgenommen wurden, müssen sie in einer Weise präsentiert werden, die das Gehirn des Betrachters dazu veranlasst, die beiden leicht unterschiedlichen Perspektiven zu einem einzigen, räumlichen Bild zu kombinieren. Eine der traditionellen Methoden zur Erreichung dieses Effekts ist die Verwendung eines Stereoskops. Dieses Gerät, das erstmals im 19. Jahrhundert populär wurde, präsentiert zwei Bilder nebeneinander und sorgt durch optische Linsen dafür, dass jedes Auge nur eines der beiden Bilder sieht. Dadurch wird das Prinzip der binokularen Disparität genutzt, um einen dreidimensionalen Effekt zu erzeugen [WAD16].

Übersicht
- Die **Anaglyphentechnik** zählt zu den frühesten Methoden der stereoskopischen Bilddarstellung und hat trotz des Aufkommens moderner 3D-Technologien weiterhin Anwendung in verschiedenen Bereichen gefunden. Bei dieser Technik werden zwei leicht versetzte Bilder, die die linke und rechte Perspektive einer Szene repräsentieren, in Komplementärfarben, typischerweise Rot und Cyan, kodiert und übereinandergelegt. Durch das Tragen einer Anaglyphenbrille, die über entsprechend farbige Filtergläser verfügt, nimmt jedes Auge nur das für es bestimmte Bild wahr. Das linke Auge, ausgestattet mit einem roten Filter, sieht ausschließlich das rot kodierte Bild, während das rechte Auge durch den cyanfarbenen Filter nur das entsprechende Bild wahrnimmt. Dieses Verfahren nutzt die Farbausfilterung, um die Bilder für jedes Auge zu trennen, wodurch das Gehirn in der Lage ist, die beiden separaten Bilder zu einem kohärenten dreidimensionalen Eindruck zu fusionieren [WOO07].
- Trotz ihrer Einfachheit und Kosteneffizienz weist die Anaglyphentechnik bestimmte Einschränkungen auf, insbesondere hinsichtlich der Farbtreue und Bildqualität. Da die Technik auf der Manipulation von Farben basiert, kommt es häufig zu Farbverfälschungen im wahrgenommenen Bild, was die visuelle Ästhetik beeinträchtigen kann. Darüber hinaus kann die Trennung der Bilder durch die Farbfilter nicht immer vollständig erreicht werden, was zu Geisterbildern oder Doppelkonturen führt, die den 3D-Effekt mindern und zu visuellem Unbehagen führen können [LAM09].
- In den letzten Jahren wurden jedoch Fortschritte erzielt, um die Nachteile der traditionellen Anaglyphentechnik zu mildern. Beispielsweise wurden "Color-

Code 3D" und andere verbesserte Anaglyphensysteme entwickelt, die alternative Farbkombinationen und Filtertechniken verwenden, um eine bessere Farbwiedergabe und Bildqualität zu erzielen. Diese Systeme zielen darauf ab, die Balance zwischen effektiver Bildtrennung und Farbtreue zu optimieren, wodurch die Anwendungsbereiche der Anaglyphentechnik erweitert werden [HOL11].
- Trotz der Konkurrenz durch fortschrittlichere 3D-Darstellungsmethoden, wie die Polarisations- (Abb. 5.5) oder Shutter-Technologie, bleibt die Anaglyphentechnik aufgrund ihrer Einfachheit, Kosteneffektivität und Kompatibilität mit Standarddruck- und Anzeigegeräten relevant. Sie findet nach wie vor Anwendung in Bildungsressourcen, wissenschaftlichen Publikationen und künstlerischen Projekten, bei denen der Zugang zu spezialisierter 3D-Ausrüstung begrenzt ist [MCA13].
- Die Verwendung von polarisiertem Licht zur Darstellung von 3D-Bildern ist eine Technik, die insbesondere in der Film- und Unterhaltungsindustrie weit verbreitet ist. Im Gegensatz zur Anaglyphentechnik nutzt die **Polarisationstechnologie** die physikalischen Eigenschaften des Lichts, um die Bilder für jedes Auge zu trennen, ohne die Farbtreue zu beeinträchtigen. Bei diesem Verfahren werden zwei Bilder, die jeweils aus leicht unterschiedlichen Perspektiven aufgenommen wurden, gleichzeitig auf einen Bildschirm oder eine Leinwand projiziert, wobei jedes Bild eine unterschiedliche Polarisationsebene aufweist. Typischerweise wird eine Kombination von vertikaler und horizontaler Polarisation oder kreisförmiger Polarisation verwendet, um sicherzustellen, dass jedes Auge nur das für es bestimmte Bild wahrnimmt [MEN09].
- Der Betrachter trägt dabei eine spezielle Brille mit polarisierten Gläsern, die so konzipiert sind, dass jedes Glas nur Licht einer bestimmten Polarisationsebene durchlässt. Durch diese Trennung der Bilder für jedes Auge entsteht im Gehirn

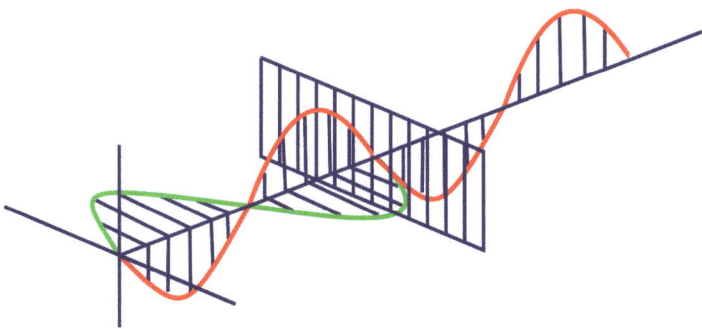

Abb. 5.5 Polarisation

der Eindruck von Tiefe, wodurch ein realistisches 3D-Erlebnis ermöglicht wird. Die Polarisationstechnologie hat den Vorteil, dass sie eine hohe Bildqualität bietet, da keine Farbfilterung notwendig ist und somit die ursprünglichen Farben der Bilder erhalten bleiben. Zudem werden Probleme wie Farbverfälschungen oder Geisterbilder, die bei der Anaglyphentechnik häufig auftreten, weitgehend vermieden [BRE16].
- Diese Methode wird besonders in Kinos eingesetzt, da sie es ermöglicht, großformatige 3D-Filme in hoher Qualität darzustellen. Die Leinwand, auf die die Bilder projiziert werden, ist dabei oft mit einer speziellen silberbeschichteten Oberfläche versehen, die die Polarisation des Lichts erhält und somit die Effizienz der Bildtrennung unterstützt. Diese Technologie hat sich als Standard in der 3D-Filmindustrie etabliert, insbesondere durch ihre Anwendung in IMAX-Kinos und anderen hochmodernen Projektionseinrichtungen [LIP11].
- Obwohl die Polarisationstechnik viele Vorteile bietet, gibt es auch einige Herausforderungen. Eine davon ist die Notwendigkeit einer speziellen Projektionsfläche, die die Polarisation des Lichts bewahrt. Dies kann die Kosten für die Einrichtung eines 3D-Kinos oder eines VR-Systems erhöhen. Zudem ist die Technologie anfällig für Probleme wie Bildüberlappungen, wenn die Polarisationsfilter nicht perfekt ausgerichtet sind oder wenn der Betrachter den Kopf neigt, was zu einer teilweisen Aufhebung der Bildtrennung führen kann [JAH09].
- **Autostereoskopische Displays** repräsentieren einen bedeutenden Fortschritt in der 3D-Darstellungstechnologie, da sie es ermöglichen, dreidimensionale Bilder ohne die Notwendigkeit von Spezialbrillen zu betrachten. Diese Displays basieren auf Techniken wie der Parallaxenbarriere und dem Linsenraster, die das Licht auf eine Weise steuern, dass jedes Auge ein leicht anderes Bild wahrnimmt, was zur Wahrnehmung von Tiefe führt. Die Parallaxenbarriere funktioniert durch eine Schicht, die über dem Bildschirm angebracht ist und das Licht so lenkt, dass verschiedene Bildstreifen zu unterschiedlichen Augen gesendet werden. Diese Technologie ist relativ einfach umzusetzen, kann jedoch Einschränkungen in Bezug auf die Bildqualität und den Betrachtungswinkel mit sich bringen [PER18].
- Das Linsenraster, auch als Lentikularlinse bekannt, ist eine weitere autostereoskopische Technik, die kleine Linsen verwendet, um das Licht zu biegen und es gezielt auf jedes Auge zu lenken. Diese Methode bietet eine verbesserte Bildqualität und einen breiteren Betrachtungswinkel im Vergleich zur Parallaxenbarriere, erfordert jedoch eine präzise Herstellung und Kalibrierung, um eine korrekte Bildtrennung und somit eine effektive Tiefenwahrnehmung zu gewährleisten. [LAM09] Beide Technologien haben das Potenzial, die Art und Weise zu revolutionieren, wie 3D-Inhalte dargestellt werden, insbesondere in mobi-

len Geräten und öffentlichen Displays, wo das Tragen von Brillen unpraktisch wäre.
- Dennoch bringen autostereoskopische Displays auch Herausforderungen mit sich. Eine der größten Herausforderungen ist die Einschränkung des Betrachtungswinkels. Während autostereoskopische Systeme es ermöglichen, 3D-Bilder ohne zusätzliche Ausrüstung zu betrachten, erfordert die optimale Wahrnehmung der Tiefenwirkung, dass der Betrachter in einem bestimmten Winkel zum Display steht. Abweichungen vom idealen Betrachtungswinkel können zu einer Beeinträchtigung der Bildqualität führen oder dazu, dass die 3D-Wirkung völlig verloren geht. Diese Einschränkung kann insbesondere bei großen Zuschauergruppen problematisch sein, wie sie in öffentlichen Bereichen oder bei Präsentationen vorkommen [SUL20].
- Darüber hinaus stellen die Produktionskosten und die Komplexität der Herstellung autostereoskopischer Displays eine Hürde dar. Die präzise Anordnung der Linsen oder Barrieren erfordert fortschrittliche Fertigungstechniken und engmaschige Qualitätskontrollen, was die Produktionskosten im Vergleich zu herkömmlichen 3D-Displays oder Technologien wie der Polarisation erhöht. Diese höheren Kosten können die Verbreitung der Technologie in bestimmten Märkten oder für preisempfindliche Anwendungen einschränken [DOD20].
- Trotz dieser Herausforderungen bieten autostereoskopische Displays erhebliche Vorteile, insbesondere in Bezug auf Benutzungsfreundlichkeit und Komfort. Da keine zusätzlichen Hilfsmittel wie 3D-Brillen erforderlich sind, wird das Seherlebnis für den Benutzer natürlicher und weniger umständlich. Dies könnte die Akzeptanz von 3D-Technologien in der breiten Öffentlichkeit erhöhen und die Anwendung in Bereichen wie digitaler Beschilderung, mobilen Geräten und Fernsehern fördern [MCI20].

Auf der gestalterischen Seite der 3D-Fotografie müssen Fotografen nicht nur über die technischen Aspekte der Aufnahme und Präsentation von 3D-Bildern nachdenken, sondern auch darüber, wie sie ihre Bilder komponieren, um den bestmöglichen 3D-Effekt zu erzielen. Dies kann das Spielen mit Vordergrund- und Hintergrundelementen, das Experimentieren mit verschiedenen Tiefen von Feld und das bewusste Einsetzen von Objekten und Elementen innerhalb des Bildraums umfassen, um die Illusion von Tiefe und Raum zu maximieren.

Ein zentraler Aspekt der 3D-Fotografie ist die bewusste Wahl des Sujets. Während praktisch jedes Motiv in 3D dargestellt werden kann, eignen sich einige Sujets besser, um die räumliche Tiefe und den dreidimensionalen Effekt zu verstärken. Sujets, die klare Vorder- und Hintergrundelemente aufweisen, sind besonders geeignet, da sie dem Betrachter helfen, die Tiefenstaffelung zu erfassen und ein stärkeres Raumgefühl zu erzeugen. Darüber hinaus können Motive mit markanten Linien, Texturen oder Mustern durch die zusätzliche Dimension besonders hervorgehoben werden, was in der zweidimensionalen Fotografie nicht in gleichem Maße möglich ist [MCI20].

Auch Perspektive und Komposition spielen eine wesentliche Rolle in der erfolgreichen 3D-Fotografie. Die Wahl der richtigen Perspektive ist entscheidend, um die Tiefe des Motivs zu betonen und den Raum im Bild effektiv zu nutzen. Fotografen müssen dabei besonders auf den Parallaxeneffekt achten, der in der 3D-Fotografie eine zentrale Rolle spielt. Der Parallaxeneffekt, der sich aus den leicht unterschiedlichen Blickwinkeln der beiden Aufnahmen ergibt, kann entweder subtil eingesetzt werden, um eine sanfte Tiefenwirkung zu erzeugen, oder bewusst verstärkt werden, um eine dramatische räumliche Wirkung zu erzielen. Klassische Kompositionsregeln wie der Goldene Schnitt oder die Drittelregel bleiben relevant, sollten jedoch durch die besonderen Anforderungen der 3D-Fotografie ergänzt werden [SZE22].

Von Bedeutung ist auch die Beleuchtung, da sie die Wahrnehmung von Tiefe und Form direkt beeinflusst. Licht und Schatten können verwendet werden, um die räumliche Wirkung von Objekten zu verstärken und den dreidimensionalen Effekt zu intensivieren. Dabei ist es wichtig, dass die Beleuchtung für beide Aufnahmen identisch bleibt, um Unregelmäßigkeiten im fertigen Bild zu vermeiden. Unterschiedliche Lichtverhältnisse zwischen den beiden Perspektiven können zu Störungen im 3D-Effekt führen und den Gesamteindruck beeinträchtigen [GEN19].

Die Nachbearbeitung von 3D-Fotografien stellt spezielle Anforderungen, die über die herkömmliche Bildbearbeitung hinausgehen. Neben der grundlegenden Aufgabe, die beiden Bilder zu einem harmonischen stereoskopischen Bild zu vereinen, müssen Fotografen darauf achten, dass die Bilder korrekt ausgerichtet sind und die Tiefe konsistent dargestellt wird. Dies erfordert präzise Anpassungen, um sicherzustellen, dass der Parallaxeneffekt richtig umgesetzt wird und keine unerwünschten Geisterbilder oder Doppelkonturen entstehen. Darüber hinaus können in der Nachbearbeitung subtile Anpassungen vorgenommen werden, um die Tiefenwirkung zu verstärken oder zu verfeinern, was das endgültige 3D-Erlebnis des Betrachters maßgeblich beeinflussen kann [ADE18].

5.1.1 Wahrnehmung

Wahrnehmung stellt schon allgemein ein komplexes Phänomen dar. Dies gilt für die Wahrnehmung von 3D-Fotografien noch mehr. Räumliches Sehen ermöglicht es dem Menschen, Tiefe und Entfernungen in seiner Umgebung zu erkennen und zu interpretieren. Dabei spielt die Funktionsweise der Augen und des visuellen Kortex eine zentrale Rolle, insbesondere die Fähigkeit des Gehirns, die von beiden Augen wahrgenommenen Bilder zu einem kohärenten dreidimensionalen Eindruck zu verarbeiten.

Stereoskopie beruht auf dem Prinzip der Parallaxe, welches besagt, dass die Augen aufgrund ihrer physischen Trennung von einigen Zentimetern jedes Bild aus einer leicht unterschiedlichen Perspektive wahrnehmen. Diese minimale Differenz zwischen den beiden Bildern, die als binokulare Disparität bezeichnet wird, ermöglicht es dem Gehirn, die Tiefeninformationen zu rekonstruieren und eine räumliche Darstellung der Umgebung zu erzeugen. Diese binokulare Disparität ist daher ein entscheidender Mechanismus für unser räumliches Sehen und die Fähigkeit, Entfernungen und Tiefen genau einzuschätzen [HOW12].

Die Anwendung dieses Prinzips auf die Wahrnehmung von 3D-Fotografien beruht auf einer künstlichen Nachahmung der natürlichen Stereoskopie. Eine 3D-Fotografie besteht aus zwei Bildern, die aus leicht unterschiedlichen Perspektiven aufgenommen wurden, ähnlich wie die Perspektiven, die unsere beiden Augen einnehmen. Diese Bilder werden so präsentiert, dass jedes Auge nur das Bild sieht, das seiner Perspektive entspricht. Dies kann durch verschiedene Techniken erreicht werden, etwa durch den Einsatz spezieller 3D-Brillen oder autostereoskopischer Displays. Das Gehirn interpretiert die Differenzen zwischen diesen beiden Bildern als räumliche Tiefe, wodurch beim Betrachter der Eindruck entsteht, in das Bild eintauchen zu können [MCI20].

Allerdings ist die Wahrnehmung von 3D-Fotografien nicht ohne Herausforderungen. Ein häufig auftretendes Problem ist der sogenannte „Vergence-Akkommodations-Konflikt", der auftritt, weil die natürlichen Sehmechanismen bei der Betrachtung von 3D-Bildern auf digitalen Bildschirmen gestört werden. Normalerweise konvergieren unsere Augen, um auf ein Objekt in der physischen Welt zu fokussieren, und passen ihre Linse an – (→) Akkommodation) – um das Objekt scharf zu sehen. Bei der Betrachtung von 3D-Bildern müssen die Augen jedoch konvergieren, um die Stereobilder korrekt zu überlappen, während sie gleichzeitig auf die flache Oberfläche des Bildschirms fokussieren müssen. Diese Diskrepanz zwischen der notwendigen Konvergenz und der Akkommodation kann zu visuellen Beschwerden, wie Augenbelastung oder Kopfschmerzen, führen, insbesondere bei längerer Betrachtung [LAM09][HOF08].

Die Wahrnehmung von 3D-Fotografien geht allerdings über die bloße visuelle Verarbeitung hinaus und umfasst dazu auch weitere komplexe kognitive Prozesse, die tief im menschlichen Gehirn verwurzelt sind. Bei der Betrachtung von 3D-Fotografien spielen kognitive Mechanismen eine entscheidende Rolle, da sie die visuell wahrgenommenen Informationen interpretieren und in ein verständliches und kohärentes Bild eines dreidimensionalen Raums übersetzen.

Ein wesentliches Element dieser kognitiven Verarbeitung ist das räumliche Verständnis. Das Gehirn muss die binokulare Disparität, also die Unterschiede zwischen den Bildern, die jedes Auge sieht, korrekt interpretieren. Dies ermöglicht es, ein konsistentes Bild der dreidimensionalen Struktur der Szene zu erstellen. Um diese Aufgabe erfolgreich zu bewältigen, greift das Gehirn auf eine Reihe von kognitiven Fähigkeiten zurück, darunter räumliche Bewusstheit, Mustererkennung und die Fähigkeit zur mentalen Rotation von Objekten. Diese Fähigkeiten sind entscheidend für die genaue Wahrnehmung der räumlichen Beziehungen in einer 3D-Fotografie [HOW12].

Diese kognitive Wahrnehmung wird auch stark durch individuelle Erfahrungen und Erwartungen geprägt. Das menschliche Gehirn nutzt frühere Erfahrungen und Erwartungen als Grundlage, um die in 3D-Fotografien dargestellten Informationen zu interpretieren. Zum Beispiel wissen wir aus Erfahrung, dass bestimmte Linien und Muster auf räumliche Tiefe hinweisen, oder dass größere Objekte näher erscheinen als kleinere. Diese erlernten Wahrnehmungsmuster erleichtern es dem Gehirn, die räumlichen Beziehungen in einer 3D-Fotografie zu verstehen. Wenn jedoch die Darstellung in der Fotografie unseren Erwartungen widerspricht, kann dies zu einer kognitiven Dissonanz führen, die die Wahrnehmung des 3D-Effekts beeinträchtigt. Solche Diskrepanzen zwischen Erwartung und Wahrnehmung erfordern zusätzliche kognitive Anstrengung, um die widersprüchlichen Informationen zu verarbeiten [GRE97].

Die Betrachtung von 3D-Fotografien erfordert daher eine höhere kognitive Anstrengung als die von zweidimensionalen Bildern. Während zweidimensionale Bilder in der Regel ohne zusätzliche kognitive Verarbeitung verstanden werden können, verlangt die Betrachtung von 3D-Fotografien vom Betrachter, die beiden leicht unterschiedlichen Bilder mental zusammenzufügen und die dargestellten räumlichen Beziehungen zu interpretieren. Diese zusätzliche kognitive Belastung kann für einige Betrachter ermüdend sein, insbesondere wenn sie über längere Zeiträume 3D-Bilder betrachten. Diese kognitive Anstrengung kann zu Ermüdungserscheinungen führen und die Freude an der Betrachtung verringern [LAM09].

Ein wesentlicher Vorteil von 3D-Fotografien im Vergleich zu herkömmlichen 2D-Bildern liegt in ihrer Fähigkeit, ein intensives Gefühl von Immersion und Präsenz zu erzeugen. Durch die Hinzufügung einer dritten Dimension gelingt es 3D-Bildern oft, ein stärkeres Gefühl des „Dabeiseins" zu vermitteln. Dieses Gefühl kann die emotionale Verbindung des Betrachters zum dargestellten Sujet vertiefen. Studien zeigen, dass die Wahrnehmung von Tiefe und räumlicher Struktur in 3D-Bildern die emotionale Reaktion auf das Bild verstärken kann, indem sie das Gefühl der Realität und Nähe erhöhen. Diese Immersion führt dazu, dass Betrachter intensiver auf die in den Bildern dargestellten Emotionen reagieren, sei es Freude, Trauer, Angst oder Staunen [FRE14].

Darüber hinaus kann die zusätzliche kognitive Anforderung, die mit der Wahrnehmung von 3D-Bildern verbunden ist, die Aufmerksamkeit und das Engagement der Betrachter erhöhen. Da 3D-Bilder eine spezielle Verarbeitung im Gehirn erfordern, um die Tiefeninformation zu entschlüsseln, investieren Betrachter tendenziell mehr Aufmerksamkeit in die Betrachtung dieser Bilder. Dieses verstärkte Engagement fördert eine tiefere Auseinandersetzung mit den emotionalen Aspekten des Bildes, wodurch diese Aspekte stärker wahrgenommen und intensiver erlebt werden [SUN16].

Das Element der Überraschung und Neuheit spielt ebenfalls eine wichtige Rolle in der emotionalen Reaktion auf 3D-Fotografien. Für viele Betrachter stellt das Betrachten von 3D-Bildern eine neue und aufregende Erfahrung dar, die von einem Gefühl der Bewunderung und des Staunens begleitet wird. Die Neuheit dieser Erfahrung kann die emotionale Intensität verstärken, insbesondere wenn die 3D-Darstellung besonders eindrucksvoll ist oder unerwartete Tiefeneffekte aufweist. In diesem Kontext kann die emotionale Reaktion stark von der Qualität und Kreativität der 3D-Darstellung abhängen [GRI16].

Jedoch können sich potenziell auch negative emotionale Reaktionen einstellen. Für einige Menschen kann das Betrachten von 3D-Bildern zu physischen Beschwerden führen, wie Unbehagen, Übelkeit oder Kopfschmerzen, ein Phänomen, das als "3D-Sickness" bekannt ist. Diese Beschwerden können die emotionale Reaktion auf das Bild negativ beeinflussen und dazu führen, dass Betrachter negative Assoziationen mit 3D-Fotografien entwickeln. Diese negativen Reaktionen könnten das ansonsten positive emotionale Potenzial der 3D-Bilder erheblich mindern [LAM09].

5.2 Interaktion

Interaktion mit 3D-Fotografien geht über die rein passive Betrachtung traditioneller zweidimensionaler Bilder hinaus und eröffnet dem Betrachter die Möglichkeit, aktiv an der Erkundung und Interpretation des Bildinhalts teilzuhaben. Durch die Weiterentwicklung von Technologien, die eine dynamische und immersive Auseinandersetzung mit 3D-Fotografien ermöglichen, hat sich die Art und Weise, wie solche Bilder wahrgenommen und erlebt werden, verändert. Diese Interaktionsmöglichkeiten können die kognitive und emotionale Bindung des Betrachters an das Bild erheblich verstärken, indem sie ihm die Kontrolle über die Perspektive und die Interpretation der räumlichen Tiefe des Bildes geben.

Die grundlegende Form der Interaktion mit einer 3D-Fotografie beginnt natürlich mit der Betrachtung des Bildes aus verschiedenen Blickwinkeln. Während zweidimensionale Bilder unabhängig von der Position des Betrachters eine statische Ansicht bieten, verändert sich das Erscheinungsbild einer 3D-Fotografie in Abhängigkeit von der Perspektive, aus der sie betrachtet wird. Diese dynamische Eigenschaft ermutigt den Betrachter, sich um das Bild herumzubewegen, um es aus unterschiedlichen Winkeln zu betrachten, was wiederum die Wahrnehmung der Tiefe und der räumlichen Beziehungen innerhalb des Bildes verstärkt. Diese aktive Beteiligung an der visuellen Exploration führt zu einer intensiveren Auseinandersetzung mit dem Bild und fördert ein tieferes Verständnis für die dargestellten Inhalte [FLÜ15].

Darüber hinaus ermöglicht die fortschreitende Entwicklung intensivere Interaktionsmöglichkeiten mit 3D-Fotografien. Diese Form der immersiven Interaktion kann das Gefühl der Präsenz und das emotionale Engagement erheblich steigern, da die Betrachter nicht nur passive Beobachter, sondern aktive Teilnehmer am visuellen Erlebnis sind. [MCI20].

Ein weiteres bedeutendes Feld der Interaktion mit 3D-Fotografien ist die Manipulation der Bildinhalte durch den Betrachter. Moderne digitale Technologien erlauben es, bestimmte Elemente innerhalb eines 3D-Bildes zu verändern, zu verschieben oder hervorzuheben, was zu einer individuelleren und interaktiveren Erfahrung führt. Solche Techniken finden in Bereichen wie der Kunst, der Bildung und der Werbung Anwendung, wo sie es den Nutzern ermöglichen, die Bildinhalte nach ihren eigenen Vorstellungen zu erkunden und zu interpretieren [WOI19].

Interaktion mit 3D-Fotografien kann so beispielsweise in therapeutischen Kontexten genutzt werden, um Patienten bei der Bewältigung von Angststörungen oder posttraumatischen Belastungsstörungen zu unterstützen. Die Möglichkeit, eine Szene aus verschiedenen Perspektiven zu betrachten und die Kontrolle über die visuelle Umgebung zu übernehmen, kann ein Gefühl der Sicherheit und Selbstbestimmung vermitteln, was sich positiv auf den therapeutischen Prozess auswirkt [RIV16].

5.3 Storytelling

Das Konzept des Storytelling eröffnet dem Fotografen schon allgemein die Möglichkeit, durch den geschickten Aufbau eines einzelnen Bildes, oder eine Abfolge von Bildern eine kohärente und packende Erzählung zu gestalten. Bei der Anwendung auf 3D-Fotografien erweitern sich dieses Möglichkeiten, da die zusätzliche Dimension der Tiefe und der Raumwahrnehmung dem Betrachter ein intensiveres Erlebnis bieten kann. Diese Erweiterung ermöglicht nicht nur eine reichhaltigere visuelle Darstellung, sondern auch eine tiefere emotionale und narrative Verbindung.

In der 3D-Fotografie spielt die Dimension der Tiefe eine zentrale Rolle bei der Schaffung von Räumlichkeit und Atmosphäre. Fotografen können diese zusätzliche Ebene nutzen, um eine Story mit komplexeren visuellen Kompositionen zu bereichern. Die Platzierung von Elementen auf unterschiedlichen Tiefenebenen ermöglicht es, bestimmte Aspekte der Geschichte hervorzuheben oder die Aufmerksamkeit des Betrachters gezielt zu lenken. Dadurch kann die narrative Struktur eines Bildes oder einer Serie von Bildern subtil unterstützt werden, indem beispielsweise wichtige Handlungselemente im Vordergrund platziert werden, während der Hintergrund kontextuelle Informationen liefert, die die Gesamtgeschichte vertiefen. Diese Technik erlaubt es, eine mehrschichtige Erzählung zu entwickeln, die sowohl auf visueller als auch auf inhaltlicher Ebene wirkt [MCI20].

Darüber hinaus fördert die 3D-Fotografie ein hohes Maß an Immersion und Engagement, was sie zu einem effektiven Werkzeug für das Storytelling machen kann. Durch dreidimensionale Darstellungen kann ein Betrachter stärker in die Geschichte hineingezogen werden, als dies bei traditionellen zweidimensionalen Bildern möglich ist. Die Illusion von Tiefe und Raum ermöglicht es dem Betrachter, sich als Teil der Szene zu fühlen und eine intensivere emotionale Verbindung zu den dargestellten Themen und Charakteren aufzubauen. Diese Immersion kann das narrative Erlebnis erheblich verstärken, indem sie die Sinne des Betrachters anspricht und ihm das Gefühl vermittelt, unmittelbar an der Erzählung teilzuhaben [SUN16].

Das Zusammenspiel von räumlicher Tiefe und Immersion in der 3D-Fotografie eröffnet neue Möglichkeiten des visuellen Erzählens, die weit über die traditionellen Mittel der Fotografie hinausgehen können. Diese Techniken erlauben es, Geschichten auf eine visuell ansprechende und emotional packende Weise zu erzählen, die das Publikum nicht nur visuell anspricht, sondern es auch aktiv in die Erzählung einbezieht. Durch die geschickte Nutzung der Tiefe und die Förderung von Immersion können 3D-Fotografien Geschichten vermitteln, die nicht nur betrachtet, sondern erlebt werden, was das Potenzial des fotografischen Storytellings erheblich erweitert [FLÜ15].

5.4 Wahrnehmungsprobleme: Sehbeeinträchtigungen

Sehbehinderungen können die Wahrnehmung und das Erleben von 3D-Fotografien erheblich beeinträchtigen. Personen mit eingeschränktem Sehvermögen oder spezifischen Augenerkrankungen stehen oft vor besonderen Herausforderungen, wenn sie versuchen, die räumlichen Informationen in 3D-Bildern zu verarbeiten. Diese Einschränkungen beeinflussen nicht nur das visuelle Erlebnis, sondern können auch das kognitive und emotionale Verständnis des dargestellten Inhalts vermindern.

Eine der bedeutendsten Herausforderungen für die Wahrnehmung von 3D-Fotografien stellt die (→) Stereoblindheit dar. Menschen mit dieser Sehstörung sind nicht in der Lage, die leicht unterschiedlichen Perspektiven, die für die Erzeugung des 3D-Effekts verantwortlich sind, zu einem kohärenten räumlichen Bild zusammenzuführen. Infolgedessen erscheinen 3D-Bilder für Betroffene flach oder zweidimensional, da ihnen das entscheidende Gefühl von Tiefe und Räumlichkeit fehlt. Studien zeigen, dass Stereoblindheit nicht nur die visuelle Wahrnehmung einschränkt, sondern auch die damit verbundenen kognitiven Prozesse, wie die räumliche Vorstellungskraft und das visuelle Gedächtnis, beeinträchtigen kann [MCI20].

Zusätzlich können Personen mit allgemein reduzierter Sehschärfe, wie sie bei Myopie, Hyperopie oder Astigmatismus auftritt, Schwierigkeiten haben, die subtilen Unterschiede zwischen den beiden Perspektiven in einer 3D-Fotografie zu erkennen. Diese Unschärfe oder Verzerrung erschwert es dem Gehirn, die räumlichen Informationen korrekt zu verarbeiten, was zu einer verminderten Wahrnehmung der Dreidimensionalität führt. In vielen Fällen können Brillen oder Kontaktlinsen die Sehschärfe verbessern, jedoch bleibt die Herausforderung bestehen, wenn die Sehkorrekturen nicht optimal sind oder zusätzliche visuelle Beeinträchtigungen vorliegen [WIC16].

Farbenblindheit, insbesondere die Rot-Grün-Farbenblindheit, kann die Wahrnehmung von 3D-Bildern, die auf Anaglyphentechnologie basieren, erheblich beeinflussen. Diese Technologie verwendet Farbkodierung, um die verschiedenen Perspektiven in einem 3D-Bild zu trennen, wobei spezifische Farben für die unterschiedlichen Augen bestimmt sind. Personen mit Rot-Grün-Farbenblindheit haben Schwierigkeiten, diese Farbtöne zu unterscheiden, was die korrekte Wahrnehmung der räumlichen Effekte verhindert. Dadurch kann der 3D-Effekt abgeschwächt oder ganz eliminiert werden, was die visuelle Wirkung der Fotografie erheblich beeinträchtigt [SHE03] (Abb. 5.6).

Weitere Augenerkrankungen, wie die altersbedingte Makuladegeneration, Glaukom oder diabetische Retinopathie, können die Wahrnehmung von 3D-Fotografien ebenfalls stark einschränken. Diese Krankheiten führen häufig zu einer Verschlechterung des zentralen oder peripheren Sehvermögens und beeinträchtigen somit die Fähigkeit, feine visu-

Abb. 5.6 Anaglyphe bei Farbsehschwäche

elle Details zu erkennen. Infolgedessen kann die Wahrnehmung von 3D-Bildern verzerrt, unscharf oder unvollständig sein. Besonders betroffen ist die Fähigkeit, die räumliche Tiefe und die dreidimensionale Struktur in solchen Bildern zu erkennen, was zu einem weniger befriedigenden visuellen Erlebnis führt [FRI04].

Angesichts dieser Herausforderungen ist es entscheidend, bei der Erstellung und Präsentation von 3D-Fotografien die Bedürfnisse von Menschen mit Sehbehinderungen zu berücksichtigen. Dies erfordert nicht nur eine Sensibilisierung für die möglichen Einschränkungen, sondern auch die Entwicklung von Technologien und Strategien, die 3D-Bilder für ein breiteres Publikum zugänglicher und inklusiver gestalten. Dazu könnten adaptive Technologien gehören, die individuell anpassbare Darstellungsmodi bieten, sowie alternative Präsentationsformen, die visuelle Einschränkungen kompensieren können. Solche Ansätze sind nicht nur notwendig, um die ästhetische und kognitive Zugänglichkeit zu verbessern, sondern auch um das emotionale und soziale Erleben von 3D-Fotografien für alle Betrachter zu optimieren. [WOI19].

Hyper hyper ... vernetzte Medien 6

Inhaltsverzeichnis

6.1	Gestaltung & Technik	5
6.2	Wahrnehmung	10
6.3	Interaktion	12
6.4	Storytelling	14
6.5	Lost in Hyperspace	16

Hypermedia ist ein integrales Konzept in der digitalen Kommunikation und Informationsverarbeitung, das die Verknüpfung von Texten, Bildern, Videos, Audiodateien und anderen digitalen Medienformaten durch Hyperlinks ermöglicht. Anders als traditioneller Hypertext, der sich auf die Verknüpfung von Textinformationen beschränkt, erweitert Hypermedia diesen Ansatz, indem es verschiedene Medienformate integriert und so eine dynamischere und interaktive Nutzererfahrung schafft. Die Relevanz von Hypermedia zeigt sich insbesondere in seiner allgegenwärtigen Anwendung im World Wide Web, wo es die Grundlage für die Navigation und den Zugang zu vernetzten Informationen bildet. Durch die Möglichkeit, auf non-lineare Weise durch verschiedene Medientypen zu navigieren, hat Hypermedia die Art und Weise, wie Informationen erstellt, präsentiert und konsumiert werden, revolutioniert und neue Dimensionen in der Wissensvermittlung und im Nutzerengagement eröffnet. [CON87][NIE95][HOF] (Nielsen, 1995; Conklin, 1987).

Das Konzept von Hypermedia hat seine Wurzeln in der Mitte des 20. Jahrhunderts und ist eng mit den frühen Überlegungen zur digitalen Informationsverarbeitung und Vernetzung verknüpft. Einer der bedeutendsten Vorläufer dieses Konzepts ist die Arbeit von Vannevar Bush, der 1945 in seinem Aufsatz „As We May Think" die Idee eines mechanischen Geräts namens „Memex" vorstellte (Abb. 6.1). Dieses hypothetische Gerät

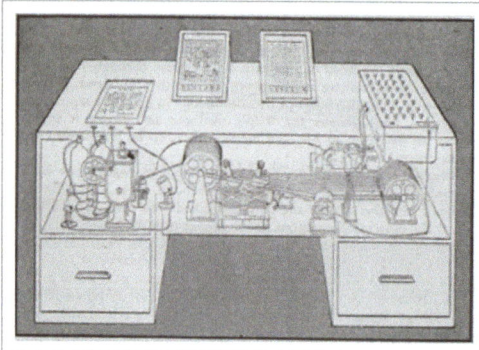 

Abb. 6.1 MEMEX

sollte es einem Benutzer ermöglichen, umfangreiche Mengen an Informationen in Form von Mikrofilm zu speichern und durch assoziative Verknüpfungen, ähnlich wie das menschliche Gedächtnis, miteinander zu verbinden. Bushs Vision des Memex war insofern revolutionär, als dass es nicht nur die Speicherung und den Abruf von Informationen erleichtern sollte, sondern auch die Möglichkeit bieten würde, Informationen auf eine nichtlineare Weise zu organisieren und zu durchstöbern [BUS45].

In den 1960er Jahren griff Ted Nelson, ein weiterer Pionier auf diesem Gebiet, Bushs Ideen auf und entwickelte sie weiter. Nelson prägte die Begriffe „Hypertext" und „Hypermedia" und stellte sich ein Netzwerk vor, in dem Texte, Bilder, Töne und andere Medienformen in einem globalen Netzwerk miteinander verknüpft werden könnten. In seinem 1965 veröffentlichten Werk „Literary Machines" skizzierte Nelson das Konzept des Hypertexts als eine Möglichkeit, Informationsstücke miteinander zu verknüpfen, sodass Benutzer auf intuitive Weise zwischen verschiedenen Dokumenten navigieren konnten. Nelsons visionäre Ideen legten den Grundstein für das, was später das World Wide Web werden sollte, auch wenn seine Vorstellung eines universellen Hypertext-Systems, das er als "Xanadu" bezeichnete, in seiner ursprünglichen Form nie vollständig realisiert wurde [NEL65].

Diese frühen Ideen bildeten die Grundlage für die Entwicklung von Hypermedia-Systemen in den folgenden Jahrzehnten. Während die anfänglichen Konzepte weitgehend theoretischer Natur waren, führten Fortschritte in der Computertechnologie und der Netzwerkarchitektur schließlich zur praktischen Umsetzung von Hypermedia. Besonders hervorzuheben ist die Entwicklung des World Wide Web in den späten 1980er und frühen 1990er Jahren durch Tim Berners-Lee, der die Ideen von Bush und Nelson in ein funktionierendes System überführte, das den Zugang zu vernetzten Informationen revolutionierte [BER89].

Die theoretischen Überlegungen von Vannevar Bush und Ted Nelson haben nicht nur die Grundlagen für die heutige digitale Informationsgesellschaft gelegt, sondern auch die Art und Weise, wie wir Informationen organisieren und darauf zugreifen, nachhaltig verändert. Diese frühen Ideen haben den Weg für die Entwicklung von Technologien geebnet, die es uns heute ermöglichen, auf vielfältige und interaktive Weise mit digitalen Inhalten zu interagieren.

Hypertext, wie es ursprünglich von Ted Nelson in den 1960er Jahren konzipiert wurde, beschreibt ein System, in dem Textinformationen nicht linear, sondern in Form von verknüpften Knoten organisiert sind. Diese Struktur ermöglicht es Benutzern, durch Verweise, sogenannte Hyperlinks, von einem Textabschnitt zu einem anderen zu springen, wodurch ein Netzwerk aus miteinander verbundenen Texten entsteht. Das Ziel dieses Ansatzes war es, die Art und Weise, wie Informationen präsentiert und konsumiert werden, grundlegend zu verändern, indem der Benutzer die Freiheit erhält, eigene Pfade durch das Informationsmaterial zu navigieren, anstatt einer vorgegebenen linearen Struktur zu folgen [NEL65].

Mit der fortschreitenden Entwicklung digitaler Technologien und der zunehmenden Verfügbarkeit von Multimedia-Inhalten wurde das Konzept des Hypertextes erweitert, um auch andere Medienformen wie Bilder, Audio und Video zu integrieren. Diese Erweiterung führte zur Entstehung von Hypermedia, einem System, das die Prinzipien des Hypertextes auf eine breitere Palette von Medien anwendet. Während Hypertext primär auf die Verknüpfung von Texten fokussiert ist, erlaubt Hypermedia die Integration verschiedener Medientypen in ein zusammenhängendes, interaktives Netzwerk. Hypermedia bietet dadurch ein reichhaltigeres und vielseitigeres Benutzererlebnis, da es die Stärken verschiedener Medien kombiniert und dem Benutzer eine dynamischere und interaktivere Form der Informationsdarstellung und -navigation ermöglicht [CON87].

Ein wesentliches Merkmal von Hypermedia ist die Fähigkeit, unterschiedliche Medien nahtlos miteinander zu verknüpfen, was die Darstellung komplexer Inhalte und Zusammenhänge erheblich erleichtert. Diese Flexibilität hat Hypermedia zu einem zentralen Element moderner Informationssysteme gemacht, insbesondere im Kontext des World Wide Web, das als das am weitesten verbreitete Hypermedia-System gilt. Das Web kombiniert Texte, Bilder, Videos und andere digitale Medienformen und ermöglicht es Benutzern, durch Hyperlinks frei zwischen verschiedenen Inhalten zu navigieren. Die Entwicklung von Hypermedia hat somit nicht nur die Art und Weise revolutioniert, wie Informationen organisiert und präsentiert werden, sondern auch, wie Benutzer mit diesen Informationen interagieren [NIE95].

Ein weiterer wichtiger Aspekt der Entwicklung von Hypermedia ist die zunehmende Bedeutung von Interaktivität. Während Hypertext dem Benutzer die Möglichkeit gibt, durch verschiedene Texte zu navigieren, ermöglicht Hypermedia eine tiefere und vielseitigere Interaktion mit den Inhalten. Dies umfasst die Möglichkeit, Videos anzusehen, Audioinhalte abzuspielen, durch interaktive Grafiken zu navigieren und sogar komplexe Simulationen und virtuelle Umgebungen zu erkunden. Diese interaktiven Elemente haben die Grenzen des traditionellen Textverständnisses überschritten und neue Formen des Lernens, der Unterhaltung und der Informationsverarbeitung geschaffen [BOL01].

Während Hypertext die Grundlage für nicht-lineare Informationsverarbeitung legte, hat Hypermedia diese Konzepte erweitert und auf eine Vielzahl von Medien angewendet, was zu einer bedeutenden Erweiterung der Möglichkeiten für Benutzer geführt hat. Diese Entwicklung hat nicht nur die Art und Weise verändert, wie wir Informationen konsumieren, sondern auch neue Formen der Kommunikation und des Wissensmanagements ermöglicht, die in der heutigen digitalen Welt unverzichtbar sind.

Das World Wide Web, das von Tim Berners-Lee in den späten 1980er Jahren am CERN entwickelt wurde, stellte die erste groß angelegte Implementierung von Hypermedia in einem globalen Netzwerk dar. Berners-Lee erkannte das Potenzial, Texte und andere Medienformate in einem nicht-linearen, verknüpften Format zu organisieren, das über das Internet zugänglich gemacht werden konnte. Mit der Einführung des Hypertext Transfer Protocol (HTTP) und der Hypertext Markup Language (HTML) schuf Berners-Lee die technischen Grundlagen für das Web, das als ein Hypermedia-System fungiert, in dem Informationen in Form von Texten, Bildern, Videos und anderen Medienformaten durch Hyperlinks miteinander verknüpft sind [BER89].

Im Kontext des Internets entwickelte sich Hypermedia schnell zu einem zentralen Element der Informationsgesellschaft. Durch die Fähigkeit, verschiedene Medientypen nahtlos miteinander zu verknüpfen, bot das Web den Benutzern eine völlig neue Art des Zugriffs auf Informationen. Die non-lineare Struktur des Hypermedia-Formats ermöglichte es, Inhalte in einem globalen Netzwerk zu verknüpfen, wodurch der Zugang zu Informationen nicht mehr an physische Orte oder lineare Sequenzen gebunden war. Diese Entwicklung revolutionierte nicht nur den Zugang zu Wissen und Informationen, sondern auch die Art und Weise, wie Unternehmen, Bildungseinrichtungen und Einzelpersonen kommunizieren und interagieren [MAN01].

Mit zunehmender Verbreitung des Internets in den 1990er Jahren und dem Aufkommen von Webbrowsern wie Netscape und später dem Internet Explorer erlebte Hypermedia eine explosive Verbreitung. Das World Wide Web entwickelte sich zu einer globalen Plattform für den Austausch von Informationen, in der Hypermedia zum dominanten Format wurde. Die Integration von Bildern, Videos und interaktiven Elementen in Webseiten wurde schnell zum Standard, und das Web wuchs zu einem umfassenden Hypermedia-Netzwerk, das in nahezu alle Aspekte des täglichen Lebens Einzug hielt [NIE95].

Diese Evolution brachte auch neue Herausforderungen und Möglichkeiten mit sich. Mit der wachsenden Komplexität und dem Umfang der im Web verfügbaren Inhalte stiegen die Anforderungen an die Strukturierung und Organisation dieser Informationen. Suchmaschinen wie Google wurden entwickelt, um die Navigation durch die riesigen Mengen an verknüpften Inhalten zu erleichtern. Gleichzeitig entstanden neue Formen der Interaktivität und Benutzerbeteiligung, die es den Nutzern ermöglichten, nicht nur Inhalte zu konsumieren, sondern auch aktiv zur Erstellung und Verknüpfung von Inhalten beizutragen [SHI08].

Ein weiterer bedeutender Schritt in der Evolution von Hypermedia im Internet war die Entwicklung von Web 2.0, das durch die verstärkte Fokussierung auf Benutzergenerierte Inhalte, soziale Netzwerke und interaktive Anwendungen gekennzeichnet ist. Diese Weiterentwicklung des Webs veränderte das Hypermedia-Paradigma, indem es die Nutzer nicht nur als Konsumenten, sondern auch als Produzenten von Inhalten etablierte. Plattformen wie YouTube, Wikipedia und soziale Netzwerke ermöglichten es den Nutzern, auf einfache Weise Inhalte zu erstellen, zu verknüpfen und zu verbreiten, wodurch das Internet zu einem lebendigen und dynamischen Hypermedia-Netzwerk wurde [ORE05].

6.1 Gestaltung & Technik

Hypermedia, bzw. das Hypermedia-System besteht aus einer Vielzahl von Komponenten, die zusammenarbeiten, um eine interaktive und vernetzte Informationsumgebung zu schaffen. Diese Komponenten ermöglichen es dem Benutzer, auf vielfältige Weise mit den Inhalten zu interagieren und komplexe Informationsstrukturen auf intuitive Weise zu erkunden. Die zentralen Komponenten eines Hypermedia-Systems umfassen Knoten und Verknüpfungen, verschiedene Medientypen sowie Navigations- und Interaktivitätsmechanismen. Diese Elemente sind nicht nur technisch, sondern auch konzeptionell entscheidend für das Funktionieren und die Effektivität eines Hypermedia-Systems.

Die grundlegendste Komponente eines Hypermedia-Systems sind die sogenannten Knoten. Diese repräsentieren die Informationsblöcke, die in einem Hypermedia-System miteinander verknüpft sind. Knoten können verschiedene Medientypen enthalten, wie Text, Bilder, Audio, Video oder Animationen – jeweils einzeln oder auch als Sammlung in verschiedensten Kombinationen. Im Wesentlichen fungieren Knoten als die Basis- oder Bausteine, aus denen die Hypermedia-Struktur aufgebaut wird. Jeder Knoten enthält spezifische Informationen oder Inhalte, die in einem größeren Kontext stehen und durch Verknüpfungen mit anderen Knoten in Beziehung gesetzt werden. Diese Struktur ermöglicht es den Benutzern, Informationen modular zu organisieren und zu verknüpfen, was die Flexibilität und Dynamik des Systems erhöht [CON87].

Verknüpfungen oder Hyperlinks sind die zweite wesentliche Komponente eines Hypermedia-Systems. Sie ermöglichen die Vernetzung der Knoten und schaffen damit ein nicht-lineares Netzwerk von Informationen, durch das Benutzer navigieren können (Abb. 6.2). Hyperlinks können als interne Links innerhalb eines Dokuments oder als externe Links zwischen verschiedenen Dokumenten (externe Links) gesetzt werden und ermöglichen es dem Benutzer, von einem Knoten zu einem anderen zu springen. Diese Verknüpfungen sind nicht auf Texte beschränkt, sondern können auch Bilder, Videos und andere Medientypen miteinander verbinden. Die Hyperlink-Struktur ist entscheidend für die Schaffung eines interaktiven und dynamischen Informationssystems, das es dem Benutzer ermöglicht, eigene Navigationspfade zu erstellen und Informationen auf eine Weise zu erkunden, die seinen Bedürfnissen und Interessen entspricht [NIE95].

Mittlerweile zeichnen sich Hypermedia-Systeme dadurch aus, dass sie verschiedene Medientypen integrieren können. Während herkömmliche Hypertext-Systeme primär auf die Verknüpfung von Texten fokussiert sind, ermöglicht ein Hypermedia-System die Einbindung von Bildern, Videos, Audio und Animationen. Diese multimediale Integra-

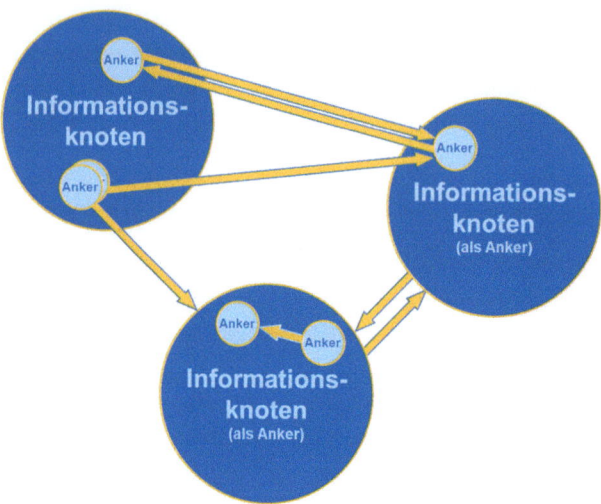

Abb. 6.3 Verlinkung (Konstruktion von Links)

tion erweitert die Möglichkeiten der Informationsdarstellung erheblich und schafft eine reichhaltigere Benutzererfahrung. Die Kombination von Text, Bild, Video und Ton innerhalb eines Hypermedia-Systems erlaubt es, komplexe Informationen auf eine visuell ansprechende und interaktive Weise zu präsentieren. Dies kann besonders in Bereichen wie Bildung, Unterhaltung und Wissensvermittlung von Vorteil sein, wo unterschiedliche Medientypen dazu beitragen, komplexe Konzepte und Inhalte verständlicher zu machen [BOL01].

Als möglicherweise kritischster Punkt muss die Navigation in einem Hypermedia-System betrachtet werden. Navigation bezieht sich auf die Mechanismen, die es dem Benutzer ermöglichen, sich innerhalb des Hypermedia-Systems zu bewegen. Dies kann durch die Nutzung von Menüs, Suchfunktionen, Inhaltsverzeichnissen oder durch direkte Hyperlinks geschehen. Die Gestaltung der Navigationsstruktur ist entscheidend für die Benutzerfreundlichkeit und Effizienz des Systems. Ein gut gestaltetes Hypermedia-System bietet dem Benutzer klare und intuitive Navigationswege, die es ihm ermöglichen, schnell und einfach auf die benötigten Informationen zuzugreifen. Gleichzeitig sollte das System flexibel genug sein, um unterschiedliche Navigationsstile und Präferenzen zu unterstützen, damit Benutzer ihre eigenen Wege durch die Informationen finden können [LAN06].

Navigation ist eng mit der Verlinkung verknüpft. Die oben beschriebene Sichtweise auf die Verlinkung stellt dabei den klassischen Ansatz dar. Mittlerweile aber ist auch die Verlinkung durch die sich weiter entwickelnden Techniken deutlich erweitert und damit komplexer geworden [HOF20].

Hypermedia-Systeme sind interaktive Systeme! Die Möglichkeit zur Interaktion unterscheidet Hypermedia grundlegend von traditionellen, statischen Informationssystemen. Interaktivität ermöglicht es den Benutzern, nicht nur passiv Informationen zu konsumieren, sondern aktiv mit den Inhalten zu interagieren, sei es durch das Auswählen von Links, das Manipulieren von Objekten, das Abspielen von Videos oder das Navigieren durch 3D-Räume. Diese interaktive Komponente kann das Engagement des Benutzers erhöhen und die Lernerfahrung vertiefen, indem sie die Benutzer stärker in den Informationsprozess einbindet. Die Gestaltung interaktiver Elemente muss jedoch sorgfältig durchdacht sein, um sicherzustellen, dass sie intuitiv und benutzerfreundlich sind [SUN16].

Die Modellierung von Hypermedia-Systemen spielt eine zentrale Rolle bei der Entwicklung und Gestaltung effektiver und benutzungsfreundlicher Informationssysteme. Hypermedia-Modelle definieren die Struktur, Organisation und Navigationsmechanismen, die es den Benutzern ermöglichen, auf komplexe Informationen in nicht-linearen und interaktiven Umgebungen zuzugreifen. Diese Modelle legen fest, wie die verschiedenen Komponenten eines Hypermedia-Systems – darunter Knoten, Verknüpfungen und Medientypen – zusammenarbeiten, um ein kohärentes und flexibles Informationsnetzwerk zu schaffen. Im Laufe der Zeit wurden verschiedene Hypermedia-Modelle entwickelt, die sich in ihrer Struktur und ihrem Anwendungsbereich unterscheiden.

Die erste Basis für die Inhalte von Hypermedia-Systeme ist das hierarchische Modell, das eine baumartige Struktur verwendet, um Informationen zu organisieren. In einem hierarchischen Modell sind die Knoten in einer parent–child-Beziehung angeordnet, wobei jeder Knoten mit mehreren Unterknoten verknüpft sein kann. Diese Struktur ähnelt der Organisation von Verzeichnissen und Dateien in einem Computersystem. Das hierarchische Modell ist besonders nützlich, wenn es darum geht, Informationen in einer logischen, leicht verständlichen Reihenfolge zu präsentieren. Es hat jedoch auch seine Einschränkungen, insbesondere in Bezug auf Flexibilität und Navigationsmöglichkeiten. Benutzer sind oft auf vorgegebene Pfade beschränkt, was die explorative Navigation erschwert [NIE95].

Die nahezu natürliche Erweiterung ist das netzartige oder nicht-lineare Modell. Im Gegensatz zum hierarchischen Modell ermöglicht das netzartige Modell eine viel freiere Struktur, in der Knoten in einem Netzwerk miteinander verknüpft sind, ohne dass eine festgelegte Hierarchie existiert. Dieses Modell spiegelt die assoziative Natur menschlichen Denkens wider und ermöglicht es Benutzern, Informationen auf vielfältige und dynamische Weise zu erkunden. Die Verknüpfungen in einem netzartigen Modell können bidirektional oder multidirektional sein, was bedeutet, dass Benutzer von einem Knoten zu mehreren anderen Knoten navigieren können und umgekehrt. Diese Struktur fördert eine explorative und benutzerzentrierte Navigation und ist besonders geeignet für komplexe Informationsräume, in denen es keine eindeutige lineare Reihenfolge gibt [LAN06].

Ein spezifisches Modell, das in der Entwicklung von Hypermedia-Systemen von besonderer Bedeutung ist, ist das Dexter-Modell. Es wurde entwickelt, um eine standardisierte Beschreibung und Analyse von Hypermedia-Systemen zu ermöglichen. Es unterteilt Hypermedia-Systeme in drei Ebenen: die Speicherstruktur, die innerhalb eines Systems die Knoten und Verknüpfungen verwaltet; die Präsentationsschicht, die sich mit der Darstellung der Inhalte für den Benutzer befasst; und die Laufzeitschicht, die die Interaktionen zwischen dem Benutzer und dem System regelt. Das Dexter-Modell bietet einen formalen Rahmen zur Beschreibung der Komplexität von Hypermedia-Systemen und erleichtert die Entwicklung und Analyse dieser Systeme durch eine klare Trennung der verschiedenen funktionalen Ebenen [HAL94].

Ein weiteres relevantes Modell ist das Amsterdam Hypermedia Model (AHM, Abb. 6.3), das sich auf die Kombination von Hypermedia-Strukturen mit Multimedia konzentriert. Das AHM berücksichtigt dabei die unterschiedlichen statischen und dynamischen Eigenschaften der verschiedenen Medienformen [HAR94].

Die hier kurz vorgestellten und noch viele andere konkurrierende Hypermedia-Modelle legen die Basis für die Gestaltung der Inhalte für Hypermedia-Systeme. Gestaltung bedeutet gerade im Kontext Hypermedia weit mehr als die bloße Erstellung von Texten oder multimedialen Elementen. Sie erfordert ein detailliertes Verständnis der spezifischen Anforderungen und Möglichkeiten, die Hypermedia-Systeme bieten, sowie

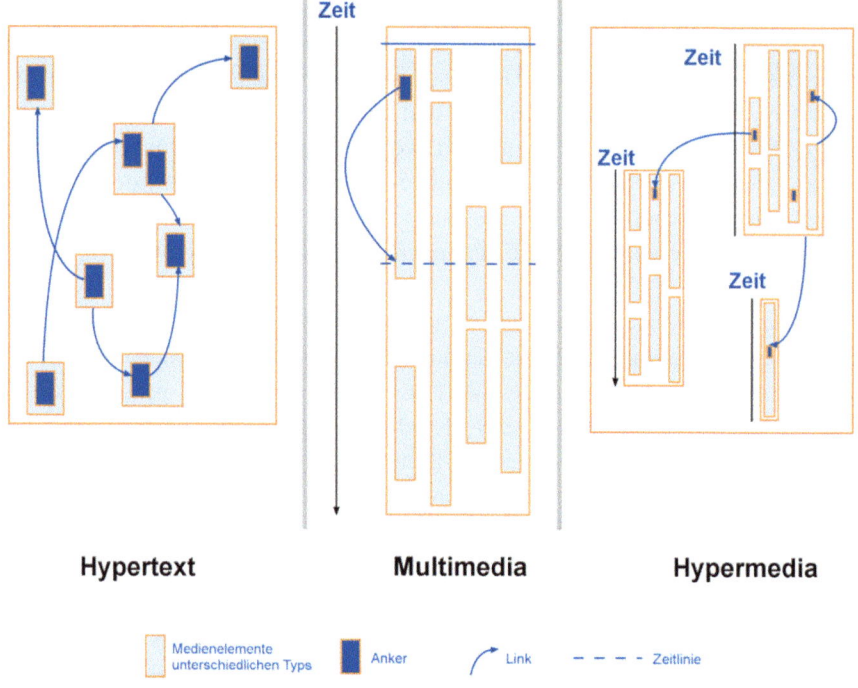

Abb. 6.3 Amsterdam Hypermedia Model

die Fähigkeit, diese Inhalte so zu strukturieren und zu präsentieren, dass sie die Interaktivität und Flexibilität solcher Systeme optimal nutzen.

Der zentraler Aspekt der inhaltlichen Gestaltung ist die Modularität. Die Inhalte müssen in kleine, eigenständige Informationseinheiten, sogenannte Knoten, unterteilt werden. Erst diese Modularität ermöglicht es, dass die Inhalte auf flexible Weise miteinander verknüpft werden können, was dem Benutzer eine nicht-lineare Navigation durch das System erlaubt. Jede dieser Einheiten sollte in sich kohärent und vollständig sein, sodass sie unabhängig von anderen Knoten sinnvoll genutzt werden kann. Gleichzeitig müssen die Verknüpfungen zwischen den Knoten klar definiert und logisch strukturiert sein, um dem Benutzer einen nahtlosen Übergang zwischen den verschiedenen Inhalten zu ermöglichen [CON87].

Mittlerweile erlaubt Hypermedia die Integration verschiedener Medientypen wie Text, Bild, Video, Audio und Animation. Diese Vielfalt bietet nicht nur eine reichhaltige Möglichkeit, Informationen zu präsentieren, sondern auch, unterschiedliche Lernstile und Benutzerpräferenzen anzusprechen. Bei der Gestaltung der Inhalte und ihrer Strukturen ist es daher wichtig, diese Medien gezielt einzusetzen, um komplexe Inhalte verständlich und ansprechend zu vermitteln. So können beispielsweise Videos und Animationen genutzt werden, um dynamische Prozesse zu erklären, während Texte und Bilder in aller Regel wohl besser geeignet sind, um statische Informationen darzustellen. Die Wahl der richtigen Medientypen und deren Integration in die Hypermedia-Struktur ist entscheidend für die Effektivität des Systems [NIE95].

Ein weiteres wesentliches Gestaltungsprinzip für Hypermedia-Inhalte ist die Kohärenz der Navigation. Da Hypermedia-Systeme eine nicht-lineare Navigation ermöglichen, muss die Struktur der Inhalte so gestaltet sein, dass sie den Benutzer klar und intuitiv durch das System führt. Dies erfordert eine sorgfältige Planung der Verknüpfungen zwischen den Knoten, um sicherzustellen, dass der Benutzer leicht zu den relevanten Informationen navigieren kann, ohne sich in der Informationsflut zu verlieren. Die Verwendung von Inhaltsverzeichnissen, Indexen, und Suchfunktionen kann dabei helfen, die Navigation zu erleichtern und dem Benutzer die Orientierung zu ermöglichen. Darüber hinaus sollten visuelle Hinweise und konsistente Navigationsmechanismen verwendet werden, um eine klare Struktur zu schaffen und den Benutzer durch das Hypermedia-System zu führen [LAN06].

Wie oben schon einmal gesagt, sind Navigation und Interaktion eng miteinander verbunden. Daher spielt die Interaktivität eine entscheidende Rolle bei der Gestaltung. Hypermedia-Systeme bieten die Möglichkeit, den Benutzer aktiv in den Informationsprozess einzubeziehen, sei es durch interaktive Grafiken, Entscheidungsbäume, Simulationen oder andere interaktive Elemente, aber auch durch die interaktive, selbstgesteuerte Navigation durch die angebotenen Inhalte. Diese Interaktivität kann das Engagement des Benutzers erheblich erhöhen und die Lernerfahrung vertiefen. Bei der Gestaltung interaktiver Inhalte ist es wichtig, dass diese Elemente nicht nur visuell ansprechend, sondern auch funktional und benutzerfreundlich sind. Sie sollten den Benutzer unterstützen, indem sie relevante Informationen hervorheben, komplexe Zusammenhänge erklären und eine direkte Rückmeldung auf Benutzeraktionen geben [SUN06].

Angesprochen werden muss an dieser Stelle auch die Usability, obwohl damit eigentlich einerseits ein allgemeines Prinzip jeder (Computer-) Anwendung angesprochen wird, andererseits aber gerade in – interaktiven – Informationssystemen nur eine gute Usability zu einer guten Informationsvermittlung führt. Da der Benutzer in der Lage ist, seinen eigenen Weg durch die Informationen zu wählen, ist es wichtig, dass die Inhalte leicht zugänglich und verständlich sind. Dies bedeutet, dass …

- … die Sprache klar und prägnant sein sollte,
- … die visuellen Elemente gut gestaltet sein sollte,
- … die Interaktionen „intuitiv" sein sollten und dass
- … die inhaltliche Struktur verständlich für den Benutzer ist

Zudem müssen die Inhalte so gestaltet sein, dass sie auf unterschiedlichen Endgeräten und Plattformen konsistent und gut lesbar sind. Dies erfordert unter anderem die Berücksichtigung von responsivem Design und die Optimierung der Inhalte für verschiedene Bildschirmgrößen und Auflösungen [BOL01].

An dieser Stelle soll bewusst NICHT auf Programmier- und Auszeichnungssprachen und auch nicht auf Protokolle und weitere technische Aspekte eingegangen werden. Dies würde den Rahmen hier deutlich sprengen und zudem sei an dieser Stele auf die vielfältige und hervorragende Literatur sowie auch auf ebenso hervorragende Online-Quellen verwiesen.

6.2 Wahrnehmung

In Teilen wird sich die Wahrnehmung hypermedialer Inhalte vergleichbar darstellen wie die Wahrnehmung in den bisher diskutierten Medienformen auch. Insbesondere die Wahrnehmung der visuellen Inhalte wird von den gleichen Parametern beeinflusst wie jede andere visuelle Wahrnehmung ebenfalls. An einigen Stellen jedoch ist die Wahrnehmung von Hypermedia ist komplexer und vielschichtiger. Da Hypermedia-Systeme eine nicht-lineare, interaktive und multimediale Informationsdarstellung bieten, unterscheidet sich die Art und Weise, wie Benutzer diese Systeme wahrnehmen und damit interagieren, im Detail dann doch von traditionellen, linearen Medienformaten.

Der wesentliche Aspekt der Wahrnehmung von Hypermedia ist die Art und Weise, wie Benutzer Informationen verarbeiten, die auf verschiedenen medialen Kanälen präsentiert werden. Hypermedia integriert Text, Bild, Audio, Video und interaktive Elemente in einer Weise, die es dem Benutzer ermöglicht, Informationen auf eine nicht-lineare Weise zu erkunden. Diese multimodale Präsentation erfordert, dass das Gehirn simultan unterschiedliche Arten von Informationen verarbeitet und integriert. Die kog-

6.2 Wahrnehmung

nitive Theorie der Multimodalität legt nahe, dass diese parallele Verarbeitung zu einer erhöhten kognitiven Belastung führen kann, insbesondere wenn die Informationen nicht kohärent oder zu komplex sind [MAY05]. Um Überlastungen zu vermeiden und die Effektivität der Informationsvermittlung zu maximieren, müssen Hypermedia-Systeme so gestaltet sein, dass sie eine klare Struktur und gut organisierte Inhalte bieten, die den Benutzer bei der Integration der verschiedenen Medien unterstützen.

Ein weiterer wichtiger Faktor in der Wahrnehmung von Hypermedia ist die visuelle Aufmerksamkeit. Da Hypermedia-Systeme dem Benutzer zahlreiche Möglichkeiten bieten, zwischen verschiedenen Informationspfaden zu navigieren, ist es entscheidend, dass die visuellen und interaktiven Elemente so gestaltet sind, dass sie die Aufmerksamkeit des Benutzers auf die relevanten Informationen lenken. Studien zur Aufmerksamkeitslenkung in digitalen Medien zeigen, dass gut gestaltete visuelle Hinweise, wie Hervorhebungen, Farbkontraste und visuelle Hierarchien, dazu beitragen können, die Benutzer durch komplexe Informationsräume zu führen und gleichzeitig kognitive Überlastungen zu minimieren [NIE10] . Eine effektive Aufmerksamkeitslenkung ist daher ein Schlüsselaspekt bei der Gestaltung von Hypermedia-Inhalten, um sicherzustellen, dass Benutzer die für sie relevanten Informationen schnell und effizient finden.

Die Interaktivität, die Hypermedia-Systeme bieten, spielt ebenfalls eine zentrale Rolle in der Wahrnehmung dieser Medienform. Interaktive Elemente, wie Hyperlinks, interaktive Grafiken und Entscheidungspfade, ermöglichen es dem Benutzer, aktiv mit den Inhalten zu interagieren und ihre Navigation und Informationssuche individuell zu gestalten. Diese Form der Interaktivität kann das Engagement und die kognitive Verarbeitung von Informationen erheblich steigern, da sie den Benutzer stärker in den Informationsprozess einbindet und ein Gefühl der Kontrolle und Partizipation vermittelt [SUN19]. Allerdings muss diese Interaktivität sorgfältig gestaltet sein, um den Benutzer nicht zu überfordern oder abzulenken. Zu viele Interaktionsmöglichkeiten können zu einer sogenannten „Paradox of Choice" führen, bei der der Benutzer durch die Vielzahl der Optionen überwältigt wird und Schwierigkeiten hat, Entscheidungen zu treffen [SCH04].

Ein weiterer Aspekt der Wahrnehmung von Hypermedia ist die Art und Weise, wie Benutzer den Raum und die Navigation innerhalb eines Hypermedia-Systems wahrnehmen. Anders als in linearen Medien, bei denen der Benutzer einem vorgegebenen Pfad folgt, bietet Hypermedia die Möglichkeit, sich frei durch ein Netzwerk von Informationen zu bewegen. Diese nicht-lineare Struktur kann sowohl als befreiend als auch als verwirrend empfunden werden, je nachdem, wie gut das System organisiert und wie intuitiv die Navigation gestaltet ist. Benutzer müssen in der Lage sein, sich in der Informationsstruktur zu orientieren und ihre eigene Navigation zu steuern, ohne sich verloren zu fühlen. Dies erfordert eine klare Strukturierung der Inhalte und benutzerfreundliche Navigationswerkzeuge, wie Inhaltsverzeichnisse, Suchfunktionen und visuelle Karten, die dem Benutzer helfen, den Überblick zu behalten und sich in der Informationslandschaft zurechtzufinden [LAN06].

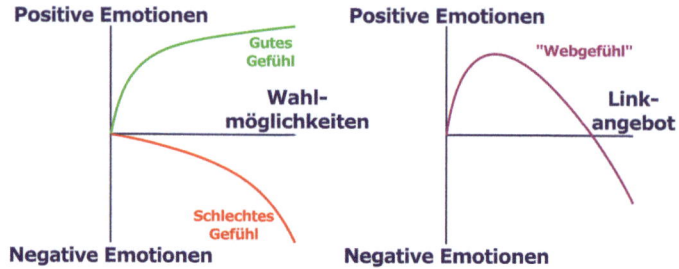

Abb. 6.4 Paradox of Choice

Navigationsprobleme sind ein weiteres häufiges Hindernis in Hypermedia-Systemen, die eng mit der kognitiven Überlastung verbunden sind. In einem nicht-linearen System, das eine Vielzahl von Informationspfaden bietet, können Benutzer leicht die Orientierung verlieren oder Schwierigkeiten haben, den gewünschten Inhalt zu finden. Dieses Phänomen wird oft als „Lost in Hyperspace" bezeichnet und beschreibt die Situation, in der Benutzer nicht mehr wissen, wo sie sich im System befinden oder wie sie zu einer bestimmten Information gelangen können [CON87]. Solche Navigationsprobleme können die Effizienz der Informationssuche beeinträchtigen und dazu führen, dass Benutzer frustriert das System verlassen. Unter der Bezeichnung „Paradox of Choice" ist dies mittlerweile ein zentraler Aspekt der Webgestaltung. (Abb. 6.4).

6.3 Interaktion

Hypermedia-Systeme zeichnen sich durch ihre nicht-lineare Struktur und die Integration verschiedener Medientypen aus, was eine vielfältige und dynamische Interaktion ermöglicht. Im Gegensatz zu traditionellen, linearen Medien bieten Hypermedia-Systeme dem Benutzer die Möglichkeit, durch Hyperlinks, interaktive Elemente und Multimedia-Inhalte eigene Navigationspfade zu erstellen und Informationen auf eine individuell angepasste Weise zu erkunden.

Die Interaktivität in Hypermedia-Systemen basiert auf der Verwendung von Hyperlinks, die es dem Benutzer ermöglichen, von einem Informationsknoten zu einem anderen zu springen. Diese Hyperlinks können Text, Bilder, Videos oder andere mediale Inhalte miteinander verknüpfen, wodurch ein dynamisches Netzwerk entsteht, das dem Benutzer flexible Navigationsmöglichkeiten bietet. Durch diese Interaktivität kann der Benutzer die Reihenfolge und den Umfang der konsumierten Informationen selbst bestimmen, was zu einer personalisierten und zielgerichteten Informationssuche führt [NIE95].

Darüber hinaus ermöglicht die Interaktion in Hypermedia-Systemen nicht nur die Navigation, sondern auch die Manipulation und Anpassung der Inhalte. Benutzer können durch interaktive Grafiken, Entscheidungsbäume oder Simulationen aktiv in den Informationsprozess eingreifen, was das Engagement und die kognitive Verarbeitung von Informationen fördert. Diese Form der Interaktivität unterstützt das Lernen und Verstehen, indem sie den Benutzer stärker in die Auseinandersetzung mit den Inhalten einbindet und die Informationsaufnahme zu einem aktiven Prozess macht [SUN16].

Wenn Menge und Komplexität der präsentierten Informationen die Verarbeitungsfähigkeiten des Benutzers übersteigen kommt es jedoch zum sogenannten Cognitive Overload. In Hypermedia-Systemen kann dies leicht geschehen, da der Benutzer durch die zahlreich angebotenen Hyperlinks und die Medieninhalte navigieren kann, die hin dazu verleiten, eine große Menge an Informationen gleichzeitig zu verarbeiten. Studien zeigen, dass eine übermäßige Menge an Optionen und Verknüpfungen die kognitive Belastung erhöhen und die Fähigkeit des Benutzers, relevante Informationen zu identifizieren und zu verarbeiten, erheblich beeinträchtigen kann. [SWE88] Dies kann zu einer verminderten Lernleistung, einem Gefühl der Überforderung und letztlich zu einer negativen Benutzererfahrung führen.

Zudem sind Navigationsprobleme ein weiteres häufiges Hindernis in Hypermedia-Systemen, die eng mit dem Cognitive Overload verbunden sind. In einem nicht-linearen System, das eine Vielzahl von Informationspfaden bietet, können Benutzer leicht die Orientierung verlieren oder Schwierigkeiten haben, den gewünschten Inhalt zu finden. Dieses Phänomen wird oft als „Lost in Hyperspace", auf welches später noch näher eingegangen wird, bezeichnet und beschreibt die Situation, in der Benutzer nicht mehr wissen, wo sie sich im System befinden oder wie sie zu einer bestimmten Information gelangen können. [CON87] Solche Navigationsprobleme können die Effizienz der Informationssuche beeinträchtigen und dazu führen, dass Benutzer frustriert das System verlassen.

Um diese Art der Überlastung und Navigationsprobleme in Hypermedia-Systemen zu minimieren, sind durchdachte Gestaltungsprinzipien erforderlich. Dazu gehören die klare Strukturierung der Inhalte, die Reduktion unnötiger Verknüpfungen und die Bereitstellung von Navigationshilfen wie Inhaltsverzeichnissen, Suchfunktionen und visuellen Karten, die den Benutzern helfen, sich im System zurechtzufinden. Eine benutzerzentrierte Gestaltung, die die kognitiven Fähigkeiten und Bedürfnisse der Benutzer berücksichtigt, ist entscheidend, um die negativen Auswirkungen dieser Herausforderungen zu minimieren und ein effektives und angenehmes Nutzungserlebnis zu gewährleisten [NOR93].

6.4 Storytelling

Im Gegensatz zu traditionellen Medienformaten, bei denen Geschichten linear und in einer festgelegten Reihenfolge präsentiert werden, ermöglicht Hypermedia ein nicht-lineares und interaktives Storytelling, bei dem der Benutzer die narrative Struktur aktiv mitgestalten kann. Diese Flexibilität eröffnet neue Dimensionen des Erzählens, erfordert

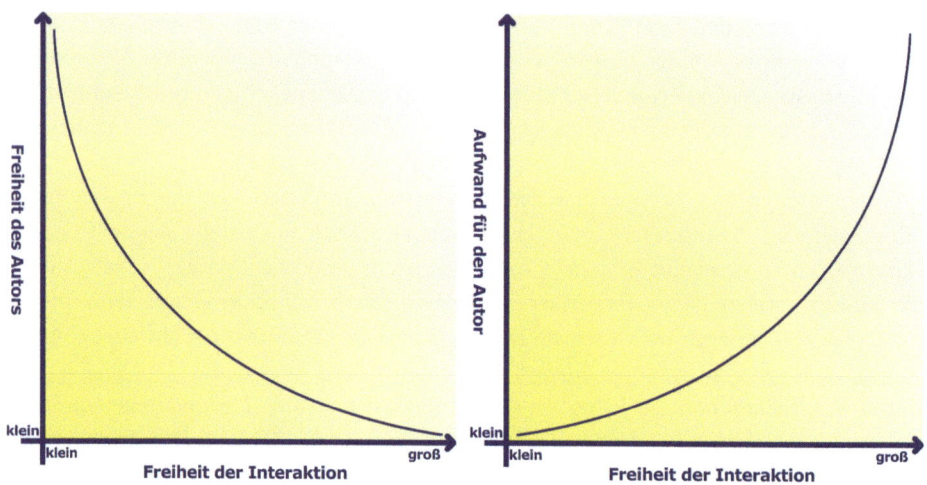

Abb. 6.5 Freiheit des Autors vs. Freiheit der Interaktion

jedoch auch eine sorgfältige Planung und Gestaltung, um sicherzustellen, dass die narrative Kohärenz und die Benutzererfahrung gewahrt bleiben (Abb. 6.5).

Hypermedia ermöglicht es, Geschichten in einer vernetzten Struktur zu erzählen, bei der verschiedene Erzählstränge, Charaktere und Ereignisse durch Hyperlinks miteinander verbunden sind. Diese Struktur erlaubt es dem Benutzer, unterschiedliche Pfade durch die Geschichte zu wählen und dabei verschiedene Perspektiven und Ereignisse zu erkunden. Diese nicht-lineare Erzählweise, die gerne auch als „multilinear" oder „verzweigtes" Storytelling bezeichnet wird, bietet dem Benutzer ein hohes Maß an Interaktivität und auch an Personalisierung. Wieder einmal verlässt der Benutzer die Rolle des passiven Rezipienten und wird zum aktiven Teilnehmer, der die Entwicklung der Geschichte durch seine Entscheidungen beeinflussen kann (Bolter, 2001).

Ein wesentlicher Vorteil dieser Form des Storytellings ist die dazu noch Möglichkeit, verschiedene Medienformate in die Erzählung zu integrieren. Texte, Bilder, Videos, Audiodateien und interaktive Elemente können kombiniert werden, um eine immersive narrative Erfahrung zu schaffen. Diese Multimedialität ermöglicht es, komplexe Geschichten auf vielfältige Weise zu erzählen und unterschiedliche Sinne des Benutzers anzusprechen. So können beispielsweise wichtige Szenen durch Videos oder Animationen verstärkt werden, während Hintergrundinformationen oder innere Monologe durch Texte vermittelt werden. Diese Kombination von Medien erweitert die Möglichkeiten des Storytellings erheblich und kann die emotionale Wirkung und das Engagement des Benutzers steigern [MUR17].

Andererseits birgt diese Art des Storytelling jedoch auch spezifische Herausforderungen. Eine der größten Herausforderungen besteht darin, die narrative Kohärenz zu bewahren, während dem Benutzer gleichzeitig ein hohes Maß an Freiheit und Interaktivität geboten wird. In einem nicht-linearen Hypermedia-System besteht die Gefahr, dass der Benutzer den roten Faden der Geschichte verliert, wenn er sich frei zwischen verschiedenen Erzählsträngen bewegt. Dies kann dazu führen, dass die Geschichte fragmentiert oder unzusammenhängend wirkt. Um diesem Problem entgegenzuwirken, müssen Hypermedia-Systeme sorgfältig gestaltet sein, um sicherzustellen, dass alle Erzählpfade sinnvoll miteinander verknüpft sind und dass der Benutzer stets die Möglichkeit hat, zur Hauptstory zurückzukehren oder den Kontext der Ereignisse zu verstehen [RYA04].

Auch die Berücksichtigung der Benutzerführung ist in diesem Zusammenhang von Relevanz. Da der Benutzer die Kontrolle über die Navigation und die Auswahl der Erzählstränge hat, müssen ihm klare und „intuitive" Navigationshilfen bereitgestellt werden. Dies kann durch visuelle Karten, Inhaltsverzeichnisse oder narrative Wegweiser geschehen, die dem Benutzer helfen, seinen aktuellen Standpunkt in der Geschichte zu erkennen und mögliche nächste Schritte zu identifizieren. Eine gut gestaltete Benutzerführung trägt dazu bei, die Orientierung zu erleichtern und den Fluss der Geschichte aufrechtzuerhalten, ohne die Interaktivität und Freiheit des Benutzers einzuschränken [AAR97].

Eng verbunden damit ist dann auch wieder die Gestaltung von Interaktivität. Durch die Interaktivität ist es dem Benutzer erst möglich, Entscheidungen zu treffen, die den Verlauf der Geschichte beeinflussen, sei es durch die Auswahl eines Erzählstrangs, das Lösen von Rätseln oder das Treffen von moralischen Entscheidungen. Diese interaktiven Elemente können die Tiefe und Komplexität der Erzählung erheblich erhöhen, erfordern jedoch eine sorgfältige Gestaltung, um sicherzustellen, dass sie sinnvoll in die narrative Struktur integriert sind und nicht als bloße Spielerei wirken. Die Interaktivität sollte die Geschichte bereichern und dem Benutzer ein Gefühl von Kontrolle und Einflussnahme vermitteln, während sie gleichzeitig die narrative Kohärenz bewahrt [SUN16].

Die nicht-lineare Struktur von Hypermedia bietet dem Benutzer ein hohes Maß an Freiheit und Personalisierung, erfordert jedoch eine sorgfältige Planung und Gestaltung, um narrative Kohärenz und Benutzerführung zu gewährleisten. Durch die geschickte Integration von Text, Bild, Video und interaktiven Elementen können Hypermedia-Systeme immersive und emotionale Erzählungen schaffen, die das Potenzial haben, die Art und Weise, wie Geschichten erzählt und erlebt werden, grundlegend zu verändern.

6.5 Lost in Hyperspace

Ein Phänomen, das bei anderen, insbesondere klassischen Medienformen so nicht vorkommt, ist das oben schon mehrfach erwähnte Phänomen „Lost in Hyperspace". Dieses Phänomen stellt eine erhebliche Herausforderung in der Nutzung, aber auch in der Gestaltung von Hypermedia-Systemen dar. Es beschreibt das Gefühl der Desorientierung, das der Benutzer erlebt, wenn er durch ein komplexes Netzwerk von Hyperlinks navigiert, das keine klar erkennbare Struktur oder Hierarchie bietet. Daraus resultiert Desorientierung, hauptsächlich aus der inhärenten Nichtlinearität des Hypermedia-Inhalts. Der Benutzer hat die Freiheit, in beliebiger Reihenfolge durch die Inhalte zu navigieren und kann dabei unzählige Pfade verfolgen. Diese (über-) große Freiheit kann jedoch dazu führen, dass der Benutzer dann den Überblick verliert und sich in den zahlreichen Verbindungen und Verzweigungen des Hyperraums verirrt.

Ein weiterer Faktor, der ein „Getting Lost in Hyperspace" begünstigt, ist die Abwesenheit physischer Indikatoren, die in traditionellen Medien wie Büchern vorhanden sind. Während der Fortschritt in einem physischen Buch durch umgeblätterte Seiten oder das Gewicht des verbleibenden Buchs greifbar und visuell nachvollziehbar ist, fehlen solche konkreten Anhaltspunkte in Hypermedia. Die daraus resultierende Abstraktheit kann das Gefühl der Desorientierung weiter verstärken und die kognitive Belastung des Benutzers verstärken [CON87].

Die Folgen können beträchtlich sein. Der Benutzer kann Frustration, Stress und ein Gefühl der Überforderung erleben, was nicht nur die Benutzungserfahrung beeinträchtigt, sondern auch das Lernen und Verstehen der präsentierten Inhalte erschwert. In extremen Fällen kann es dazu führen, dass Benutzer die Nutzung abbricht. Daher ist es entscheidend, diese Herausforderungen durch eine durchdachte Gestaltung zu adressieren.

Verschiedene Strategien können dazu beitragen, das Risiko für „Lost in Hyperspace" zu minimieren. Eine davon ist die Implementierung klarer Navigationsstrukturen und visueller Hilfsmittel, die dem Benutzer hilft, seine Position im Hyperraum zu verstehen und zu verfolgen. Dies kann durch Nutzung sogenannter „Breadcrumbs", von Karten, Menüs oder anderen Visualisierungen geschehen, die den aktuellen Standort und den Navigationspfad des Benutzers verdeutlichen [NIE95].

Darüber hinaus müssen auch die Inhalte in logischen und überschaubaren Einheiten organisiert werden und dem Benutzern kohärente Pfade durch diese Inhalte vorgeschlagen werden. Eine solche Strukturierung erleichtert es den Benutzer, den Überblick zu behalten und die Beziehungen zwischen den verschiedenen Inhalten zu verstehen. Zudem können adaptive Systeme, die die Navigation basierend auf dem individuellen Nutzerverhalten oder -profil personalisieren, dazu beitragen, die Wahrscheinlichkeit des Verirrens im Hyperraum zu reduzieren [SCH04].

„Lost in Hyperspace" bleibt die wesentliche Herausforderung in der Gestaltung eines Hypermedia-Systems. Trotz der fortschreitenden technologischen Entwicklung wird erwartet, dass Hypermedia weiterhin eine zentrale Rolle im digitalen Zeitalter spielen wird. Technologien wie Künstliche Intelligenz (KI) könnten Hypermedia-Systeme zunehmend intelligenter und anpassungsfähiger machen, indem sie personalisierte Inhalte und Navigationspfade anbieten, die das Nutzungserlebnis verbessern und das Risiko, sich tatsächlich des „Lost in Hyperspace" zu fühlen, verringern [MUR17].

Zudem könnten Entwicklungen in VR, AR und auch die Mixed Reality noch zu immersiveren Hypermedia-Erfahrungen führen. Diese Technologien ermöglichen es den Benutzern, in dreidimensionale, interaktive Umgebungen einzutauchen, die weit über die Grenzen traditioneller Medien hinausgehen und neue Formen des Erzählens und Lernens ermöglichen [RYA04]. Mittels neuer Formen des Semantic Web, des Internets der Dinge (IoT) und auch durch die Integration von „Big Data" könnten zukünftige Hypermedia-Systeme zudem dahingehend entwickelt werden, eine noch größere Vielzahl von Inhalten und Datenquellen als heute schon zu verknüpfen und damit eine noch größere Vielfalt an Inhalten anzubieten, die personalisierte und kontextbezogene Interaktionen ermöglichen [SUN16].

Schließlich wird erwartet, dass zukünftige Hypermedia-Systeme stärker auf Zugänglichkeit und Inklusion ausgerichtet sein werden. Durch die Anwendung universeller Designprinzipien und die Entwicklung unterstützender Technologien könnten Hypermedia-Systeme für eine breitere Nutzergruppe zugänglich gemacht werden, einschließlich Menschen mit unterschiedlichen Fähigkeiten und Bedürfnissen. Diese Entwicklungen werden entscheidend dazu beitragen, dass Hypermedia-Systeme weiterhin eine zentrale Rolle in der digitalen Informationslandschaft spielen.

Und zu guter Letzt darf an dieser Stelle der gute Mark Zuckerberg nicht unerwähnt bleiben, der das Metaversum als das embodied Internet der Zukunft bezeichnet hat. Und wer darin „lost" geht, ist dann wahrscheinlich inclusive seines digitalen Zwillings wirklich lost! [HOF24].

Und jetzt alles zusammen: Multimedia 7

Inhaltsverzeichnis

7.1	Gestaltung & Technik	4
7.2	Wahrnehmung	9
7.3	Interaktion	12
7.4	Storytelling	13
7.5	Lost in Multimedia	16

Das Wort „Multimedia" ist ein zusammengesetzter Begriff, der sich aus den lateinischen Wörtern „multi", was „viel" bedeutet, und „media", was für „Mittel" steht, ableitet. In seiner grundlegendsten Form bezieht sich Multimedia auf die Verwendung mehrerer Medien, um Informationen zu kommunizieren oder darzustellen. Dabei kann es sich um eine Kombination aus Text, Audio, Bild, Video, Animation und Interaktivität handeln. In der digitalen Welt hat sich Multimedia jedoch zu einem weitreichenden Konzept entwickelt, das viele Aspekte der Informationsdarstellung und -kommunikation abdeckt.

Es gibt zahlreiche Definitionen von Multimedia, die jeweils den Fokus auf unterschiedliche Aspekte legen. Laut Vaughan ist Multimedia *„jede Kombination von Text, Grafik, Sound, Animation und Video, die über Computer oder elektronische Geräte geliefert wird"* [VAU21]. Ein etwas anderer Ansatz stammt von Rada, der Multimedia als *„eine Integration von Daten aus unabhängigen Medien"* bezeichnet. Dies könnte beispielsweise eine Kombination aus Text, audiovisuellen Daten, Grafiken, Animationen, Video und interaktiven Elementen sein [RAD94].

Eine möglichst alles umfassende Definition könnte folgendermaßen lauten: [HOF20].

▶ **Definition** Multimedia im Sinne einer (medien-) informatischen Anwendung meint die einzelne oder kombinierte Darstellung verschiedener Medien, die sowohl zeitabhängig als auch zeitunabhängig sein können.

Diese Darstellung kann ein einzelnes Medium als auch jede mögliche Kombination zu einem singulären Zeitpunkt oder eine zeitliche Abfolge solcher Kombinationen in einem kontextbezogenen Rahmen sein.

Multimedia kann die Möglichkeit zur direkten und indirekten Einflussnahme durch einen Benutzer auf die Kombination oder auf den zeitlichen Ablauf der einzelnen Medien beinhalten.

Einer der zentralen Aspekte von Multimedia ist die Interaktivität, die oft als die Möglichkeit definiert wird, in Echtzeit auf Benutzereingaben zu reagieren. Diese Eigenschaft hebt Multimedia von traditionellen, statischen Medien ab und ermöglicht eine individuelle und flexible Informationsaufnahme.

Neben den digitalen Inhalten umfasst der Begriff Multimedia auch die dazugehörigen Technologien und Werkzeuge. Dazu gehören Hard- und Software, Netzwerke und Datenformate, die zur Erstellung, Speicherung, Übertragung und Wiedergabe von Multimedia-Inhalten benötigt werden.

Der Begriff Multimedia ist kein feststehender Begriff. Vielmehr entwickelt er sich mit den technologischen Fortschritten und sich ändernden Benutzerbedürfnissen weiter. Mit dem Aufkommen neuer Technologien wie Virtual und Augmented Reality, Künstlicher Intelligenz und Big Data erweitert sich das Spektrum dessen, was als Multimedia betrachtet wird, ständig und bringt neue Möglichkeiten und Herausforderungen mit sich.

Die Begriffe Multimedia und Hypermedia werden oft in ähnlichen Kontexten verwendet und es gibt Überschneidungen in ihren Definitionen, jedoch handelt es sich um unterschiedliche Konzepte:

Multimedia, wie zuvor definiert, bezieht sich auf die Integration verschiedener Medienformen wie Text, Audio, Grafiken, Animationen und Video. Der Schwerpunkt liegt dabei auf der Art und Weise, wie verschiedene Arten von Inhalten verwendet werden, um eine umfassende, oft interaktive Erfahrung zu schaffen.

Hypermedia hingegen, ein Begriff, der aus „Hypertext" abgeleitet ist und von Ted Nelson in den 1960er Jahren geprägt wurde, bezieht sich auf die Verknüpfung und Verbindung von Informationen. In einem Hypermedia-System sind multimediale Inhalte durch Links miteinander verbunden, die Benutzern ermöglichen, auf nicht-lineare Weise durch die Inhalte zu navigieren. Das bekannteste Beispiel für ein Hypermedia-System ist das World Wide Web, in dem Webseiten durch Hypertext-Links miteinander verbunden sind und Nutzer nach Belieben zwischen ihnen navigieren können.

Während also Multimedia die Integration und Verwendung verschiedener Medienarten in einem System oder einer Anwendung betont, liegt der Schwerpunkt von Hypermedia auf der Strukturierung und Verknüpfung von Informationen, unabhängig davon, welche Medienarten verwendet werden. In der Praxis gibt es jedoch oft eine erhebliche

7 Und jetzt alles zusammen: Multimedia

Überschneidung zwischen den beiden, da viele moderne Anwendungen sowohl multimediale Inhalte als auch Hypermedia-Strukturen verwenden.

Ein gutes Beispiel dafür ist eine interaktive Website. Eine solche Website kann als Multimedia-Anwendung betrachtet werden, da sie Text, Bilder, Videos und möglicherweise Audioelemente verwendet, um Informationen zu präsentieren. Gleichzeitig aber ist sie auch ein Hypermedia-System, da die Inhalte durch Links miteinander verbunden sind und Benutzer durch das Aktivieren der Links – dem „Klick" darauf – nach eigenem Ermessen navigieren können.

Multimedia und Hypermedia kombinieren sich zu wichtige Werkzeuge in der modernen Informationsdarstellung und -kommunikation, bleiben aber verschieden mit jeweils eigenen Schwerpunkten.

Im weitesten Sinne kann Multimedia bis in das 19. Jahrhundert zurückverfolgt werden, als die ersten Technologien zur simultanen Präsentation von Text, Bild und Ton entwickelt wurden. Ein bedeutender Meilenstein in dieser Entwicklung war die Erfindung des Phonographen durch Thomas Edison im Jahr 1877, der es erstmals ermöglichte, Schall aufzuzeichnen und wiederzugeben. Diese Technologie legte den Grundstein für die Integration von Audio in multimediale Präsentationen und ebnete den Weg für zukünftige Innovationen im Bereich der Ton- und Bildaufzeichnung [EDI78].

Parallel zur Entwicklung des Phonographen begann die Entwicklung der Fotografie, die die visuelle Komponente des späteren Multimedia-Konzepts entscheidend prägte. Die Erfindung des Daguerreotyps durch Louis Daguerre im Jahr 1839 markierte den Beginn der modernen Fotografie und ermöglichte es, Bilder auf einer chemisch behandelten Oberfläche festzuhalten. Diese frühen fotografischen Verfahren wurden schnell weiterentwickelt und führten zur Entstehung bewegter Bilder, die später in Form des Films das Medium des 20. Jahrhunderts prägen sollten [DAG39].

Mit der Erfindung des Kinematographen durch die Brüder Lumière im Jahr 1895 wurden die ersten bewegten Bilder auf eine Leinwand projiziert, was als eine der ersten echten Multimedia-Anwendungen betrachtet werden kann. Diese Erfindung kombinierte visuelle und auditive Elemente und legte den Grundstein für die Filmindustrie, die bis heute eine der wichtigsten Formen der Multimedia-Unterhaltung darstellt [LUM95]. Der frühe Film diente nicht nur der Unterhaltung, sondern auch der Bildung und Information, indem er bewegte Bilder und später auch Ton zur Verbreitung von Wissen und kulturellen Inhalten nutzte.

Als wesentlich für die Entwicklung des heutigen Verständnisses von Multimedia ist sicherlich die Entwicklung der Radio- und Fernsehtechnologie im frühen 20. Jahrhundert anzusehen. Das Radio, das in den 1920er Jahren populär wurde, integrierte Tonübertragungen und ermöglichte es, Live-Nachrichten, Musik und Unterhaltung in die Haushalte zu bringen. Diese Form der Einwegkommunikation wurde durch das Fernsehen erweitert, das in den 1950er Jahren den Durchbruch erlebte und die gleichzeitige Übertragung von Bild und Ton ermöglichte. Das Fernsehen repräsentiert eine frühe Form des Massenmediums, das verschiedene mediale Inhalte kombinierte und einem breiten Publikum zugänglich machte [WIN98].

Die ersten digitalen Anwendungen entstanden in den 1960er Jahren, als Computertechnologie zur Verarbeitung und Präsentation von Text, Bild und Ton eingesetzt wurde. Douglas Engelbart präsentierte 1968 das „Mother of All Demos", eine bahnbrechende Demonstration, die die Integration von Text, Grafiken und Interaktion über eine grafische Benutzeroberfläche zeigte. Diese Präsentation legte den Grundstein für moderne Multimedia-Anwendungen, indem sie die Möglichkeiten der Computertechnologie für die kombinierte Nutzung verschiedener Medientypen aufzeigte [ENG68].

7.1 Gestaltung & Technik

Technisch muss Multimedia, insbesondere wenn es im digitalen Kontext behandelt wird, aus der Warte der Hardware, aber zwingend auch aus der Warte der Softwarekomponenten, die zur Erfassung, Verarbeitung, Speicherung und Übertragung von multimedialen Inhalten erforderlich sind, betrachtet werden.

Kurz gesagt wird Hardware für die Erzeugung – Produktion – und für die Wiedergabe – Präsentation – von Multimedia-Inhalten benötigt. Diese umfasst eine Vielzahl von Geräten, die speziell für die Erfassung von Text, Bildern, Audio und Video entwickelt wurden. Dazu zählen (Digital-) Kameras, Mikrofone, Scanner und Aufzeichnungs- und Speichergeräte, die alle in der Lage sind, analoge physische Informationen in digitale Formate umzuwandeln. Diese Digitalisierung ist ein entscheidender Schritt, da sie es ermöglicht, die verschiedenen Medientypen in einem einheitlichen digitalen Format zu speichern und zu verarbeiten [CER03].

Ebenso wichtig wie die Erfassung ist jedoch auch die Verarbeitung, die auf leistungsfähiger Hardware erfolgt. Die zentrale Recheneinheit (CPU) und die Grafikkarte (GPU) eines Computers spielen eine Schlüsselrolle bei der Verarbeitung und Darstellung von Multimedia. Während die CPU für die allgemeine Verarbeitung von Daten verantwortlich ist, ist die GPU speziell für die Bearbeitung von Grafiken und Videos optimiert. Diese Hardwarekomponenten müssen eng zusammenarbeiten, um sicherzustellen, dass Multimedia-Inhalte effizient und in hoher Qualität verarbeitet und dargestellt werden können. Fortschritte in der Prozessor- und Grafiktechnologie haben in den letzten Jahren zu einer erheblichen Steigerung der Leistung geführt, was die Entwicklung komplexer und immersiver Multimedia-Anwendungen ermöglicht hat [HEN17].

Auf der Hardware läuft die Software – welch weltbewegende Erkenntnis;-) – die zur Erstellung, Bearbeitung und Wiedergabe von Multimedia-Inhalten verwendet wird. Diese Software umfasst eine breite Palette von Anwendungen, die speziell auf die verschiedenen Medientypen zugeschnitten sind. Grafikbearbeitungsprogramme wie Adobe Photoshop oder GIMP, Videobearbeitungssoftware wie Adobe Premiere oder Final Cut Pro sowie Audiobearbeitungsprogramme wie Audacity oder Pro Tools sind nur einige Beispiele für spezialisierte Software, die es ermöglicht, hochwertige Multimedia-Inhalte zu erstellen und zu bearbeiten. [MAN01] Darüber hinaus spielen Webtechnologien wie HTML5, CSS und JavaScript eine entscheidende Rolle bei der Integration von

Multimedia in Online-Umgebungen und ermöglichen es, interaktive und dynamische Inhalte direkt im Webbrowser zu präsentieren.

Da Multimedia-Dateien in der Regel große Mengen an Daten enthalten, sind effiziente Speicher- und Kompressionstechnologien erforderlich, um diese Daten handhabbar zu machen. Festplatten, SSDs und Cloud-Speicherlösungen bieten die Kapazität und Geschwindigkeit, die für die Speicherung großer Mengen an Multimedia-Daten erforderlich sind. Gleichzeitig spielen Datenkompressionsverfahren wie JPEG, MP3 und MPEG eine entscheidende Rolle bei der Reduzierung der Dateigröße, ohne die Qualität der Inhalte erheblich zu beeinträchtigen. Diese Technologien ermöglichen es, Multimedia-Inhalte effizient zu speichern und über Netzwerke zu übertragen, was insbesondere für die Verbreitung von Multimedia über das Internet von großer Bedeutung ist [SAY17].

Ein weiteres wichtiges technologisches Fundament von Multimedia sind die Netzwerktechnologien, die es ermöglichen, Multimedia-Inhalte zu übertragen und zu teilen. Mit der Verbreitung des Internets und der Entwicklung von Breitbandtechnologien sind Multimedia-Inhalte heute weltweit in Echtzeit zugänglich. Technologien wie Streaming, Content Delivery Networks (CDNs) und das Internet der Dinge (IoT) haben es ermöglicht, Multimedia-Inhalte über verschiedene Plattformen und Geräte hinweg bereitzustellen. Diese Netzwerktechnologien sind entscheidend für die Verteilung und den Zugang zu Multimedia-Inhalten, da sie die Basis für Dienste wie Video-on-Demand, Online-Gaming und soziale Medien bilden [SCH17].

Geräte uns Anwendungen müssen allerdings auch von den Benutzern, egal ob Produzent oder Zuschauer, bedient werden Daher spielen Benutzungsoberflächen und Interaktionsgeräte ebenfalls eine wichtige Rolle. Die Entwicklung „intuitiver" und benutzungsfreundlicher Schnittstellen ist entscheidend, um den Zugang zu Multimedia-Inhalten zu erleichtern und die Benutzererfahrung zu verbessern. Geräte wie Touchscreens, VR-Headsets und Gestensteuerungen ermöglichen es den Benutzern, auf natürliche und immersive Weise mit Multimedia-Anwendungen zu interagieren. Diese Technologien tragen wesentlich dazu bei, Multimedia-Inhalte zugänglicher und ansprechender zu gestalten [NOR13].

Multimedia zeichnet sich, wie aus den obigen Definition abzulesen, durch die Integration verschiedener Medientypen aus, die zusammen eine reichhaltige und interaktive Informationsumgebung schaffen wollen oder sollen.

Übersicht
- Auch im Kontext von Multimedia ist **Text** immer noch DAS wesentliche Inhaltselement. Text ist die am weitesten verbreitete Form von Information und Kommunikation in digitalen Medien und spielt eine entscheidende Rolle in fast allen Multimedia-Anwendungen. Texte können Informationen präzise und direkt vermitteln und dienen häufig als strukturierendes Element innerhalb von Multimedia-Inhalten. Sie können als Beschriftungen, Überschriften, Untertitel oder als erläuternder Inhalt eingesetzt werden. In Kombination mit ande-

ren Medientypen kann Text dazu beitragen, die Bedeutung und den Kontext von Bildern, Videos oder Audioinhalten zu klären und zu verstärken [MAN01]
- Neben Texten sind **Grafiken und Bilder** weitere wesentliche Komponenten von Multimedia. Sie dienen nicht nur der visuellen Darstellung von Informationen, sondern auch der Ästhetik und der Schaffung einer visuellen Identität für multimediale Inhalte. Bilder können in verschiedenen Formen auftreten, von einfachen Illustrationen und Diagrammen bis hin zu komplexen Fotocollagen und digitalen Kunstwerken. Grafiken und Bilder haben die Fähigkeit, komplexe Informationen auf eine Weise darzustellen, die visuell ansprechend und leicht verständlich ist. Sie werden oft verwendet, um Emotionen zu vermitteln, Aufmerksamkeit zu erregen und den Benutzer durch die visuellen Elemente eines Projekts zu führen [LES13]. In Kombination mit Text können Grafiken und Bilder eine starke synergetische Wirkung erzielen, die das Verständnis und die Erinnerung von Informationen verbessert.
- Ebenso spielt Ton, also **Audio**, eine wichtige Rolle bei der Vermittlung von Emotionen, der Schaffung von Atmosphäre und der Unterstützung von visuellen Inhalten. Die Integration von Ton in Multimedia kann verschiedene Formen annehmen, einschließlich gesprochener Sprache, Musik, Soundeffekte und Hintergrundgeräusche. Audio kann verwendet werden, um narrative Elemente zu verstärken, Anweisungen zu geben oder einfach eine bestimmte Stimmung zu erzeugen. Die Kombination von Audio mit Text und Bild kann die Multimodalität von Inhalten erhöhen und das Benutzererlebnis erheblich verbessern [CHI94]. Darüber hinaus kann Ton in interaktiven Multimedia-Anwendungen als Feedback dienen, um dem Benutzer Rückmeldungen zu geben und ihn durch die Anwendung zu führen.
- **Videos** kombinieren visuelle und auditive Elemente und bieten eine dynamische Form der Informationsvermittlung. Videos können eingesetzt werden, um komplexe Abläufe zu erklären, Geschichten zu erzählen oder ein Thema visuell zu veranschaulichen. Die Stärke von Videos liegt in ihrer Fähigkeit, sowohl über das visuelle als auch das auditive System des Menschen zu wirken, was einetiefer gehendee und emotionalere Verbindung mit den Inhalten ermöglicht. Mit der Verbreitung von Online-Plattformen wie YouTube und Vimeo hat sich Video als eines der dominierenden Formate in der Multimedia-Welt etabliert [BOR16].
- Neben Videos können **Animationen** grafische Elemente zum Leben erwecken oder komplexe visuelle Effekte erzeugen, die in statischen Bildern nicht möglich wären. Sie werden häufig verwendet, um Bewegungen zu simulieren, Abläufe zu verdeutlichen oder dynamische Veränderungen darzustellen. Animationen können sowohl in 2D- als auch in 3D-Formaten erstellt werden und bieten eine flexible und kreative Möglichkeit, Informationen zu präsentieren und das Engagement des Benutzers zu fördern [LAS87]. In vielen Fällen werden Animationen mit anderen Medientypen wie Text und Ton kombiniert, um interaktive und immersive Multimedia-Erfahrungen zu schaffen.

7.1 Gestaltung & Technik

Abb. 7.1 Produktionspipeline

Die Produktion von Multimedia-Inhalten ist ein komplexer Prozess, der in der Regel in mehrere Phasen unterteilt wird. Jede Phase erfordert spezifische Fähigkeiten und Technologien und trägt dazu bei, das endgültige Multimedia-Produkt zu formen. Im Folgenden werden die üblichen Phasen des Produktionsprozesses für Multimedia erläutert(Abb. 7.81).

Overview
- **Planungs- und Konzeptionsphase**: Diese erste Phase beinhaltet die Definition der Ziele und des Zielpublikums des Multimedia-Projekts, die Entwicklung des Konzepts und des Inhalts sowie die Auswahl der Medientypen und Technologien, die verwendet werden sollen. Während dieser Phase ist es wichtig, eine klare Vision des Projekts zu haben und ein detailliertes Storyboard oder Skript zu erstellen, das als Leitfaden für die Produktion dient. Außerdem müssen die technischen Anforderungen und Einschränkungen berücksichtigt werden, um sicherzustellen, dass das Projekt technisch machbar ist [HEA18]
- **Design- und Entwicklungsphase**: In dieser Phase wird das Design der Multimedia-Anwendung erstellt, einschließlich der Auswahl von Farben, Schriftarten, Bildern, Animationen und anderen Designelementen. Darüber hinaus wird die Struktur und Navigation der Anwendung entworfen und die Interaktionselemente definiert. Die Entwicklung umfasst die technische Umsetzung des Designs, einschließlich der Programmierung der Interaktivität und der Integration der verschiedenen Medienelemente [BIS17] [BÖH14d].
- **Produktionsphase**: Während der Produktionsphase werden die Inhalte für das Projekt erstellt oder beschafft. Dies kann die Erstellung von Texten, das Auf-

nehmen von Bildern oder Videos, das Erstellen von Grafiken oder Animationen, das Aufzeichnen oder Bearbeiten von Audiodateien und vieles mehr umfassen. Die Inhalte werden dann in das Projekt integriert und entsprechend dem Design und dem Skript formatiert und angeordnet [SHA20].

- **Testphase**: Nach der Produktion wird die Multimedia-Anwendung gründlich getestet, um sicherzustellen, dass sie korrekt funktioniert und die gestellten Anforderungen erfüllt. Der Test umfasst sowohl technische Aspekte wie z. B. die Überprüfung auf Fehler oder Leistungsprobleme als auch benutzerzentrierte Aspekte wie z. B. die Überprüfung der Benutzungsfreundlichkeit und der Zugänglichkeit. Basierend auf den Ergebnissen des Tests können Korrekturen oder Verbesserungen vorgenommen werden [LAZ17][BAL12].
- **Veröffentlichungsphase**: Sobald das Produkt getestet und für gut befunden wurde, kann es veröffentlicht und an das Zielpublikum verteilt werden. Dies kann die Bereitstellung auf einer Website, das Hochladen auf eine App-Store, das Brennen auf eine CD oder DVD oder andere Formen der Distribution umfassen [REI16].
- **Bewertungsphase**: Nach der Veröffentlichung ist es oft sinnvoll, das Produkt zu überwachen und Feedback von den Benutzern zu sammeln, um seine Wirksamkeit zu bewerten und mögliche Verbesserungen für zukünftige Projekte zu identifizieren [KUM17].

Der Produktionsprozess muss jedoch nicht zwingend immer linear sein. Oft gibt es Überlappungen zwischen den Phasen, und es kann notwendig sein, zu früheren Phasen zurückzukehren, um Änderungen vorzunehmen oder Probleme zu beheben. Darüber hinaus kann der Prozess je nach der Art des Projekts, den zur Verfügung stehenden Ressourcen und den spezifischen Anforderungen variieren. [PRE14] (Abb. 7.2).

7.2 Wahrnehmung

Die Art und Weise, wie Menschen Multimedia wahrnehmen und damit umgehen, wird maßgeblich von der sensorischen und kognitiven Verarbeitung beeinflusst. Sensorische Verarbeitung umfasst die Aufnahme von Informationen durch die Sinne – wie Sehen, Hören und Fühlen – und die Weiterleitung dieser Informationen an das Gehirn. Diese Prozesse bilden die Grundlage für die erste Phase der Wahrnehmung, in der Sinnesreize in neuronale Signale umgewandelt und an das zentrale Nervensystem weitergeleitet werden [GOL14].

Die kognitive Verarbeitung hingegen bezieht sich auf die Interpretation, Speicherung und Reaktion auf diese sensorischen Informationen. Dieser Prozess ist komplex und umfasst mehrere Schritte, darunter die Aufmerksamkeit, das Gedächtnis und die Ent-

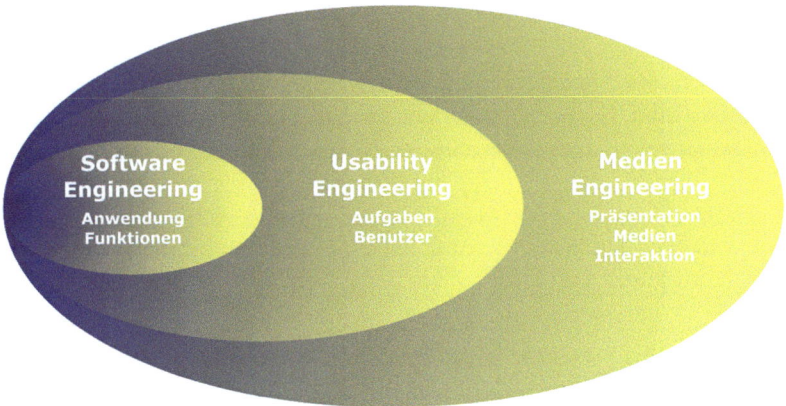

Abb. 7.2 SW-/ Usability-/ Medien-Engineering

scheidungsfindung. Die kognitive Verarbeitung ermöglicht es dem Individuum, die eingehenden sensorischen Informationen zu verstehen und sie in einen sinnvollen Kontext zu stellen [MAY14].

Multimedia-Inhalte sind typischerweise multimodal, was bedeutet, dass sie Informationen über mehrere Sinnesmodalitäten hinweg präsentieren, wie etwa visuelle, auditive und haptische Reize. Diese simultane Präsentation von Informationen über verschiedene Modalitäten kann die Informationsverarbeitung und das Lernen fördern, da sie unterschiedliche Aspekte der menschlichen Kognition anspricht. Multimodale Inhalte ermöglichen eine reichhaltigere und tiefere Erfahrung, indem sie das Potenzial des Gehirns nutzen, komplexe und verknüpfte Informationen effektiver zu verarbeiten [MOR07].

Die Gestalttheorie, eine psychologische Theorie, die sich mit der Wahrnehmung von Mustern und Formen beschäftigt, spielt eine wesentliche Rolle in der Gestaltung und Interpretation von Multimedia-Inhalten. Diese Theorie, die im frühen 20. Jahrhundert in Deutschland entwickelt wurde, betont, dass das menschliche Gehirn visuelle und andere sensorische Informationen nicht als isolierte Einzelteile, sondern als organisierte, ganzheitliche Muster oder „Gestalten" wahrnimmt. Dieses zentrale Prinzip, bekannt als das Prinzip der Prägnanz, ist von grundlegender Bedeutung für das Verständnis der Art und Weise, wie Menschen Multimedia-Inhalte verarbeiten und interpretieren [PAL99] [WAG12][ROC90].

Die Gestaltpsychologie identifiziert mehrere Wahrnehmungsprinzipien, die erklären, wie visuelle Elemente von Menschen gruppiert und interpretiert werden. Diese Prinzipien umfassen Ähnlichkeit, Nähe, Kontinuität, Geschlossenheit und die Figur-Grund-Beziehung. Diese Prinzipien sind nicht nur theoretisch von Bedeutung, sondern haben auch praktische Anwendungen in der Gestaltung von Multimedia, da sie wesentlich beeinflussen, wie Benutzer Inhalte wahrnehmen und organisieren.

Overview

- Das Prinzip der Ähnlichkeit besagt, dass Menschen dazu neigen, Objekte, die in Form, Farbe, Größe oder Orientierung ähnlich sind, als zusammengehörige Gruppe zu betrachten. In der Gestaltung von Multimedia kann dieses Prinzip genutzt werden, um zusammengehörige Elemente visuell zu gruppieren oder Unterschiede zwischen Elementen hervorzuheben. Dies fördert eine klare Strukturierung und unterstützt den Benutzer dabei, die Beziehungen zwischen verschiedenen Informationen intuitiv zu erkennen.
- Das Prinzip der Nähe beschreibt die Tendenz, Objekte, die nahe beieinander liegen, als Gruppe zu sehen. In der Praxis der Multimedia-Gestaltung kann dieses Prinzip verwendet werden, um visuelle Beziehungen zwischen Elementen herzustellen, die Navigation zu erleichtern und das Verständnis der Inhalte zu unterstützen. Indem nahe beieinander platzierte Elemente als zusammengehörig wahrgenommen werden, kann der Designer den Informationsfluss gezielt lenken und die Benutzererfahrung optimieren.
- Das Prinzip der Kontinuität postuliert, dass Menschen dazu neigen, Linien und Pfade als fortlaufende Elemente zu interpretieren, selbst wenn sie durch andere Objekte unterbrochen werden. Dieses Prinzip kann in der Gestaltung von animierten oder interaktiven Multimedia-Inhalten verwendet werden, um Bewegungen und Übergänge logisch und intuitiv zu steuern. Es fördert die flüssige Wahrnehmung von Abläufen und trägt zur Kohärenz der visuellen Darstellung bei.
- Das Prinzip der Geschlossenheit besagt, dass Menschen unvollständige Formen als vollständige wahrnehmen, sofern genügend Informationen vorhanden sind, um das Gesamtbild zu erkennen. In der Gestaltung von Multimedia kann dieses Prinzip dazu genutzt werden, Informationslücken zu überbrücken und eine intuitive Interpretation von Inhalten zu ermöglichen. Es fördert die aktive Teilnahme des Benutzers an der Informationsverarbeitung und kann dazu beitragen, komplexe Inhalte zugänglicher zu machen.
- Das Prinzip der Figur-Grund-Beziehung bezieht sich auf die menschliche Tendenz, bestimmte Elemente als Vordergrund (Figur) und andere als Hintergrund (Grund) zu identifizieren. In der Multimedia-Gestaltung kann dieses Prinzip verwendet werden, um den Fokus und die Aufmerksamkeit des Benutzers gezielt zu steuern. Durch die bewusste Gestaltung der Figur-Grund-Dynamik können Designer sicherstellen, dass die wichtigsten Informationen im Vordergrund stehen und leicht erfasst werden können.

Durch die Anwendung dieser – und auch weiterer – Prinzipien der Gestalttheorie – können Designer die Wahrnehmung und Interpretation von Inhalten durch den Benutzer optimieren und so effektivere und intuitivere Benutzererfahrungen schaffen. Die Integration dieser psychologischen Erkenntnisse in den Designprozess trägt dazu bei, (Multimedia-) Produkte zu entwickeln, die nicht nur ästhetisch ansprechend, sondern auch funktional und benutzerfreundlich sind.

Die kognitive Belastung spielt eine entscheidende Rolle in der Wahrnehmung und Verarbeitung von Multimedia-Inhalten. Dieser Begriff bezieht sich auf die Menge an mentaler Anstrengung, die erforderlich ist, um Informationen effektiv zu verarbeiten. Ein Multimedia-Design, das zu komplex oder unstrukturiert ist, kann die kognitive Belastung der Benutzer erheblich erhöhen, was zu einer Überforderung des Arbeitsgedächtnisses führen kann und somit die Informationsverarbeitung und das Lernen behindert. Es ist daher von zentraler Bedeutung, dass die Präsentation und Organisation von multimedialen Informationen sorgfältig gestaltet wird, um die kognitive Belastung zu minimieren und dadurch die Lernleistung zu maximieren [SWE11].

Die Wahrnehmung von Multimedia ist jedoch nicht nur auf sensorische Erfahrungen beschränkt, sondern umfasst auch komplexe kognitive Prozesse. Diese kognitiven Prozesse – einschließlich Aufmerksamkeit, Informationsverarbeitung, Speicherung und Abruf – sind entscheidend für das Verständnis und die effektive Interaktion mit Multimedia-Inhalten. Die Aufmerksamkeit ist dabei eine zentrale kognitive Fähigkeit, die beeinflusst, wie Nutzer multimediale Informationen wahrnehmen. Da Multimedia-Elemente häufig miteinander um die Aufmerksamkeit des Benutzers konkurrieren, ist es entscheidend, wie diese Elemente präsentiert werden. Faktoren wie Größe, Position, Farbe, Bewegung und Kontrast spielen eine wichtige Rolle dabei, die Aufmerksamkeit auf bestimmte Elemente zu lenken und sie von anderen abzulenken [AND13].

Ein weiterer kritischer Aspekt der kognitiven Verarbeitung ist die Begrenzung der Informationsmenge, die das menschliche Gehirn gleichzeitig verarbeiten kann, ein Konzept, das als kognitive Belastung bekannt ist. Wenn Benutzer mit zu vielen oder zu komplexen Informationen konfrontiert werden, steigt die kognitive Belastung, was das Verstehen und die Speicherung von Informationen erschwert. Ein effektives Multimedia-Design berücksichtigt diese kognitiven Grenzen und strebt danach, Informationen so zu präsentieren, dass die kognitive Belastung minimiert wird. Dies kann durch die Aufteilung von Informationen in kleinere, überschaubare Einheiten, die Nutzung visueller Hilfsmittel zur Darstellung komplexer Informationen und die Vermeidung unnötiger oder ablenkender Elemente erreicht werden [MAY14].

Darüber hinaus spielt die Fähigkeit zur Speicherung und zum Abruf von Informationen eine wesentliche Rolle in der Nutzung von Multimedia. Daher sollten Inhalte so gestaltet sein, dass sie das Speichern und Abrufen von Informationen unterstützen. Methoden wie die Wiederholung von Inhalten, das Einfügen von Mustern und Assoziationen sowie die Integration von Interaktivität und Feedback können das Lernen und die Erinnerungsfähigkeit signifikant verbessern. Die Verknüpfung neuer Informationen mit bereits vorhandenem Wissen ist ein weiteres wirksames Mittel, um das Gedächtnis zu unterstützen und das Verständnis zu vertiefen [PAA12].

7.3 Interaktion

Interaktion spielt eine entscheidende Rolle bei der Gestaltung jeder Anwendung. Durch Interaktion wird der Benutzer nicht länger als passiver Konsument von Inhalten betrachtet, sondern wird zu einem aktiven Teilnehmer am Kommunikationsprozess. Dies fördert nicht nur das Engagement, sondern verbessert auch das Verständnis der Inhalte und erhöht die Zufriedenheit der Nutzer. In der Gestaltung und Nutzung von Multimedia lassen sich verschiedene Formen der Interaktion unterscheiden, die jeweils unterschiedliche Aspekte der Benutzererfahrung adressieren.

Zunächst einmal ist Interaktion zwingend für die Navigation, die es den Benutzern ermöglicht, sich innerhalb der Inhalte zu bewegen und gezielt Informationen oder Funktionen auszuwählen. Die Navigation kann auf verschiedene Weise realisiert werden, beispielsweise durch Menüs, Hyperlinks, Schaltflächen oder Suchfunktionen. Die Struktur der Navigation kann sowohl hierarchisch aufgebaut sein, indem sie eine klare Gliederung von Haupt- und Unterseiten bietet, als auch assoziativ, indem sie durch Verknüpfungen und Beziehungen zwischen den Inhalten eine flexible und dynamische Erkundung ermöglicht. Die Gestaltung einer effektiven Navigation ist entscheidend, um die Zugänglichkeit und Benutzerfreundlichkeit der Anwendung zu gewährleisten [NIE12].

Neben der Navigation spielt auch die Manipulation eine wichtige Rolle in der Interaktion mit Multimedia-Inhalten. Manipulation bezieht sich auf die Fähigkeit der Benutzer, Inhalte direkt zu verändern oder zu beeinflussen. Dies kann visuelle Inhalte wie Bilder und 3D-Modelle, auditive Inhalte wie Musik und Soundeffekte, textliche Inhalte wie Texte und Codes sowie interaktive Inhalte wie Spiele und Simulationen betreffen. Durch die Möglichkeit, Inhalte durch Aktionen wie Ziehen, Vergrößern, Drehen oder Bearbeiten zu manipulieren, wird den Benutzern eine tiefere und individuellere Interaktion ermöglicht, die zur Personalisierung und Anpassung der Inhalte beiträgt [SHN17].

Dazu kommt schließlich noch der Aspekt der Kommunikation. Sie ermöglicht es den Benutzern, sowohl mit anderen Nutzern als auch mit dem System selbst zu interagieren. Diese Interaktionen können auf verschiedenen Ebenen stattfinden, etwa durch Chats, Foren, Kommentare, Bewertungen oder das Teilen von Inhalten über soziale Netzwerke. Die Kommunikation kann dabei entweder synchron, also in Echtzeit wie bei Videochats oder Online-Spielen, oder asynchron, also zeitlich verzögert wie bei E-Mails oder Foren, erfolgen. Diese Kommunikationsformen tragen nicht nur zur Vernetzung der Benutzer bei, sondern fördern auch den Austausch von Informationen und die Bildung von Gemeinschaften rund um die Multimedia-Inhalte [JON12].

Basisziel von Interaktion in Multimedia-Systemen ist jedoch die Steuerung der Wiedergabe der Inhalte. Dies kann sich auf die Wiedergabefunktionalität beziehen, wie etwa das Abspielen, Pausieren oder Vor- und Zurückspulen von Videos. Aber auch die Regelung von Lautstärke, das Ein- und Ausblenden von Inhalten oder das Durchlaufen von Präsentationen gehören zur Steuerung. Solche Steuerungsmechanismen können sowohl vom Benutzer selbst als auch automatisiert durch das System gesteuert werden, etwa bei Diashows oder der Autoplay-Funktion. Eine gut gestaltete Steuerung trägt entscheidend zur Benutzerfreundlichkeit bei und ermöglicht es den Benutzern, die Inhalte nach ihren eigenen Bedürfnissen und Vorlieben zu konsumieren [SUN08].

7.4 Storytelling

Multimediale Elemente und Strukturen bieten viele Möglichkeiten, um mittels Storytellingtechniken Geschichten eindrucksvoll und nachhaltig zu vermitteln. Die Kombination von Text, Bild, Ton, Bewegung und Interaktivität erlaubt es, komplexe Informationen zu vereinfachen, emotionale Verbindungen zu schaffen und ein tiefes Eintauchen des Publikums zu ermöglichen, was das Engagement und die Wirkung der Erzählung verstärken kann.

Im Bereich des visuellen und akustischen Storytellings nutzt Multimedia die kraftvollen Ausdrucksmöglichkeiten von Bildern und Klängen, um Geschichten lebendig werden zu lassen. Visuelle Elemente wie Bilder, Videos, Animationen und Infografiken können verwendet werden, um Charaktere, Orte, Ereignisse und Konzepte darzustellen. Diese visuellen Repräsentationen ermöglichen es dem Betrachter, Inhalte intuitiv und schnell zu erfassen. Gleichzeitig tragen Audioelemente wie Musik, Sprache und Geräusche dazu bei, die emotionale Tiefe zu intensivieren, die Stimmung zu gestalten und den narrativen Rhythmus zu steuern. Die synergetische Integration von visuellen und akustischen Elementen kann zu einer starken emotionalen Resonanz und einem intensiven sensorischen Erlebnis führen, was die Rezeption der Geschichte nachhaltig prägt [BOR13].

Klassisch ist das lineare Storytelling, das einem klaren und kontinuierlichen zeitlichen Ablauf folgt, ist in der Multimedia-Gestaltung weit verbreitet. Traditionell werden Ereignisse in einer festgelegten Reihenfolge präsentiert, etwa in Form von Anfang, Mitte und Ende. Multimedia-Techniken wie Filmmaterial, Tonaufnahmen, Animationen und Slide-Shows unterstützen dieses lineare Erzählen, indem sie Bild, Ton, Text und Bewegung kombinieren, um eine immersive und reiche narrative Erfahrung zu schaffen. Durch diese Integration wird das Publikum auf eine strukturierte Reise durch die Geschichte mitgenommen, was zu einem kohärenten und befriedigenden Erzählfluss beiträgt [MCK97].

Im Gegensatz dazu erlaubt nichtlineares Storytelling eine flexiblere Struktur, bei der die Benutzer die Reihenfolge der Ereignisse selbst bestimmen können. Diese Form des Erzählens wird durch interaktive Elemente wie Hyperlinks, Menüs und Suchfelder ermöglicht, die es dem Publikum gestatten, zwischen verschiedenen Teilen der Geschichte hin und her zu springen. Diese Interaktivität fördert die Partizipation und das Engagement des Publikums und ermöglicht eine personalisierte Erfahrung, die den individuellen Interessen und Präferenzen des Nutzers entspricht. Diese Art des Storytellings eröffnet neue Möglichkeiten der Erzählung, die über die traditionellen linearen Strukturen hinausgehen und das Publikum aktiv in den Erzählprozess einbinden [MAN01].

Zeitbasiertes und Echtzeit-Storytelling nutzen die Dimension der Zeit, um den narrativen Fluss zu steuern. Durch den Einsatz von Videos, Audios und Animationen, die einen synchronisierten Ablauf von Bildern, Tönen und Texten ermöglichen, wird das Tempo, der Rhythmus und die Spannung der Erzählung beeinflusst. Diese zeitbasierte Gestaltung kann die Dynamik und die emotionale Wirkung einer Geschichte verstärken und dazu beitragen, das Publikum durch eine sorgfältig inszenierte Abfolge von Ereignissen zu fesseln.[JEN06] Echtzeit-Storytelling nutzt dabei die tatsächliche Zeit und den Kontext des Benutzers, um die Erzählung unmittelbar und relevant zu gestalten. Technologien wie Live-Streaming, Echtzeit-Updates und Geolokalisierung ermöglichen es, Geschichten kontinuierlich und in Echtzeit zu präsentieren, was ihre Relevanz und Authentizität erhöht. Diese unmittelbare Form des Erzählens kann das Gefühl der Verbundenheit und Aktualität beim Publikum stärken und es in die Erzählung hineinziehen [RYA01].

Interaktives Storytelling eröffnet dem Benutzer wiederum die Möglichkeit, aktiv in die Geschichte einzugreifen und sie nach eigenen Vorstellungen zu beeinflussen. Diese Form des Erzählens fördert die Partizipation und ermöglicht es dem Nutzer, durch Entscheidungen, Problemlösungen und kreative Aktivitäten eine personalisierte Erfahrung zu machen. Interaktives Storytelling stärkt das Engagement und die Identifikation mit der Geschichte und vermittelt dem Benutzer ein Gefühl von Kontrolle und Autonomie, was zur Zufriedenheit und Bindung an die Erzählung beiträgt [MUR17].

Multimedia kann hilfreich bei der Darstellung und Vermittlung komplexer Daten und Informationen sein. Durch den Einsatz von narrativen Infografiken, Datenvisualisierungen, Diagrammen und Animationen können umfangreiche Fakten, Statistiken, Trends und Muster auf eine Weise präsentiert werden, die sowohl zugänglich als auch ansprechend ist. Diese visuellen und interaktiven Darstellungsformen erleichtern das Verständnis komplexer Inhalte, wecken die Neugier des Publikums, fesseln die Aufmerksamkeit und tragen dazu bei, dass die vermittelten Informationen im Gedächtnis bleiben. Der Einsatz von Multimedia zur Visualisierung von Daten ermöglicht es, komplizierte Zusammenhänge auf eine intuitive Weise zu kommunizieren, was besonders in einer zunehmend datengetriebenen Welt von entscheidender Bedeutung ist [TUF06][CAI13].

Eine interessante und spannende Form, Geschichten zu erzählen, ergibt sich, wenn innerhalb der Erzählung das Medium verlassen bzw. gewechselt wird. (→) Transmediales Storytelling (Abb. 7.3) erzählt eine Geschichte über verschiedene Medienplattformen und Formate hinweg. Durch die strategische Kombination von Websites, Social Media, Blogs, Videos, Podcasts, Spielen, E-Books, Apps und anderen Medien können vielschichtige und miteinander vernetzte Erzählungen geschaffen werden. Diese Erzählweisen überschreiten die traditionellen Grenzen von Zeit, Raum und Medium und fördern ein tieferes Eintauchen und eine intensivere Beteiligung des Publikums. Transmediales Storytelling ermöglicht es, eine kohärente und umfassende Marken- oder Nachrichtenerfahrung zu vermitteln, die verschiedene Aspekte einer Geschichte aus unterschiedlichen Perspektiven beleuchtet und somit das Engagement und die emotionale Bindung des Publikums stärkt. [JEN06][RYA13].

7.5 Lost in Multimedia

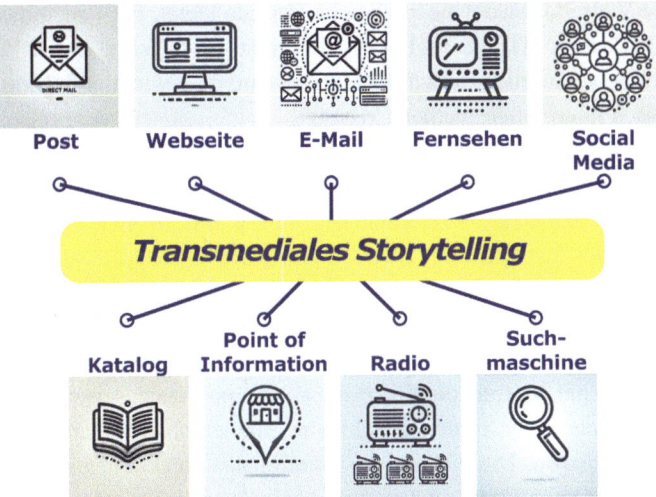

Abb. 7.3 Transmediales Storytelling

Durch die Integration solcher Techniken in Multimedia-Anwendungen wird nicht nur die Informationsvermittlung optimiert, sondern auch die Art und Weise, wie Geschichten erzählt werden, verändert und optimalerweise an den Benutzer angepasst. Multimedia schafft auf diesem Wege eine Brücke zwischen Daten und Erzählung, indem es komplexe Inhalte in eine narrative Form bringt, die für das Publikum leicht zugänglich und verständlich ist. Diese Verbindung von Information und Erzählung ist ein mächtiges Werkzeug, das in vielen Bereichen Anwendung findet und das Potenzial hat, das Publikum auf eine tiefgreifende und nachhaltige Weise zu erreichen.

7.5 Lost in Multimedia

Der Mensch in der modernen Gesellschaft ist mit einer zunehmend wachsenden Menge an multimedialen Inhalten konfrontiert, ein Phänomen, das häufig als „Multimedia Overload" oder „Information Overload" bezeichnet wird. Dieser Begriff beschreibt die Situation, in der Benutzer aufgrund der Vielzahl und Vielfalt an multimedialen Informationen, die sie gleichzeitig verarbeiten müssen, überfordert sind. Diese Überlastung kann sowohl kognitive als auch emotionale Folgen haben, die sich negativ auf das Lernen, die Entscheidungsfindung und das allgemeine Wohlbefinden auswirken können.

Die rasante Entwicklung der digitalen Medien hat dazu geführt, dass multimediale Inhalte allgegenwärtig sind. Plattformen wie soziale Medien, Nachrichtenportale und Unterhaltungswebsites bieten eine Fülle von Texten, Bildern, Videos, Audiodaten und interaktiven Elementen, die Benutzer gleichzeitig aufnehmen und verarbeiten müssen.

Diese mediale Vielfalt, obwohl sie zahlreiche Vorteile bietet, birgt auch das Risiko einer kognitiven Überlastung. Das menschliche Gehirn ist nur begrenzt in der Lage, Informationen parallel zu verarbeiten, was dazu führen kann, dass wichtige Informationen übersehen oder falsch interpretiert werden [MAY09].

Kognitive Belastung entsteht durch die gleichzeitige Verarbeitung von Informationen aus verschiedenen Modalitäten. Studien haben gezeigt, dass das Gehirn Schwierigkeiten hat, Informationen effizient zu verarbeiten, wenn es mit zu vielen Reizen gleichzeitig konfrontiert ist. Dies kann zu einer Überforderung des Arbeitsgedächtnisses führen, wodurch die Fähigkeit zur Verarbeitung und Speicherung von Informationen beeinträchtigt wird. Als Folge davon können die Aufmerksamkeitsspanne verkürzt, das Verständnis reduziert und die Entscheidungsfindung erschwert werden [SWE11].

Darüber hinaus hat Multimedia Overload auch emotionale Auswirkungen. Die ständige Exposition gegenüber einer Vielzahl von Medieninhalten kann zu Stress, Angst und Erschöpfung führen. Diese negativen emotionalen Reaktionen können die Motivation und das Engagement der Benutzer verringern, was sich wiederum negativ auf ihre Produktivität und ihr Wohlbefinden auswirken kann. Besonders in Arbeitsumgebungen, in denen Benutzer regelmäßig mit einer großen Menge an multimedialen Informationen konfrontiert sind, kann dies zu einer signifikanten Belastung führen [SON15].

Um den Auswirkungen von Multimedia Overload entgegenzuwirken, müssen Strategien zur Reduktion der kognitiven Belastung entwickelt werden. Dies kann durch eine gezielte Gestaltung und Organisation von Multimedia-Inhalten erreicht werden. Beispielsweise sollten Informationen in leicht verdaulichen Einheiten präsentiert und überflüssige Inhalte vermieden werden. Visuelle und auditive Elemente sollten so gestaltet werden, dass sie sich ergänzen, anstatt miteinander zu konkurrieren, um die kognitive Last zu minimieren. Zudem können Benutzer durch personalisierte Filter und Algorithmen unterstützt werden, die helfen, relevante Inhalte auszuwählen und unnötige Informationen auszublenden [CAI11].

Zunehmend wichtig wird zudem die Entwicklung von Medienkompetenzen, die es dem Benutzer ermöglicht, effektiv mit der Fülle an Informationen umzugehen. Medienkompetente Benutzer sind in der Lage, kritische Entscheidungen darüber zu treffen, welche Informationen sie konsumieren und wie sie diese verarbeiten. Dies umfasst auch die Fähigkeit, Ablenkungen zu minimieren und sich auf die wichtigsten Inhalte zu konzentrieren [HOB10].

Und in Zukunft: Brain?

Auch in Zukunft werden sich in der (Multi-) Media-Welt spannende Entwicklungen und damit einhergehende Veränderungen zeigen, die sowohl die Art und Weise, wie Inhalte produziert und konsumiert werden, als auch die Benutzungserfahrung selbst erheblich beeinflussen werden. Diese Veränderungen werden durch den technologischen Fortschritt und die zunehmende Integration von KI, VR, AR und anderen Technologien vorangetrieben.

Die zunehmende Verschmelzung von KI und Multimedia zeichnet sich aktuell schon ab. Die sogenannte „Künstliche Intelligenz" spielt eine immer wichtigere Rolle bei der Personalisierung von Inhalten und der Optimierung der Benutzungserfahrung. So sind KI-gestützte Anwendungen in der Lage, individuelle Präferenzen und Verhaltensmuster zu analysieren, um maßgeschneiderte Inhalte bereitzustellen, die den spezifischen Bedürfnissen und Interessen des Benutzers entsprechen. Dies führt zu wesentlich individuelleren und relevanteren Benutzungserfahrungen, die auf die spezifischen Vorlieben jedes Einzelnen individuelle zugeschnitten sind. Auf diesem Wege können Inhalte auch automatisch generiert werden. Dies senkt nicht nur die Produktionskosten, sondern auch die Geschwindigkeit und Effizienz der Content-Erstellung [MCA17].

Das Metaversum ruft! Und die Weiterentwicklung immersiver Technologien wie Virtual Reality und Augmented Reality wird ohne Zweifel Einfluss darauf haben, wie in Zukunft mit digitalen Inhalten interagiert werden wird. Das Metaversum in Form von VR und AR bietet immersive Erlebnisse, die weit über die traditionellen zweidimensionalen Bildschirme hinausgehen, indem sie den Benutzer in vollständig dreidimensionale Welten eintauchen lassen [HOF24]. Diese Entwicklungen könnten z. B. in den Bereichen Bildung, Unterhaltung und Training zu neuen Formen des interaktiven Lernens und Erlebens führen. Komplexe Sachverhalte können in immersiver Form auf „intuitive" und visuell ansprechende Weise leichter vermittelt werden als in „klassischer" Form [BAI18]. So zumindest die Idee.

Zukunftsweisend ist sicherlich auch die Entwicklung und Verbreitung des Internets der Dinge (Internet of Things, IoT). Mit der zunehmenden Vernetzung von Geräten jeder

Art im IoT besteht die Möglichkeit, (Multi-) Media-Inhalte nicht nur auf traditionellen Bildschirme, egal welcher Größe, zu präsentieren, sondern die Präsentation in eine Vielzahl von Alltagsgegenständen zu integrieren. Dies eröffnet neue Möglichkeiten für kontextbezogene und ortsabhängige Inhalte, die direkt auf die jeweilige Situation des Benutzers abgestimmt sind. Beispielsweise könnten intelligente Haushaltsgeräte multimediale Informationen anzeigen, die direkt mit den aktuellen Bedürfnissen und Vorlieben der Benutzer korrespondieren, was zu einer nahtlosen Integration von Multimedia in den Alltag führt [ATZ17].

Eine andere Technologie wird jedoch möglicherweise noch deutlich mehr Einfluss auf Medien, Medienformate, Gestaltung und Präsentation haben als die bis hierher genannten. Von der Öffentlichkeit eher noch gar nicht bemerkt, steht das Brain Computing vor der Türe, bereit anzuklopfen – und unsere Medienwelt gründlich umzugestalten.

Brain-Computer Interfaces (BCI) sind eine Technologie, die die direkte Kommunikationsverbindung zwischen menschlichem Gehirn und einem externen Gerät herstellt. Solche Systeme ermöglichen es, Gehirnsignale in Echtzeit zu erfassen, zu analysieren und in Steuersignale für Computer, Prothesen oder andere Geräte umzuwandeln. BCI haben das Potenzial, die Interaktion zwischen Mensch und Maschine grundlegend zu verändern und finden auch aktuell schon Anwendung in verschiedenen Bereichen, von der Medizin bis hin zur Unterhaltungsindustrie.

BCI beruhen auf der Erfassung und Interpretation der elektrischen Aktivität des Gehirns, die durch neuronale Prozesse erzeugt wird. Diese Aktivität wird in der Regel mittels Elektroenzephalographie (EEG) gemessen, bei der Elektroden auf der Kopfhaut platziert werden, um die durch neuronale Aktivitäten verursachten Spannungsänderungen zu detektieren. Alternativ können auch andere Technologien wie Magnetenzephalographie (MEG) oder funktionelle Magnetresonanztomographie (fMRT) verwendet werden, um Gehirnsignale zu erfassen [NIC12].

Die erfassten Signale sind jedoch oft verrauscht und komplex, was die Entwicklung neuer Algorithmen zur Signalverarbeitung erfordert. Diese Algorithmen nutzen Techniken des maschinellen Lernens, um Muster in den Gehirnsignalen zu erkennen und diese in aussagekräftige Steuersignale umzuwandeln. Diese Signale können dann zur Steuerung verschiedener Geräte verwendet werden, wie beispielsweise von Computern, Rollstühlen, Prothesen oder sogar von virtuellen Umgebungen [LOT15].

BCI haben ihre Wurzeln in der medizinischen Forschung, insbesondere in der Rehabilitation von Patienten mit schweren motorischen Beeinträchtigungen. Für Menschen, die aufgrund von Erkrankungen wie Amyotropher Lateralsklerose oder Rückenmarksverletzungen gelähmt sind, bieten BCI eine Möglichkeit, wieder mit ihrer Umwelt zu interagieren. So können Patienten mit Hilfe von BCI beispielsweise Computer bedienen, um zu kommunizieren oder sogar eine Prothese steuern, um wieder gewisse Bewegungsfähigkeiten zu erlangen [BIR07]. BCI bieten jedoch nicht nur die Möglichkeit, Computer und andere technische Geräte durch Gedanken zu steuern, sondern darüber hinaus auch die Option, Rückkopplungsschleifen zu schaffen, die die (eigene) Gehirnaktivität beeinflussen können [NIC12].

Neben der medizinischen Anwendung finden BCI aber mittlerweile auch zunehmend in anderen Bereichen Anwendung. In der Unterhaltungsindustrie ermöglichen BCI die Entwicklung von Spielen und VR-Anwendungen, die durch Gehirnsignale gesteuert werden. Diese Anwendungen bieten ein deutlich höheres Maß an Immersion und Interaktivität als aktuelle VR mit HMD, indem sie den Spielern ermöglichen, allein durch Gedanken und ohne Medien- oder Modalitätsbrüche mit virtuellen Welten zu interagieren. Darüber hinaus gibt es auch vielversprechende Entwicklungen in den Bereichen Neurofeedback und kognitive Trainingstherapien, die darauf abzielen, die Gehirnaktivität zu verbessern oder bestimmte kognitive Fähigkeiten zu trainieren [MÜL08].

Trotz aktuell durchaus beeindruckender Fortschritte in der BCI-Forschung stehen diese Technologien vor erheblichen Herausforderungen. Die genaue und zuverlässige Erfassung und Interpretation von Gehirnsignalen bleibt eine komplexe Aufgabe, insbesondere angesichts der hohen Variabilität der Signale zwischen verschiedenen Benutzern und sogar innerhalb eines Benutzers über die Zeit. Die Entwicklung nicht-invasiver BCI, die sowohl genau als auch benutzerfreundlich sind, ist ebenfalls ein kritisches Ziel für die zukünftige Forschung. [HE13] Dennoch versprechen BCI aufregende Möglichkeiten. So könnten BCI in den kommenden Jahren eine zentrale Rolle in verschiedenen Bereichen spielen, von der Medizin über die Unterhaltung bis hin zur Mensch-Maschine-Interaktion. Die Integration von BCI z. B. auch in Alltagsgeräte des IoT könnte zu einer nahtlosen und natürlichen Interaktion zwischen Mensch und Technologie führen, die weit über das hinausgeht, was mit herkömmlichen Eingabegeräten derzeit möglich ist.

Die Verbindung von Brain-Computer Interfaces mit Multimedia-Technologien wird absehbar einen bedeutenden Fortschritt in der Art und Weise markieren, wie digitale Inhalte wahrgenommen und erlebt werden können. BCI ermöglichen es, Gehirnsignale direkt in Steuersignale für Computer und andere elektronische Geräte umzuwandeln, wodurch eine neue Dimension der Interaktion und Wahrnehmung eröffnet wird.

Auch wenn es bisher noch nicht wirklich untersucht ist, so wird die Wahrnehmung von Multimedia durch BCI eine äußerst intensive interaktive Erfahrung sein, bei der das Gehirn nicht nur als Empfänger, sondern auch als unmittelbar aktiver Teilnehmer fungiert. Eine solche Form der Interaktion ermöglicht es den Benutzern, digitale Inhalte nicht nur zu konsumieren, sondern auch durch ihre mentalen Aktivitäten direkt zu beeinflussen. Dadurch wird die Wahrnehmung noch immersiver, denn es entsteht eine nahezu direkte Verbindung zwischen den kognitiven Prozessen des Benutzers und den Multimedia-Inhalten [WOL12].

Die Integration von BCI in ein Multimedia-System eröffnet Anwendungsmöglichkeiten, die weit über die traditionellen Formen der Medienwahrnehmung hinausgehen. Ein herausragendes Potenzial liegt in der personalisierten Mediennutzung. BCI überwachen die Gehirnaktivitäten, um den emotionalen und kognitiven Zustand des Nutzers zu analysieren und die Multimedia-Inhalte in Echtzeit entsprechend anzupassen. Dies könnte zum Beispiel in Form von adaptivem Lernen geschehen, bei dem der Schwierigkeitsgrad von Bildungsinhalten an den mentalen Zustand des Lernenden angepasst wird, um die Effektivität des Lernprozesses zu maximieren [ALL12]. Offensichtlich ist, dass auf diesem Wege auch neuartige Formen von Werbung und Marketing und damit neue Formen individuellen E-Commerces möglich sind.

Interessant sind BCI in hohem Maße auch für Gaming und Unterhaltung. Spiele, die auf BCI basieren, können ein hohes Maß an Immersion bieten, indem sie die Spielumgebung direkt an die kognitiven Reaktionen des Spielers anpassen. So könnten Spiele ihre Schwierigkeit dynamisch verändern, um den Spieler gezielt herauszufordern, oder die Handlung basierend auf den emotionalen Reaktionen des Spielers anzupassen. Welche neuen Formen des Entertainment sich darauf entwickeln, lässt sich derzeit noch nicht vorhersagen. [MÜL08] Durch die unmittelbare Steuerung von Geräten oder Anwendungen allein über die Gehirnaktivitäten könnten Benutzer nicht nur Musik hören oder Filme anschauen – vielmehr können Medieninhalte entweder über das BCI vom Benutzer ausgewählt werden – „Das nächste Lied, bitte!" – oder Musik, Bilder und Filme werden zeitsynchron, sozusagen „on-the-fly", produziert und automatisch generiert [BIR14].

Ein durchaus interessanter Aspekt ist die Benutzungsfreundlichkeit von BCI. Heutige BCI erfordern in der Regel häufig (noch) invasive oder halbinvasive Methoden zur Signalerfassung. Dies könnte die Akzeptanz dieser Technologien durch Benutzer, die Komfort und Bequemlichkeit schätzen, einschränken. Die Entwicklung von nicht-invasiven BCIs mit hoher Genauigkeit wird daher ein entscheidender Schritt sein, um die breitere Anwendung dieser Technologien zu ermöglichen [LEB06].

Verändern wird sich durch den Einsatz von BCI in der Medienwelt auf jeden Fall auch die Gestaltung von Medien. BCI erfordern ein deutliches Umdenken in Bezug auf die traditionellen Gestaltungsprinzipien. Während herkömmliche Medien vor allem auf visuelle und auditive Reize setzen, um die Aufmerksamkeit und das Engagement des Benutzers zu gewinnen, bieten BCI die Möglichkeit der Einwirkung direkt auf die kognitiven Prozesse des Benutzers. Dies zwingt dazu, Medieninhalte so zu gestalten, dass sie nicht nur ansprechend und unterhaltsam sind, sondern auch die kognitiven Fähigkeiten der Benutzer erreichen. Die etablierten, klassischen Gestaltungsprinzipien der Mediengestaltung reichen hier nicht mehr aus.

Wesentliches Gestaltungsprinzip für BCI-Medien ist die Minimierung der kognitiven Belastung. Da BCI direkt mit den mentalen Ressourcen des Benutzers interagieren, ist es wichtig, dass die Medieninhalte so gestaltet sind, dass sie die kognitiven Fähigkeiten des Benutzers nicht überfordern. Dies kann durch die Verwendung klarer und intuitiver Designs, die Vermeidung von übermäßig komplexen Interaktionen und die Bereitstellung von angemessenem Feedback erreicht werden. Ziel wird es sein, eine Balance zwischen Herausforderung und Überforderung zu finden, um den Benutzer in einem optimalen Zustand des „Flow" zu halten, in dem er vollständig in die Medienerfahrung eintauchen kann [ZAN11].

Zentraler als beim heutigen Mediendesign ist bei der Gestaltung von BCI-Medien die Integration multisensorischer Reize. Da BCI die Möglichkeit bieten, verschiedene Sinnesmodalitäten zu synchron zu integrieren, können Medieninhalte so gestaltet werden, dass sie auf eine breite Palette von sensorischen Eingaben reagieren. Dies kann die Kombination von visuellen, auditiven und haptischen Reizen umfassen, die gemeinsam eine immersive und interaktive Medienerfahrung schaffen. Die Integration solcher multisensorischer Reize kann dazu beitragen, das Engagement und die Immersion zu erhöhen, indem sie eine reichhaltigere und vielfältigere Wahrnehmung der Medieninhalte ermöglicht (Allison et al. 2012). Welchen Regeln, Gesetzen oder Prinzipen die Gestaltung von BCI-Medien aber folgt und folgen muss, ist derzeit noch unbekannt.

Natürlich ist die Frage der Privatsphäre und Datensicherheit bei BCI und BCI-Medien noch einmal deutlich gewichtiger als bei bisherigen Medien und Systemen. Da BCI-Systeme direkten Zugang zu den Gedanken und kognitiven Zuständen des Benutzers haben, besteht ein erhebliches potenzielles Risiko für den Missbrauch dieser sensiblen Daten. Hier ist es unumgänglich, robuste Sicherheitsmaßnahmen zu entwickeln, die den Schutz der Privatsphäre gewährleisten und den Missbrauch verhindern [FAR12].

Dennoch ist die Zukunft der Integration von Brain Computing und Multimedia zu „BCI-Medien" spannend und zudem auch vielversprechend. Hier bietet sich das Potenzial, die Art und Weise, wie mit digitalen Inhalten interagiert wird, grundlegend zu verändern. Mit fortschreitenden technologischen Entwicklungen könnten BCI-basierte Multimedia-Systeme eine zentrale Rolle in verschiedenen Bereichen spielen, von der Unterhaltung über die Bildung bis hin zur Rehabilitation und Therapie. Und noch darüber hinaus können mit diesen Technologien nicht nur neue Formen des Erlebens und Lernens entstehen, sondern sie könnten (hoffentlich) auch zu einer inklusiveren und barrierefreieren digitalen Welt beitragen.

Übersicht und Abgrenzung

	Foto & Film			Immersive Medien		Hypermedia
	Panorama	360°	3D	VR	AR	
Perspektive	Stationär	Beweglich	Stationär	Interaktiv	Überlagernd	Interaktiv
Erfassungsbereich	180° – 360°	360°	variabel	Virtuelle Welt	Reale Welt	Digitaler Raum
Darstellung	Weitwinkelbild Sichtfeld von mehr als 180° in einer Dimension	Rundumbild 360° in allen Dimensionen	Räumliches Bild	Virtuelle Umgebung	Überlagerung von digitalen Inhalten auf die reale Umgebung	Multimediale Inhalte mit Verknüpfungen
Immersion	Gering	Mäßig	Mäßig	Hoch	Hoch	Variabel
Interaktivität	Gering	Begrenzt	Begrenzt	Hoch	Hoch	Hoch
	Keine direkte Interaktion	Begrenzte Interaktion durch Wechsel des Blickwinkels	Begrenzte Interaktion durch Wechsel des Blickwinkels	Individuelle Interaktion mit virtuellen Objekten	Individuelle Interaktion mit virtuellen Objekten	Individuelle Interaktion mit angebotenen Verknüpfungen
User Experience	Statische Betrachtung	Begrenzt mobile Betrachtung durch Kopf-/ Körperdrehung	Statische Betrachtung	Interaktive Umgebungserfahrung	Interaktive Umgebungserfahrung	Interaktive Erforschung des Informationsraums
Reaktion des Mediums auf den Benutzer	kein/passives Medienverhalten	kein/ passives Medienverhalten	kein/ passives Medienverhalten	Aktive Reaktion auf Anwesenheit und Interaktion des Benutzers möglich	Aktive Reaktion auf Anwesenheit und Interaktion des Benutzers möglich	Reaktion auf Aktivierung von Verknüpfungen

	Foto & Film			Immersive Medien		Hypermedia
	Panorama	360°	3D	VR	AR	
Wahrnehmungsumfang	Dargestellter Inhalt des Fotos/Films	Dargestellter Inhalt des Fotos/ Films	Dargestellter Inhalt des Fotos/ Films	Virtuelle Welt zur freien Erkundung	Bewegung und Rezeption in der realen Welt	Digitaler Informationsraum
Zusätzliche Elemente	Keine	Keine	Keine	Virtuelle Objekte	Reale und virtuelle Objekte	Digitale Inhalte/ Medien
Anwendungsformen/ -bereiche	z. B. Reise- oder Landschaftsfotografie	z. B. virtuelle Touren, Eventdokumentation	Unterhaltung, Information	Gaming, Simulationen, Bildung	Navigation, Datenüberlagerung	Interaktive Präsentationen, E-Learning
	Tourismus, Landschaftsfotografie, Architektur	Immobilien, Virtuelle Touren, Eventdokumentation	Design, Medizin, Archäologie, Kreativität	Unterhaltung, Training, Simulationen, Forschung	Bildung, Marketing, Industrie	Interaktive Präsentationen, E-Learning
Anwendungsbeispiele	Panoramabilder/ -filme	Google Street View	3D-Fotos /-Filme	VR-Spiele, VR-Anwendungen	AR-Apps, Pokémon Go	Webseiten mit interaktiven Elementen

Angaben zu den Abbildungen

Ab-bildungen	Titel	Quelle		Lizenz
1	Mediennutzungs-analyse 2023	https://vau.net/pressemeldungen/ mediennutzungsanalyse-2023-fast-zehn-stunden-taegliche-nutzung-von-audio-und-audio-visuellen-medien-in-deutschland/	VAUNET [VPR23]	
2	Nutzungsdauer Medien	https://www.ard-zdf-onlinestudie. de/files/2023/ARD_ZDF_Online-studie_2023_Publikationscharts. pdf	ARD/ ZDF [ARD23]	
3	Petroglyphen	Hawaii, Big Island, Volcano Na-tional Park	Invisible Cow, Peter Hoffmann	Eigene Darstellung
4	Realitäts-Virtualitäts-Kontinuum	[HOF24]	Invisible Cow, Peter Hoffmann	Eigene Darstellung
5	Zeitstrahl der Medienent-wicklung		Invisible Cow, Peter Hoffmann	Eigene Darstellung
6	„Das letzte Abendmahl"	https://commons.wikimedia.org/ wiki/File:%22 The_Last_Supper%22_by_Leo-nardo_da_Vinci_-_Joy_of_Mu-seums.jpg	www.Joyofmu-seums com	CC-BY-SA-4.0
7	„Das letzte Abendmahl" in Relation zu aktuellen Abbildungs-formaten	https://commons.wikimedia.org/ wiki/File:Leonarda_da_vinci,_ last_supper_01.jpg	Verändert durch: Peter Hoffmann, Invisible Cow	Public Domain

© Der/die Herausgeber bzw. der/die Autor(en), exklusiv lizenziert an Springer Fachmedien Wiesbaden GmbH, ein Teil von Springer Nature 2025
P. Hoffmann, *Beyond (Multi-) Media*, X.media.press,
https://doi.org/10.1007/978-3-658-48567-2

Abbildungen	Titel	Quelle		Lizenz
8	Gebirgspanorama von Jacques-Barthélemy Micheli du Crest	https://commons.wikimedia.org/wiki/File:Prospect_g%C3%A9om%C3%A9trique.jpg	File Upload Bot (Magnus Manske)	Public Domain
9	Die Qingming-Rolle	https://commons.wikimedia.org/wiki/File:Alongtheriver_Qing-Ming.jpg	Baidu Tieba	Public Domain
		https://commons.wikimedia.org/wiki/File:Qingming_shanghe_tu_bridge.jpg	User: Immanuel Giel	Public Domain
10	London-Panorama von Robert Barker	https://www.londonmylondon.co.uk/the-church-that-marks-the-birth-of-augmented-reality/	Vic Keegan	angefragt
11	Das Thun-Panorama, gestern und heute	https://www.thun-panorama.ch/de/thun-panorama/rundbild	Thun-Panorama	angefragt
12	Georamen	[ABB 23]		„no known restriction for scholarly use"
		[BEL15]		
13	Myriorama – Zehntausendschau	https://en.wikipedia.org/wiki/File:Myriorama_cards.jpg	User: HJMG	Public Domain
14	Cyklorama: Fahrt auf der Transsibirischen Eisenbahn	https://commons.wikimedia.org/wiki/File:1900_Le_St%C3%A9r%C3%A9orama_%E2%80%93_Fahrt_mit_der_Transsibirischen_Eisenbahn.jpg	User: Obruni	Public Domain
	Mareorama	https://commons.wikimedia.org/wiki/File:Mareorama_(Scientific_American).jpg	User: Brian0918	Public Domain
15	Rheinpanorama	https://commons.wikimedia.org/wiki/File:La_Vall%C3%A9e_du_Rhin_de_Bingen_%C3%A0_Coblence.jpg	User: ManiacParisien	Public Domain
16	Cinemascope und Panavision im 4:3-Fernsehen		Invisible Cow, Peter Hoffmann	Eigene Darstellung

Angaben zu den Abbildungen

Ab-bildungen	Titel	Quelle		Lizenz
17	Absoluter Größenvergleich: Panoramen der Geschichte und heutige Standardgrößen		Invisible Cow, Peter Hoffmann	Eigene Darstellung
	Relativer Größenvergleich: Panoramen der Geschichte		Invisible Cow, Peter Hoffmann	Eigene Darstellung
18	Abbildungs-probleme bei der Zentralprojektion		Invisible Cow, Peter Hoffmann	Eigene Darstellung
19	Abstrahierte Zentralprojektion		Invisible Cow, Peter Hoffmann	Eigene Darstellung
20	Abstraktion der Zentralprojektion auf eine Ebene		Invisible Cow, Peter Hoffmann	Eigene Darstellung
	Abstraktion der Zentral-projektion auf eine Zylinder-projektion		Invisible Cow, Peter Hoffmann	Eigene Darstellung
21	Abstraktion eines Endlos-/360°-Panoramas		Invisible Cow, Peter Hoffmann	Eigene Darstellung
22	Endlos-/360°-Panorama (Thun-Pano-rama)	https://www.thun-panorama.ch/de/thun-panorama/rundbild	Thun-Panorama	angefragt
23	Panoramafoto (allgemein)		Invisible Cow, Peter Hoffmann	Eigene Darstellung
24	Abstraktion des Kreisring-panoramas		Invisible Cow, Peter Hoffmann	Eigene Darstellung
	Kreisring-panorama	Kümmerly, Gottfried: Rundsicht von der Altane des Bundesrath-hauses. [Bern]: [Verlag nicht ermittelbar], [1858]. Zentral-bibliothek Zürich., S Be Bern II 20 https://doi.org/10.3931/e-rara-29759 / Public Domain Mark https://www.e-rara.ch/zuz/doi/10.3931/e-rara-29759	Zentralbibliothek Zürich, S Be Bern II 20	Public Domain (informiert)

Ab-bildungen	Titel	Quelle		Lizenz
25	Abstraktion eines Tiny Planet (i)		Invisible Cow, Peter Hoffmann	Eigene Darstellung
	Abstraktion eines Tiny Planet (ii)		Invisible Cow, Peter Hoffmann	Eigene Darstellung
26	Tiny Planets		Invisible Cow, Peter Hoffmann	Eigene Darstellung
27	Multi-Viewpoint-Panoramas		[AGA06]	informiert
28	Abstraktion des Multi-Viewpoint-Panorama		Invisible Cow, Peter Hoffmann nach [AGA06]	Eigene Darstellung
29	Körperachsen und -ebenen		Invisible Cow, Peter Hoffmann	Eigene Darstellung
30	Innenansicht eines Kirchenschiffs als vertikales Panorama		Invisible Cow, Peter Hoffmann	Eigene Darstellung
31	Potenzielle Fehlerquellen bei Panorama-Aufnahmen		Invisible Cow, Peter Hoffmann	Eigene Darstellung
32	Von Einzelbildern zum Panorama		Invisible Cow, Peter Hoffmann	Eigene Darstellung
33	Panorama mit verschiedenen Stitching-Fehlern		Invisible Cow, Peter Hoffmann	Eigene Darstellung
34	Panorama-Kameras im Vergleich		Invisible Cow, Peter Hoffmann	Eigene Darstellung
		GoPro bei Conrad: https://www.conrad.ch/de/p/gopro-max-lens-mod-2-0-h12-weitwinkel-objektiv-3015903.html	Conrad Electronic AG	informiert
		Kandao Obsidian Pro https://www.camforpro.com/kandao-obsidian-pro/	urban:trends GmbH / camforpro.com	informiert
35	Frühe Ausstattung für Panoramafotografie	https://www.indestry.com/blog/the-forgotten-ancestors-of-virtual-reality	Inde Agency [IND20]	angefragt

Angaben zu den Abbildungen 199

Abbildungen	Titel	Quelle		Lizenz
36	Bedeutung von Nodalpunkt und Nodalpunktadapter		Invisible Cow, Peter Hoffmann	Eigene Darstellung
37	Entfernungsproblematik für Panorama-Aufnahmen: Idealfall vs. Realität		Invisible Cow, Peter Hoffmann	Eigene Darstellung
38	Hyperfokaldistanz		Invisible Cow, Peter Hoffmann	Eigene Darstellung
39	Ungestitchtes „Panorama"		Invisible Cow, Peter Hoffmann	Eigene Darstellung
40	Gesichts- und Blickfeld		Invisible Cow, Peter Hoffmann	Eigene Darstellung
41	Bewegungsoptionen		Invisible Cow, Peter Hoffmann	Eigene Darstellung
42	Bewegungsoptionen mit VR-Headset		Invisible Cow, Peter Hoffmann	Eigene Darstellung
43	Bourbaki-Panorama	Gebäude: https://www.bourbakipanorama.ch/museum/sanierung-2024/	Bourbaki Panorama	angefragt
		Gemälde:https://www.bourbakipanorama.ch/fileadmin/files/Bilder/2_Uebrige_Inhalte/Rundbild/Panorama-Film_klein.mp4 (Screenshot)		
44	Das Mammut – Panorama-Riesenkamera von Georg R. Lawrence	https://commons.wikimedia.org/wiki/File:The_giant_camera.jpg	User:Svajcr	Public Domain
45	Napoleon von Abel Gance, 1927	https://www.perlentaucher.de/efeu/2024-07-10.html	Perlentaucher Kulturmagazin	Public Domain
46	Prinzip des "Anamorphoten"		Invisible Cow, Peter Hoffmann	Eigene Darstellung
47	Gestauchte und entzerrte anamorphotische Aufnahme		Invisible Cow, Peter Hoffmann	Eigene Darstellung

Ab-bildungen	Titel	Quelle		Lizenz
48	Prinzip der Cinerama-Projektion	https://mediartinnovation.com/2014/05/21/fred-waller-cinerama-1950/	media+art+innovation	angefragt
49	Los Angeles Cinerama: Rollercoaster	https://cinemacrossroads.wordpress.com/2017/04/20/tcmff-2017-this-is-cinerama/	Cinema Crossroads	angefragt
	Panoramafilmvorführung im norwegischen Naturmuseum Hardangervidda	https://hardangerfjord.com/de/attractions/norwegische-naturzentrum-970473#prices	Besucherzentrum Norwegisches Naturzentrum – Hardanger	angefragt
50	Kamerakonstruktion des Circarama-Verfahrens nach E. A. Heiniger	https://www.verkehrshaus.ch/fileadmin/_processed_/9/6/csm_2014-08_R_4716_01_97150e19f3.jpg	Verkehrshaus der Schweiz	angefragt
51	Vom „Rundum-Panorama" zur „Rund-herum-360°-Welt"		Invisible Cow, Peter Hoffmann	Eigene Darstellung
52	Von Einzelbildern zum 360°-Foto		Invisible Cow, Peter Hoffmann	Eigene Darstellung
53	360°-Kamera mit zwei Linsen	https://news.samsung.com/de/samsung-reimagines-the-way-moments-are-captured-and-shared-with-gear-360/1000 https://img.global.news.samsung.com/global/wp-content/uploads/gear-360.jpg	Samsung Newsroom Deutschland	angefragt
	360°-Kameras mit mehr als zwei Linsen	https://commons.wikimedia.org/wiki/File:Panono.1.jpg	User:Bautsch	Public Domain
		https://gopro.com/de/at/news/omni-is-here	GoPro Inc	angefragt
54	Abstraktion der Zentralprojektion auf eine Kugelprojektion		Invisible Cow, Peter Hoffmann	Eigene Darstellung
55	Wahrnehmungssituationen		Invisible Cow, Peter Hoffmann	Eigene Darstellung
56	Zonen der Wahrnehmung	In Anlehnung an [HUD17]	Invisible Cow, Peter Hoffmann	Eigene Darstellung

Angaben zu den Abbildungen

Ab-bildungen	Titel	Quelle		Lizenz
57	Abstraktion 1: Übertragung der Interaktion von zwei auf drei Dimensionen		Invisible Cow, Peter Hoffmann	Eigene Darstellung
	Abstraktion 2: Übertragung der Interaktion von drei auf drei Dimensionen		Invisible Cow, Peter Hoffmann	Eigene Darstellung
58	Das erste 360°-Musikvideo: „Salt in the Wounds" von Pendulum, 2010	Pendulum, Screenshots aus Musikvideo	Invisible Cow, Peter Hoffmann	Eigene Darstellung
59	Das Realitäts-Virtualitäts-Kontinuum: von realer Welt zum Metaversum	[HOF24]	Invisible Cow, Peter Hoffmann	Eigene Darstellung
60	Das Sensorama von Morton Heilig	[LUK21]		informiert
61	VR im Gartner Hype Cycle 2017	[PAN17]	Panetta, Kasey (Gartner)	informiert
62	Modellhafter Aufbau eines VR-Systems		Invisible Cow, Peter Hoffmann	Eigene Darstellung
63	Unterschied der Darstellung von VR: Headset vs. CAVE	[HOF24]	Invisible Cow, Peter Hoffmann	Eigene Darstellung
64	Das Uncanny Valley		Invisible Cow, Peter Hoffmann	Eigene Darstellung
65	Kontinuum der Interaktion		Invisible Cow, Peter Hoffmann	Eigene Darstellung
66	Logik und Spannung der Handlung vs. Freiheit der Interaktion		Invisible Cow, Peter Hoffmann	Eigene Darstellung
67	Die Dimension der Narrativen Realität		Invisible Cow, Peter Hoffmann	Eigene Darstellung

Ab-bildungen	Titel	Quelle		Lizenz
68	Spacetop, der AR-Laptop von Sightful	https://www.sightful.com/explorer	Sightful Spacetop Produktseite (Web)	informiert
69	3D-AR (Lego)	Screenshot von: https://www.youtube.com/watch?v=u34eGVmJrkE	Richard Hirstwood, https://hirstwood.com/	angefragt
	2D Text Augmentierung	Patel Nasrullah (Think360Studio) https://think360studio.com/blog/typography-on-the-other-side-of-reality-ar-vr-and-mixed-reality		angefragt
70	AR-Verarbeitungspipeline		Invisible Cow, Peter Hoffmann	Eigene Darstellung
71	Richtungen der Interaktion in AR		Invisible Cow, Peter Hoffmann	Eigene Darstellung
72	Akzeptierte Interaktionsformen in gesellschaftlichen Situationen		Invisible Cow, Peter Hoffmann	Eigene Darstellung
73	Soziale Interaktion in AR	https://www.linkedin.com/pulse/challenge-socializing-metaverse-how-lack-social-interaction-holding-azife/	LinkedIn, 26.05.2024, Fixerhub	angefragt
74	Diminished Reality als Konzept		TU Ilmenau, Christian Kunert	angefragt
	Diminished Reality im Beispiel		TU Ilmenau, Christian Kunert	angefragt
75	Stereoskop nach Wheatstone	[ZEI03]	Peter Zeile	angefragt
	Foto	https://www.uni-flensburg.de/physik/histolab/thematische-sammlung/optik/spiegelstereoskop-nach-wheatstone	Europa-Universität Flensburg	angefragt
76	Plakat „Bwana Devil"	https://theasc.com/articles/hollywood-launches-3-d-bwana-devil	The American Society of Cinematographers	angefragt

Ab-bildungen	Titel	Quelle		Lizenz
77	Stereokamera	https://zeissikonveb.de/start/basteleien/stereokameras/weitere_stereokameras.html	Marco Kröger, 2023, zeissikonveb.de	angefragt
78	Anaglyphe aus Einzelbildaufnahmen	Schema	Invisible Cow, Peter Hoffmann	Eigene Darstellung
		Geier		
79	Polarisation		Invisible Cow, Peter Hoffmann	Eigene Darstellung
80	Anaglyphe bei Farbsehschwäche	Simulation durch: farbsehschwaeche.de	Invisible Cow, Peter Hoffmann	Eigene Darstellung
81	MEMEX	[BUS45]		
82	Konstruktion von Links		Invisible Cow, Peter Hoffmann	Eigene Darstellung
83	Amsterdam Hypermedia Model	[HAR94]		
84	Paradox of Choice		Invisible Cow, Peter Hoffmann	Eigene Darstellung
85	Freiheit des Autors vs. Freiheit der Interaktion		Invisible Cow, Peter Hoffmann	Eigene Darstellung
86	Produktionspipeline Multimedia		Invisible Cow, Peter Hoffmann	Eigene Darstellung
87	SW-/ Usability-/ Medienengineering		Invisible Cow, Peter Hoffmann	Eigene Darstellung
88	Transmediales Storytelling		Invisible Cow, Peter Hoffmann	Eigene Darstellung

Glossar

Anaglyphen/ -fotographie Bild, das stereoskopische 3D-Effekte durch die Überlagerung zweier leicht versetzter Farbbilder erzeugt, die meist in Rot und Cyan dargestellt werden. Diese Bilder werden mit einer speziellen Brille, die Gläser in den entsprechenden Farben besitzt, betrachtet:
- Das linke Auge sieht nur das rote Bild, während.
- das rechte Auge nur das cyanfarbene Bild wahrnimmt.

wodurch im Gehirn ein dreidimensionaler Eindruck entsteht. Diese Technik war besonders in den 1950er Jahren populär, findet aber auch heute noch Anwendung in der Darstellung von 3D-Inhalten.

Anamorphot Optisches Element, häufig in Form einer Linse oder eines Linsensystems, das ein Bild verzerrt oder streckt, um ein breiteres Sichtfeld oder ein bestimmtes Bildformat zu erzeugen. Typischerweise wird es in der Filmindustrie verwendet, um Breitbildformate auf das herkömmliche Filmmaterial zu projizieren und bei der Wiedergabe die korrekte Proportion wiederherzustellen

Apperzeption Siehe: panoramatische Apperzeption

Augmented Reality (AR) Erweiterte Realität, bei der digitale Inhalte wie Bilder, Texte oder 3D-Objekte in Echtzeit in die reale Umgebung eingeblendet werden. Diese Technologie wird häufig durch Kameras und Bildschirme, wie sie in Smartphones, Tablets oder speziellen Brillen verwendet werden, realisiert. AR findet Anwendungen in verschiedenen Bereichen wie Spiele, Bildung und Industrie, indem sie die reale Welt um nützliche Informationen oder interaktive Elemente erweitert.

Augmented Virtuality (AV) Die Einbindung realer Elemente, wie beispielsweise Live-Video-Feeds oder physische Objekte, in eine virtuelle Umgebung. Es handelt sich dabei um eine Mischform, bei der die reale Welt in eine hauptsächlich virtuelle Umgebung integriert wird. Augmented Virtuality ist Teil des Mixed-Reality-Spektrums und wird in Bereichen wie Simulation, Training und interaktiven Medien eingesetzt.

Benutzungsinterface Siehe: User Interface (UI)

Blickfeld (auch: Gesichtsfeld) Der Bereich der Umgebung, der von einem fixierten Punkt aus ohne Bewegung der Augen oder des Kopfes visuell erfasst werden kann. Es umfasst sowohl den zentralen Bereich des scharfen Sehens als auch die peripheren Zonen, die uns eine räumliche Orientierung ermöglichen. Das Blickfeld variiert je nach physiologischen Gegebenheiten und äußeren Einflüssen.

Brain Computing Interface (BCI) Schnittstelle zwischen dem Gehirn eines Benutzers und einem Computersystem. Es ermöglicht die direkte Kommunikation und Interaktion durch die Erfassung und Interpretation von Gehirnsignalen. Diese Signale können verwendet werden, um Aktionen auszuführen, Geräte zu steuern. Auch die Übertragung von Information zum Benutzer steht im Fokus der Forschung. Ziel von BCI ist es u.a., Menschen mit körperlichen Einschränkungen zu helfen, damit auch sie möglichst unkompliziert und problemlos mit Computern/ Anwendungen umgehen können.

CAVE Abkürzung für „Cave Automatic Virtual Environment", eine Bezeichnung für eine immersive VR-Umgebung. Dabei werden Projektionen auf mehrere Seiten eines Raums erzeugt. Der Benutzer steht in diesem Raum und damit mitten in der projizierten VR-Welt und sich durch in den Raum integrierte Tracking-Technik in dieser Welt bewegen. CAVEs finden in u. a. in Medizin, Architektur und Design zur Visualisierung komplexer z. B. in Form realitätsnaher Simulationen Anwendung.

Cinerama (Historisches) Filmformat, das in den 1950er Jahren entwickelt wurde, um ein breites, immersives Kinoerlebnis zu schaffen. Es verwendet drei synchronisierte Filmprojektoren, die Bilder auf eine stark gebogene Leinwand projizieren, um ein panoramisches Sichtfeld zu erzeugen. Das Verfahren wurde insbesondere für epische Filme und Naturdokumentationen genutzt, konnte sich jedoch aufgrund seiner technischen Komplexität nicht langfristig durchsetzen.

CinemaScope Ein (→ anamorphotisches Filmformat, das in den 1950er Jahren von 20th Century Fox eingeführt wurde, um Breitwandfilme auf herkömmlichem 35-mm-Filmmaterial zu projizieren. Es verwendet spezielle Linsen, die das Bild während der Aufnahme horizontal stauchen und bei der Projektion wieder in die ursprüngliche Breite entzerren. CinemaScope ermöglichte ein deutlich breiteres Bild als frühere Formate und trug maßgeblich zur Popularität des Breitwandkinos bei

Circarama Ein spezielles Filmvorführungsverfahren, das von der Walt Disney Company in den 1950er Jahren entwickelt wurde. Es verwendet mehrere Projektoren, die synchronisierte Bilder auf eine kreisförmige Leinwand projizieren, die das Publikum vollständig umgibt. Dadurch entsteht ein 360-Grad-Panoramabild, das ein intensives und immersives Seherlebnis ermöglicht. Circarama wurde erstmals auf der Weltausstellung 1955 vorgestellt und später in Themenparks eingesetzt.

Continuity Die inhaltliche und visuelle Konsistenz in Film- und Fernsehproduktionen. Sie stellt sicher, dass Handlungselemente, Requisiten, Kostüme und Beleuchtung innerhalb einer Szene und über verschiedene Szenen hinweg übereinstimmen. Dies ist entscheidend, um logische Fehler zu vermeiden, die die Immersion des Publikums stören könnten. Continuity wird oft durch detaillierte Protokolle während der Dreharbeiten sichergestellt, die von einem Continuity Supervisor geführt werden.

Crossmediales Storytelling (siehe auch: Transmediales Storytelling) Strategie, eine einheitliche Geschichte über verschiedene Medienkanäle hinweg zu erzählen, wobei dieselbe Geschichte in unterschiedlichen Formaten, wie zum Beispiel Fernsehen, Print, Online oder Radio, verbreitet wird. Im Gegensatz zum transmedialen Storytelling, bei dem verschiedene Teile der Geschichte auf unterschiedliche Medien verteilt sind, bleibt die narrative Kernbotschaft beim crossmedialen Storytelling konsistent, unabhängig vom verwendeten Medium.

Cybersickness Beschreibt ein Unwohlsein, das bei der Nutzung von virtuellen Umgebungen oder Simulationen auftreten kann und wird auch als „virtuelle Reisekrankheit" bezeichnet. Zu den Symptomen zählen Schwindel, Übelkeit, Kopfschmerzen und Desorientierung, die durch die Diskrepanz zwischen den visuellen Eindrücken und den fehlenden körperlichen „Bewegungen" verursacht werden. Cybersickness tritt häufig in Virtual-Reality-Anwendungen auf und ist ein wichtiges Forschungsgebiet im Bereich der immersiven Technologien.

Cyberspace (siehe auch: Metaversum) Der virtuelle Raum, der durch die globale Vernetzung von Computern und digitalen Kommunikationssystemen entsteht. Es umfasst alle digitalen Interaktionen, Informationen und Inhalte, die über das Internet und andere Netzwerke zugänglich sind. Der Begriff wird häufig verwendet, um die Gesamtheit der Online-Welt und ihrer sozialen, wirtschaftlichen und kulturellen Dimensionen zu beschreiben.

Cyklorama Siehe: Pleorama

Degree of Freedom Siehe: Freiheitsgrade

Direkte Interaktion Bezieht sich auf die unmittelbare und natürliche Kommunikation zwischen einem Benutzer und einem Computersystem bzw. einer Anwendung. Besondere Bedeutung hat dieses Paradigma in VR und AR.
Durch den Einsatz von Handcontrollern, Gestenerkennung oder anderen Eingabemethoden können Benutzer Objekte greifen, manipulieren und mit ihnen interagieren, als ob sie physisch vorhanden wären. Diese Art der Interaktion ermöglicht ein immersiveres und realistischeres VR-Erlebnis, bei dem Benutzer aktiv in die virtuelle Welt eingreifen können.

Distorsion In der Optik, Akustik und Bildverarbeitung die Abweichung einer Darstellung oder eines Signals von der ursprünglichen Form oder dem Originalsignal. Wird auch als Verzerrung bezeichnet. Diese Abweichung kann durch verschiedene Faktoren wie Linsenfehler, elektrische Signalverarbeitung oder mechanische Einflüsse verursacht werden. In der Fotografie und Filmtechnik tritt Distorsion häufig in Form von tonnen- oder kissenförmigen Verzerrungen auf, die das Bild verzerren.

Dunkelkammer Lichtdichter Raum, der für die Entwicklung von fotografischem Filmmaterial und Papierbildern verwendet wird. In diesem Raum werden Fotografien in völliger Dunkelheit oder unter speziellem Rotlicht bearbeitet, um das Filmmaterial nicht zu belichten. Die Dunkelkammer wird für verschiedene Arbeitsschritte wie das

Entwickeln, Fixieren und Trocknen von Bildern genutzt und ist ein zentraler Ort in der analogen Fotografie.

Emotes Kurze animierte oder statische Bilder, die Emotionen oder Gesten darstellen und in Online-Chats und sozialen Medien verwendet werden. Im Gegensatz zu Emojis, die vorgefertigte Symbole sind, werden Emotes oft von Benutzern erstellt oder aus einer Bibliothek ausgewählt. Sie sind ein beliebtes Kommunikationsmittel, um Emotionen auszudrücken oder Humor hinzuzufügen. Während Emojis universell verstanden werden, haben Emotes oft eine spezifische Bedeutung innerhalb bestimmter Online-Communities und deren speziellen Kulturen.

Endlospanorama Historische Form der Panoramadarstellung, bei der ein langes, durchgehendes Bildband auf eine Rolle gespannt und durch eine Vorrichtung kontinuierlich abgespult wird, sodass dem Betrachter ein scheinbar endloses Bild präsentiert wird. Diese Darstellungsform wurde im 19. Jahrhundert populär und diente zur Veranschaulichung von Landschaften, historischen Ereignissen oder Reisen.

Extended Reality (XR) Häufig synonym zum Begriff (→) „Mixed Reality" genutzt. Auch mit diesem Begriff wird das AR-/ AV-Paradigma durch die Möglichkeit zur direkten Interaktion mit den in die reale Welt eingebetteten virtuellen Objekten erweitert. Diese Interaktion ist im klassischen AR-Paradigma nicht vorgesehen. Die Diskussion, ob die beiden Extreme „100% Realität" und „100% Virtualität" des Realität-Virtualitäts-Kontinuums ebenfalls zur Extended Reality zählen, beenden Bellalouna et.al., indem sie Extended Reality als die Summe von (→) AR, (→) AV und (→) VR definieren.

Farbenblindheit Medizinisch auch als Farbfehlsichtigkeit bezeichnet, ist eine genetisch bedingte oder erworbene Störung des Farbsehens, bei der die betroffene Person bestimmte Farben nicht oder nur eingeschränkt unterscheiden kann. Die häufigste Form ist die Rot-Grün-Sehschwäche, bei der Rot- und Grüntöne schwerer voneinander zu unterscheiden sind. Farbenblindheit kann unterschiedliche Schweregrade haben, von einer leichten Farbsehschwäche bis zur vollständigen Unfähigkeit, Farben wahrzunehmen.

Field of View (FoV) (auch: Blick-, Sicht- oder Gesichtsfeld) Bezeichnet den Bereich der Umgebung, der von einem Beobachter oder einer Kamera ohne Bewegung erfasst werden kann. Im Kontext von Kameras oder Displays gibt das FOV den Winkel an, der durch das optische System abgedeckt wird, und bestimmt somit, wie viel von der Szene sichtbar ist. Ein breiteres FOV bietet eine umfassendere Ansicht, kann jedoch auch zu Verzerrungen führen.

Foveales Sehen Bezieht sich auf das scharfe, zentrale Sehen, das in der Fovea, dem zentralen Bereich der Netzhaut des Auges, stattfindet. Dieser Bereich ist für das Erkennen von feinen Details und Farben verantwortlich, da die Fovea eine hohe Dichte an Fotorezeptoren, insbesondere Zapfen, aufweist. Foveales Sehen ermöglicht präzises Lesen, Erkennen von Gesichtern und detaillierte visuelle Aufgaben.

Freiheitsgrade (von: Degree of Freedom) Bezeichnet in der Physik und Technik die Anzahl unabhängiger Bewegungsmöglichkeiten eines Systems oder Objekts. In der Robotik und Mechanik beschreibt er, wie viele unabhängige Bewegungen, z.B. Translationen und Rotationen, ein Objekt im Raum ausführen kann. Ein Objekt in einem dreidimensionalen Raum hat beispielsweise bis zu sechs Freiheitsgrade: drei für die lineare Bewegung entlang der x-, y- und z-Achse und drei für die Rotation um diese Achsen.

Georama Historische Form der geografischen Darstellung, bei der ein großer, begehbarer Globus oder eine Kugelstruktur verwendet wird, um die Erdoberfläche oder geografische Karten im Inneren darzustellen. Besucher können durch den Globus hindurchgehen und dabei die Erdoberfläche von innen betrachten, was eine immersive und lehrreiche Erfahrung bietet. Georamen waren im 19. Jahrhundert eine beliebte Attraktion für Bildungs- und Unterhaltungszwecke.

Gesichtsfeld Siehe: Field of View, Blickfeld

Graphical User Interface (GUI) Visuelle Schnittstellen, die es Benutzern ermöglichen, mit einem Computer oder einer Anwendung zu interagieren. Statt textbasierter Befehle werden in GUIs Symbole, Menüs und grafische Elemente wie Buttons und Fenster genutzt, um die Bedienung benutzungsfreundlicher zu gestalten. Durch die GUI können Benutzer Aktionen durch einfaches Klicken, Ziehen und Ablegen ausführen, was die Bedienung erleichtert und die Lernkurve verringert.

High Dynamic Range (HDR) Eine Technik in Fotografie, Film- und Videotechnik, die es ermöglicht, Bilder mit einem erweiterten Kontrastumfang und einer größeren Farbpalette darzustellen. Dadurch können sowohl sehr helle als auch sehr dunkle Bereiche eines Bildes detailliert wiedergegeben werden. HDR-Technologie verbessert die Bildqualität erheblich, indem sie natürliche Farben und Details in Szenen mit extremen Helligkeitsunterschieden hervorhebt.

Head-Mounted Display (HMD) (siehe auch: VR-Headset) Tragbare Geräte, die der Benutzer am/ auf dem Kopf trägt und dem Benutzer so einen immersiven Zugang zu Anwendungen oder Informationen ermöglichen soll. Es besteht aus einer Brille oder einem Helm, in dem ein oder mehrere Displays integriert sind. Durch das Tragen des HMDs werden virtuelle Inhalte direkt vor den Augen des Benutzers angezeigt, wodurch er in eine virtuelle Realität (VR) oder erweiterte Realität (AR) eintauchen kann.

Heliographie Eine der frühesten fotografischen Techniken, die vom französischen Erfinder Nicéphore Niépce im frühen 19. Jahrhundert entwickelt wurde. Dabei wird ein Bild auf einer mit lichtempfindlichem Asphalt beschichteten Metallplatte erzeugt, die durch Sonnenlicht belichtet wird. Nach einer langen Belichtungszeit wird das Bild durch ein Lösungsmittel entwickelt, das die ungehärteten Teile des Asphalts entfernt, und ein dauerhaftes Bild entsteht. Die Heliographie gilt als Vorläufer der modernen Fotografie.

Hyperfokaldistanz In der Fotografie die nächstgelegene Entfernungseinstellung einer Kamera, bei der alles ab der halben Distanz bis ins Unendliche scharf abgebildet wird. Durch das Fokussieren auf die Hyperfokaldistanz maximiert man die Tiefenschärfe, was besonders in der Landschaftsfotografie oder bei Aufnahmen mit weitwinkligen Objektiven vorteilhaft ist.

Immersivität/ Immersion Fähigkeit eines Mediums oder einer Anwendung, einen Benutzer möglichst vollständig in eine simulierte/ virtuelle Umgebung eintauchen zu lassen. Durch den Einsatz von Technologien wie VR oder AR wird eine intensive und „lebensechte" Erfahrung geschaffen, bei der der Benutzer das Gefühl bekommen soll, physisch anwesend zu sein. Immersion bezeichnet den Zustand des Eintauchens, während Immersivität die Qualität beschreibt, wie stark und überzeugend dieses Eintauchen ist. Beide Konzepte spielen eine wichtige Rolle bei der Gestaltung für Entertainment- und Lehr-/ Lernsystemen oder auch für medizinisch- therapeutische Anwendungen.

Immersive Umgebung/ Immersive Welt Virtuelle Umgebungen, in die der Benutzer durch Technologien wie VR oder AR eintauchen kann. Sie bieten eine intensive Erfahrung, bei der Benutzer in eine andere Realität eintauchen können. Diese Welten können in Videospielen, Simulationen, virtuellen Reisen oder anderen Anwendungen eingesetzt werden. Durch die Kombination von realistischen Grafiken, interaktiven Elementen und immersivem Sound werden die Sinne der Nutzer aktiviert, um eine nahezu realistische Erfahrung zu ermöglichen. Immersive Welten eröffnen neue Möglichkeiten für Unterhaltung, Lernen und Erkundung.

Interaktion/ Interaktivität Wechselseitige Kommunikation zwischen einem Nutzer und einem digitalen System, bei der beide Parteien aktiv aufeinander reagieren können. In der Medientechnik und Informatik bedeutet dies, dass Nutzer durch Eingaben das Verhalten, den Inhalt oder die Darstellung eines Systems beeinflussen können. Interaktivität ist ein zentraler Bestandteil von Computerspielen, Websites, Softwareanwendungen und anderen digitalen Medien.

Internet Globales Netzwerk von Computern, das es ermöglicht, Informationen und Ressourcen weltweit auszutauschen. Es verbindet Millionen von Geräten miteinander und basiert auf dem TCP/IP-Protokoll. Es umfasst verschiedene Dienste wie E-Mail, File-Sharing, Video-Streaming und vieles mehr. Das Internet bildet die Grundlage für das World Wide Web (WWW).

Kosmorama Historische Ausstellungstechnik aus dem 19. Jahrhundert, bei der durch Linsen oder Fensteröffnungen stark vergrößerte Ansichten von Landschaften, Städten oder anderen Szenerien gezeigt werden. Diese Technik ermöglichte den Betrachtern, realistische und detailreiche Panoramen aus der ganzen Welt zu erleben, oft in Kombination mit erklärenden Texten oder Vorträgen. Kosmoramen waren beliebte Attraktionen in Museen und Wanderausstellungen.

Kreisringpanorama Spezielle Form des Panoramas, bei dem ein kontinuierliches Bild auf der Innenseite eines zylindrischen oder kreisförmigen Raumes angebracht ist. Die Betrachter stehen in der Mitte des Raumes und können durch eine Drehung um die eigene Achse eine 360-Grad-Ansicht des dargestellten Motivs erleben. Diese Art von

Panorama war im 19. Jahrhundert eine beliebte Methode, um historische Ereignisse, Landschaften oder Stadtansichten eindrucksvoll darzustellen.

Location Awareness Die Fähigkeit eines Geräts oder einer Anwendung, den Standort eines Benutzers zu erfassen und zur weiteren Nutzung zur Verfügung zu stellen. Durch die Nutzung von GPS, WLAN oder anderen Technologien kann Location Awareness genutzt werden, um personalisierte Informationen, Dienste oder Empfehlungen basierend auf dem aktuellen Aufenthaltsort bereitzustellen. Dies ermöglicht beispielsweise die Navigation, das Auffinden von nahegelegenen Geschäften oder das Anpassen von Einstellungen basierend auf der Umgebung.

Lost in Hyperspace Ein Begriff aus der Informationsgestaltung, der sich auf das Gefühl bezieht, in einem überwältigenden Informationsraum verloren zu sein. Es beschreibt den Zustand, wenn Benutzer sich aufgrund von schlechter Navigation oder unklarer Strukturierung von Inhalten nicht zurechtfinden können. Dies kann zu Frustration und Desorientierung führen. Um dieses Problem zu vermeiden, ist es wichtig, klar definierte Navigationswege und eine intuitive Benutzerführung zu gestalten, um Nutzern dabei zu helfen, sich nicht in den Weiten des Informationsraums zu verlieren.

Medienbruch Medienbruch bezeichnet den Wechsel zwischen verschiedenen Kommunikations- oder Informationsträgern, wie z.B. Papier und digitalen Medien. Dabei kann es zu Unterbrechungen, Verlust von Informationen oder Reibungsverlusten kommen. Ein Medienbruch tritt auf, wenn Daten oder Inhalte von einem Medium in ein anderes übertragen werden müssen. Dies kann zu Missverständnissen oder ineffizienten Abläufen führen. Ziel ist es, Medienbrüche zu minimieren, um eine nahtlose Interaktion zwischen verschiedenen Medien zu ermöglichen.

Metaversum (siehe auch: Cyberspace) Ein virtueller, gemeinschaftlicher Raum, der durch die Verschmelzung von physischer und digitaler Realität entsteht. Es besteht aus einer Vielzahl von miteinander verknüpften virtuellen Welten, in denen Nutzer über Avatare interagieren, arbeiten, spielen und soziale Kontakte pflegen können. Das Metaversum wird als die nächste Entwicklungsstufe des Internet betrachtet und umfasst Technologien wie (→) VR, (→) AR und Blockchain.

Mixed Reality (MR) Erweiterung von (→) AR und zum Teil auch von (→) AV durch die Möglichkeit zur direkten Interaktion mit den virtuellen Objekten verstanden. Diese Interaktion ist im klassischen AR-Paradigma nicht vorgesehen. Diskussionen ergeben sich durch die Frage, ob die beiden Extreme „100 % Realität" und „100 % Virtualität" des Realität-Virtualitäts-Kontinuums ebenfalls zur Mixed Reality gehören. Synonym wird Mixed Reality häufig auch als „Extended Reality bezeichnet.

Motion-Capturing (MoCap) Verfahren zur Erfassung Bewegung von Personen. Dabei werden Sensoren am Körper der Person befestigt, um deren Bewegungen aufzeichnen. Die erfassten Daten werden dann auf digitale Charaktere oder Modelle übertragen, um realistische Animationen zu erstellen. Ursprünglich wurde Motion Capturing für die Filmindustrie und für Videospielen entwickelt. Mittlerweile nutzen auch in der Sportanalyse und der Medizin MoCap, um Bewegungen präzise und naturgetreu darzustellen. Im Kontext des Metaversums bzw. virtueller Welten soll durch realistischere Bewegungen von Avataren eine höhere (→) Immersivität erreicht werden.

Motionsickness Siehe: Cybersickness

Multimedia Im Sinne einer (medien-) informatischen Anwendung die einzelne oder kombinierte Darstellung verschiedener Medien, die sowohl zeitabhängig als auch zeitunabhängig sein können. Diese Darstellung kann ein einzelnes Medium als auch jede mögliche Kombination zu einem singulären Zeitpunkt oder eine zeitliche Abfolge solcher Kombinationen in einem kontextbezogenen Rahmen sein. Multimedia kann die Möglichkeit zur direkten und indirekten Einflussnahme durch einen Benutzer auf die Kombination oder auf den zeitlichen Ablauf der einzelnen Medien beinhalten.

Multimodalität Die Fähigkeit eines Systems, Informationen über mehrere Sinne zu erfassen und auszutauschen. Es ermöglicht die Interaktion durch die Kombination von verschiedenen Modalitäten wie Sprache, Gestik, Blickrichtung und Berührung. Durch die Nutzung mehrerer Kanäle wird eine vielfältigere und effektivere Kommunikation ermöglicht. Multimodalität findet Anwendung in der Mensch-Maschine-Interaktion, z. B. in Sprachassistenten, virtuellen Realitäten und Benutzeroberflächen, um eine natürlichere und intuitivere Interaktion zu schaffen

Multi-Viewpoint-Panorama Eine Form der Panoramadarstellung, die es dem Betrachter ermöglicht, eine Szene aus mehreren Perspektiven oder Blickwinkeln gleichzeitig zu betrachten. Im Gegensatz zu traditionellen Panoramen, die einen festen Standpunkt haben, kombiniert ein Multi-Viewpoint-Panorama verschiedene Sichtweisen, um ein umfassenderes und dynamischeres Erlebnis zu bieten. Diese Technik wird häufig in interaktiven Medien, virtuellen Umgebungen und künstlerischen Installationen verwendet.

Myriorama Historisches Unterhaltungsspiel aus dem 19. Jahrhundert, bei dem eine Reihe von Karten mit verschiedenen Landschaftsszenen in beliebiger Reihenfolge aneinandergelegt werden können, um eine Vielzahl von Panoramen zu erzeugen. Jede Karte ist so gestaltet, dass sie nahtlos an jede andere Karte anschließt, was unzählige Kombinationen und eine scheinbar unendliche Vielfalt an Landschaften ermöglicht.

Nadir (siehe auch: Zenit) Der Punkt auf der Himmelskugel, der sich direkt unterhalb eines Beobachters befindet, also im genau entgegengesetzten Punkt zum Zenit. In der Fotografie und Kartografie bezeichnet der Nadir den tiefsten Punkt eines Bildes oder einer Projektion, oft in Bezug auf Luft- oder Satellitenaufnahmen. Der Nadir ist insbesondere bei der Erstellung von Panoramen und Kartenprojektionen von Bedeutung.

Natural User Interface (NUI) Benutzungsschnittstellen, die natürliche Interaktionsformen zwischen Menschen und Computern ermöglichen sollen. Statt herkömmlicher Eingabegeräte wie Tastatur und Maus nutzen NUI menschliche Handlungen wie Gesten, Sprache oder Berührungen, um Befehle zu erfassen. Dadurch soll die Benutzererfahrung verbessert und die Hürden der Technologieinteraktion reduziert werden, um eine nahtlose und benutzungsfreundliche Kommunikation zwischen Mensch und Computer zu ermöglichen.

Nodalpunkt Spezieller Punkt innerhalb eines optischen Systems, wie etwa einer Kamera, durch den Lichtstrahlen so verlaufen, dass sie das Bild ohne Parallaxenfehler projizieren. Beim Schwenken der Kamera um den Nodalpunkt bleibt die relative Position der Objekte im Bild unverändert, was besonders wichtig bei der Erstellung von Panoramen ist, um nahtlose Übergänge zwischen den Bildern zu gewährleisten.

Panavision Führendes Unternehmen in der Filmindustrie, das sich auf die Entwicklung und Herstellung von Kameras, Objektiven und anderen Filmausrüstungen spezialisiert hat. Bekannt wurde es durch die Einführung von anamorphotischen Objektiven, die es ermöglichten, Breitbildfilme auf herkömmlichem 35-mm-Filmmaterial zu drehen. Panavision-Produkte sind seit den 1950er Jahren in vielen Hollywood-Produktionen im Einsatz und stehen für hohe Qualität und Innovation im Bereich der Filmtechnik.

panoramatische Apperzeption Die kognitive Fähigkeit, eine umfassende, zusammenhängende Wahrnehmung einer Szene oder eines Raums zu erzeugen, indem verschiedene Sinneseindrücke und Blickwinkel zu einem ganzheitlichen Bild integriert werden. Dieser Prozess ist besonders relevant bei der Betrachtung von Panoramen, wo das Gehirn einzelne visuelle Eindrücke zu einer einheitlichen Raumvorstellung kombiniert.

Partizipation Die aktive Beteiligung und Mitwirkung von Individuen oder Gruppen an Entscheidungsprozessen, Projekten oder gesellschaftlichen Aktivitäten. Im Kontext von Politik, Bildung oder Arbeitsprozessen bedeutet Partizipation, dass Betroffene oder Interessierte nicht nur informiert, sondern direkt in die Gestaltung und Umsetzung von Maßnahmen eingebunden werden, was zu einer stärkeren Identifikation und Akzeptanz führt.

Peripheres Sehen Die Wahrnehmung von Objekten und Bewegungen, die außerhalb des zentralen Gesichtsfeldes liegen. Es ermöglicht das Erkennen von Dingen im Randbereich des Sichtfeldes, auch wenn diese nicht direkt fokussiert werden. Dieses Sehen ist weniger scharf als das zentrale Sehen, spielt aber eine wichtige Rolle bei der Orientierung im Raum und bei der Erfassung von Bewegung.

plan Beschreibt in Geometrie und Technik eine Fläche, die vollkommen eben ist, d.h., sie weist keine Krümmungen oder Erhebungen auf. Eine plane Fläche ist in allen Richtungen gleichmäßig und bildet die Grundlage für viele mathematische und technische Anwendungen, wie das Konstruieren von Bauteilen oder das Vermessen von Objekten.

Pleorama Historische Form der Unterhaltung aus dem 19. Jahrhundert, bei der Zuschauer auf beweglichen Plattformen saßen und an großformatigen Panoramen vorbeigeführt wurden, die Landschaften, Städte oder historische Szenen darstellten. Diese Inszenierungen kombinierten bewegte Bilder, Licht- und Toneffekte, um den Betrachtern ein immersives Erlebnis zu bieten, das das Gefühl einer Reise durch die dargestellten Szenerien vermittelte.

Polyvision Filmische Technik, die mehrere synchronisierte Projektoren verwendet, um auf nebeneinander angeordnete Leinwände unterschiedliche oder zusammenhängende Bilder zu projizieren. Diese Technik wurde insbesondere in den 1920er Jahren bekannt und ermöglichte es, komplexe visuelle Geschichten durch die gleichzeitige Darstellung mehrerer Perspektiven oder Handlungsstränge zu erzählen. Polyvision wurde erstmals in Abel Gance's Film Napoléon (1927) eingesetzt

Point of View (PoV) Bezeichnet im Film, der Fotografie und der Literatur die Perspektive, aus der eine Szene dargestellt oder eine Geschichte erzählt wird. Im filmischen Kontext bezieht sich der PoV auf den Blickwinkel der Kamera, der die Sichtweise einer Figur oder eines allwissenden Erzählers wiedergibt. Diese Technik wird verwendet, um die subjektive Wahrnehmung eines Charakters darzustellen und die Zuschauer näher an das Geschehen heranzuführen.

Proaktivität Bezieht sich allgemein, aber auch in der Informatik, auf das vorausschauende Handeln und die Fähigkeit, potenzielle Probleme oder Bedürfnisse frühzeitig zu erkennen und entsprechende Maßnahmen zu ergreifen. Statt auf reaktive Lösungen zu warten, zielt die Proaktivität darauf ab, vorbeugende Maßnahmen zu ergreifen, um die Effizienz, Zuverlässigkeit und Sicherheit von IT-Systemen zu verbessern. Durch proaktive Ansätze können potenzielle Probleme vermieden oder zumindest minimiert werden, was zu einer reibungsloseren und effektiveren Nutzung von Technologie führt.

Rendering Bezeichnung für den Prozess der Erzeugung von Bildern, Animationen oder Videos aus einer 2D- oder 3D-Szene. Dabei werden zwei- und dreidimensionale Modelle, Texturen und Beleuchtungsinformationen in ein darstellbares Format umgewandelt. Durch Berechnungen werden Schatten, Reflexionen und andere visuelle Effekte hinzugefügt, um realistische oder stilisierte Ergebnisse zu erzielen.

Realitäts-Virtualitäts-Kontinuum(RVK) Ein Konzept in der Informatik, das den Übergang zwischen realer und virtueller Umgebung beschreibt. Es stellt ein Spektrum dar, auf dem sich verschiedene Technologien und Anwendungen befinden, von der realen Welt auf der einen Seite bis zur vollständig virtuellen Welt auf der anderen Seite. Das Kontinuum umfasst beispielsweise Augmented Reality, Mixed Reality und Virtual Reality und bietet eine zunehmende Immersion und Interaktion für den Benutzer

Reliefpanorama Dreidimensionale Darstellung einer Landschaft oder Stadt, bei der geografische Erhebungen und Senkungen plastisch dargestellt werden. Diese Modelle kombinieren die Anschaulichkeit eines Panoramas mit der räumlichen Tiefe eines Reliefs und bieten einen realistischen Überblick über das Gelände. Reliefpanoramen wurden im 19. Jahrhundert für wissenschaftliche, militärische und touristische Zwecke genutzt.

Rheinpanorama Eine großformatige Darstellung der Landschaft entlang des Rheins, die oft als Gemälde, Zeichnung oder Fotografie ausgeführt wird. Diese Panoramen fangen die markante Topografie, Städte und Sehenswürdigkeiten des Rheintals ein und waren besonders im 19. Jahrhundert populär, als sie sowohl als Kunstwerke als auch als touristische Attraktionen dienten.

Stereoblindheit Die Unfähigkeit, räumliches Sehen und Tiefenwahrnehmung durch die Kombination der Bilder beider Augen (Stereopsis) zu erleben. Menschen mit Stereoblindheit können Entfernungen und die relative Position von Objekten nicht wie dreidimensional wahrnehmen, sondern nur zweidimensional sehen. Diese Sehschwäche kann angeboren sein oder durch Augenverletzungen oder -erkrankungen entstehen.

Stereoskopie Eine Technik zur Erzeugung von dreidimensionalen Bildern durch die Kombination von zwei leicht unterschiedlichen Ansichten desselben Motivs, die jeweils aus einem leicht versetzten Blickwinkel aufgenommen wurden. Diese beiden Bilder werden getrennt dem linken und rechten Auge präsentiert, was im Gehirn zu einem räumlichen Seheindruck führt. Stereoskopie wird in der Fotografie, im Film und in der Virtual Reality eingesetzt, um eine realistische Tiefenwahrnehmung zu erzeugen.

Stitching Bezeichnet in der Fotografie und Bildverarbeitung den Prozess des nahtlosen Zusammenfügens mehrerer Einzelbilder zu einem großen Gesamtbild, oft für Panoramen oder hochauflösende Fotografien. Dabei werden die überlappenden Bereiche der Bilder mithilfe spezieller Software so kombiniert, dass Übergänge nicht sichtbar sind und ein einheitliches Bild entsteht. Stitching wird häufig in der Panoramafotografie, bei 360-Grad-Aufnahmen und in der Kartografie verwendet.

Storytelling Die Kunst und Methode des Erzählens von Geschichten, um Informationen, Werte oder Emotionen auf eine fesselnde und einprägsame Weise zu vermitteln. Es wird in verschiedenen Bereichen wie Marketing, Bildung, Journalismus und Film eingesetzt, um komplexe Inhalte verständlich und ansprechend zu präsentieren. Effektives Storytelling nutzt narrative Strukturen, Charaktere und emotionale Elemente, um das Publikum zu engagieren und zu beeinflussen.

Sweep Panorama Eine Funktion in digitalen Kameras, die es ermöglicht, Panoramabilder durch einfaches Schwenken der Kamera über die gewünschte Szene zu erstellen. Während des Schwenkens nimmt die Kamera eine Serie von Bildern auf, die dann automatisch zu einem nahtlosen Panorama zusammengesetzt werden. Diese Technik erleichtert die Erstellung von Weitwinkelaufnahmen ohne die Notwendigkeit, einzelne Bilder manuell zu (→) „stitchen".

Tiny Planet Eine Bildbearbeitungstechnik, bei der Panoramabilder so verzerrt werden, dass sie wie eine kleine, kugelförmige Welt erscheinen. Diese Effekt wird durch spezielle Software oder Filter erzielt, die das Panorama an den Rändern krümmen und in der Mitte zusammenführen, wodurch der Eindruck entsteht, dass die Landschaft wie ein „winziger Planet" im Raum schwebt. Tiny Planet ist besonders in der künstlerischen Fotografie beliebt

Transmediales Storytelling (siehe auch: Crossmediales Storytelling) Bezeichnet die Praxis, eine zusammenhängende Geschichte über mehrere Medienplattformen hinweg zu erzählen, wobei jedes Medium einen eigenständigen Beitrag zur Gesamtgeschichte leistet. Diese Erzählform nutzt die spezifischen Stärken jedes Mediums – etwa Filme, Bücher, Spiele oder soziale Medien – um verschiedene Aspekte der Geschichte zu beleuchten und das Publikum auf unterschiedlichen Ebenen zu engagieren. Transmediales Storytelling wird häufig in der Unterhaltungsindustrie, im Marketing und in der Markenkommunikation eingesetzt.

Treadmill/ VR-Treadmill Eine VR-Ein-/ Ausgabe-Technologie, die es Benutzern ermöglicht, sich in virtuellen Umgebungen zu bewegen, indem sie physisch auf einem Laufband oder einer ähnlichen Installation gehen oder rennen. Durch die Integration von Sensoren und Bewegungserfassungstechnologien können VR-Treadmills die Bewegungen des Benutzers verfolgen und in die virtuelle Welt übertragen, wodurch ein immersiveres VR-Erlebnis entsteht. Dies ermöglicht es den Benutzern, sich frei in der virtuellen Umgebung zu bewegen.

Uncanny Valley deutsch: „unheimliches Tal") Beschreibt ein Phänomen, bei dem menschenähnliche Roboter oder digitale Charaktere als unheimlich oder unangenehm empfunden werden, wenn ihre Ähnlichkeit mit echten Menschen sehr hoch, aber nicht perfekt ist. Der Begriff wurde von dem japanischen Robotiker Masahiro Mori in den 1970er Jahren geprägt und weist darauf hin, dass kleine Abweichungen von menschlichem Aussehen oder Verhalten, wie unnatürliche Bewegungen oder Gesichtsmerkmale, eine starke negative Reaktion hervorrufen können.

User Experience (UX) Bezeichnet das gesamte Erlebnis eines Nutzers bei der Interaktion mit einem Produkt, einer Dienstleistung oder einer Anwendung. Es umfasst Aspekte wie Benutzerfreundlichkeit, Design, Funktionalität, Emotionen und Zufriedenheit. Eine positive User Experience entsteht, wenn das Produkt intuitiv, effizient und angenehm zu bedienen ist, und trägt maßgeblich zum Erfolg eines digitalen Produkts bei.

Usability auch: Benutzungsfreundlichkeit) Maß, in dem ein Produkt oder eine Anwendung von einem bestimmten Nutzer in einem bestimmten Nutzungskontext effektiv, effizient und zufriedenstellend verwendet werden kann. Gutes Usability-Design sorgt dafür, dass Nutzer ihre Ziele schnell und einfach erreichen können, ohne auf Schwierigkeiten oder Verwirrung zu stoßen. Usability ist ein zentraler Aspekt der (→) User Experience (UX).

User Generated Content (UGC) Inhalte (im (→) Internet/ (→) WWW), die von Nutzern erstellt und online geteilt werden. Das können Texte, Bilder, Videos, Bewertungen oder Kommentare sein. UGC ermöglicht es Nutzern, aktiv am Informationsaustausch teilzunehmen und Inhalte zu produzieren, anstatt nur passiv zu konsumieren. Plattformen wie soziale Medien, Blogs und Foren profitieren von der Vielfalt und dem Engagement der Nutzer, die UGC erstellen. Dieser partizipative Ansatz fördert Interaktion, Kreativität und den Aufbau von Gemeinschaften.

User Interface (UI) (auch: Benutzungsoberfläche, Benutzungsschnittstelle) Der Bereich eines Systems, mit dem der Nutzer direkt interagiert. Es umfasst alle visuellen und interaktiven Elemente wie Tasten, Menüs, Icons und Texteingabefelder, die dem Nutzer die Bedienung einer Software, Website oder Anwendung ermöglichen. Ein gut gestaltetes User Interface ist intuitiv, ästhetisch ansprechend und funktional, um eine optimale Benutzererfahrung zu gewährleisten.

Vertorama Spezielle Form des Panoramas, bei dem mehrere vertikal aufgenommene Bilder zu einer hochformatigen, nahtlosen Gesamtansicht zusammengesetzt werden. Diese Technik wird häufig verwendet, um hohe Gebäude, Wasserfälle oder andere vertikal ausgedehnte Szenen vollständig abzubilden, die in einem einzelnen Bild nicht erfasst werden können. Vertoramen bieten eine beeindruckende Perspektive und sind besonders in der Architektur- und Landschaftsfotografie beliebt.

Vestibuläres System (auch: Gleichgewichtssystem) Sensorisches System im Innenohr, das für die Wahrnehmung von Gleichgewicht und räumlicher Orientierung verantwortlich ist. Es registriert die Kopfbewegungen und die Position des Körpers im Raum, indem es Informationen über Drehbewegungen und lineare Beschleunigungen an das Gehirn weiterleitet. Das vestibuläre System spielt eine zentrale Rolle bei der Koordination von Bewegungen und der Stabilisierung des Blicks.

Virtual Reality (VR) Die Abbildung einer Szene als computergenerierte räumliche Darstellung mit dem Ziel der möglichst vollständigen Immersion. Die 100%ige VR ist als Virtualität einer der beiden Extremfälle des Realitäts-Virtualitäts-Kontinuums nach Milgram und Kishino. Ein Charakteristikum von VR ist die Implementierung des Paradigmas der „direkten Interaktion", die dem Benutzer die Interaktion mit den Objekten in der dargestellten Szene ermöglicht. Dies ist der eindeutige Unterschied zu z. B. 360°-Fotos oder 360°-Filmen, da darin keine Interaktion mit der Szene möglich ist.

VR-Headset (siehe auch: Head Mounted Display (HMD)) Gerät, das benutzt wird, damit Benutzer virtuelle Welten immersiv erleben können. Es besteht i.d.R. aus einer speziellen Brille, die auf dem Kopf getragen wird und zwei Displays enthält, die stereoskopische Grafiken anzeigen. Das VR-Headset erfasst die Kopfbewegungen des Benutzers und passt die virtuelle Umgebung entsprechend an, um ein Gefühl von Präsenz zu erzeugen.

Wearable/ Wearable Computing Technologie, bei der Computer und elektronische Geräte in Kleidung oder Accessoires integriert sind und vom Benutzer getragen werden. Diese Geräte ermöglichen die Interaktion mit digitalen Informationen und Anwendungen in Echtzeit. Beispiele für Wearables sind Smartwatches, Fitness-Tracker und AR-Brillen. Sie bieten bequeme und praktische Lösungen für Kommunikation, Gesundheitsüberwachung, Navigation und vieles mehr. Durch die nahtlose Integration in den Alltag eröffnen Wearables neue Möglichkeiten für persönliche Technologie und digitale Interaktion. Wearable Computing ist insbesondere ein eigenständiges Interaktionsparadigma, da der Umgang und die Benutzung von Wearable Computern sich deutlich von klassischen Computersystemen unterscheidet.

WIMP Abkürzung für „Windows, Icons, Menus, Pointer" und Bezeichnung einer Art von Benutzungsschnittstellen für Computer und Anwendungen und gilt als Paradigma, das die Interaktion zwischen Benutzern und Computern erleichtert. „Windows" steht für die Darstellung von Programmen in eigenen Fenstern, „Icons" repräsentieren Dateien oder Programme, „Menus" ermöglichen den Zugriff auf Funktionen und „Pointer" ist der Mauszeiger zur Steuerung. WIMP-Oberflächen sind eine Form der GUI und weit verbreitet, da sie eine einfache und visuelle Interaktion mit dem Computer ermöglichen.

World Wide Web (WWW) Ein Teil des Internets und bezieht sich speziell auf das System von miteinander verknüpften Hypertext-Dokumenten, die über das HTTP-Protokoll abgerufen werden. Das WWW ermöglicht die Darstellung von Webseiten, die über Hyperlinks miteinander verbunden sind. Es ist eine der bekanntesten und am häufigsten genutzten Anwendungen des Internets, bietet Zugang zu Informationen, Multimedia-Inhalten und interaktiven Diensten.

Zehntausendschau Siehe: Myriorama

Zeit-/ Zeitverlaufs-Panorama (Künstlerische) Darstellungsform, die den Verlauf von Ereignissen über einen bestimmten Zeitraum hinweg auf einer einzigen, kontinuierlichen Bildfläche zeigt. Es kombiniert Aspekte der zeitlichen Abfolge mit visuellen Elementen, um eine narrative Darstellung von historischen Ereignissen, Entwicklungsprozessen oder zeitlichen Veränderungen zu ermöglichen. Zeitpanoramen finden Anwendung in der Geschichtsdarstellung, in Ausstellungen und in der Medienkunst.

Zenit (siehe auch: Nadir) Der Punkt am Himmel, der sich direkt über dem Beobachter befindet, im Gegensatz zum Nadir, der direkt unter dem Beobachter liegt. In der Astronomie und Geografie wird der Zenit verwendet, um die Position von Himmelskörpern relativ zur Erde zu bestimmen. Der Zenit spielt auch eine Rolle bei der Berechnung von Sonnenständen und in der Vermessungstechnik.

2D (kurz für: „zweidimensional") Bezeichnung für eine Darstellung, die nur zwei Dimensionen – Länge und Breite – umfasst, ohne räumliche Tiefe. In der Grafik, Fotografie und Filmtechnik bezieht sich 2D auf flache Bilder oder Animationen, die auf einer ebenen Fläche dargestellt werden, wie zum Beispiel Zeichnungen, Gemälde oder klassische Animationen.

360° Bezieht sich auf eine Rundumsicht oder eine vollständige Kreisbewegung, die einen vollständigen Blickwinkel um eine horizontale oder vertikale Achse abdeckt. In der Fotografie, Videografie und Virtual Reality bezeichnet 360°-Aufnahmen Inhalte, die es ermöglichen, eine Szene aus allen Richtungen zu betrachten, als ob man sich mitten in der Umgebung befände. Diese Technik wird verwendet, um immersive Erlebnisse zu schaffen, bei denen der Betrachter die Perspektive frei wählen kann.

3D (kurz für: „dreidimensional") Bezeichnung für eine Darstellung, die räumliche Tiefe vermittelt, indem sie Länge, Breite und Höhe berücksichtigt. In der Grafik, Fotografie und Filmtechnik ermöglicht 3D die Simulation eines realistischen Raumgefühls, sodass Objekte und Szenen plastisch wirken. 3D-Darstellungen werden durch spezielle Technologien wie stereoskopische Brillen oder Virtual-Reality-Systeme erlebbar gemacht.

Literatur

Kapitel 1: Vorwort

[ARD23] ARD/ZDF-Onlinestudie 2023. Nutzungsdauern 2023. Online (abgerufen am: 013.09.2023) https://www.ard-zdf-onlinestudie.de/files/2023/ARD_ZDF_Onlinestudie_2023_Publikationscharts.pdf. Zugegriffen: 13. Sept 2023

[HOF24] [HOF24]Hoffmann P (2024) Next Generation Internet: Die Verschmelzung von Realität und Virtualität im Metaversum. Springer Vieweg, Wiesbaden, 1. Aufl. 2024. ISBN-13: 978-3658430283

[MCL64] [MCL64]McLuhan M, Lapham LH (1964) Understanding media: The extensions of man. The MIT Press

[VPR23] Verband Privater Rundfunk und Telemedien e. V. (2023) Anteile der Medien am Medienzeitbudget 2023. https://vau.net/pressemeldungen/mediennutzungsanalyse-2023-fast-zehn-stunden-taegliche-nutzung-von-audio-und-audiovisuellen-medien-in-deutschland/. Zugegriffen: 13. Sept 2023

Kapitel 2: „Neue" Medienformen

[BUC94] Jed Z (1994) Buchwald: the creation of scientific effects. University of Chicago Press, Chicago

[HOF16] Hoffmann P (2016) Foto Petroglyph, Hawaii

[DUF82] [DUF82]Alfons Dufey: Schrift u. Druck in Ostasien. In: Das Buch im Orient. Wiesbaden 1982

[FUS99] Füssel S (1999) Gutenberg und seine Wirkung. Wissenschaftliche Buchgesellschaft, Darmstadt, ISBN 3-534-14737-5

[MIL95] Milgram P, Takemura H, Utsumi A, Kishino F (1995) Augmented reality: a class of displays on the reality-virtuality continuum. In: Proceedings of SPIE 2351, Telemanipulator and Telepresence Technologies. 21. Dezember 1995, S 282–292, https://doi.org/10.1117/12.197321

[NIP84] Patent DE30105 (1885) Elektrisches Teleskop. Angemeldet am 6. Januar 1884, veröffentlicht am 15. Januar 1885, Anmelder: Paul Nipkow

[SAM85]	Sampson G (1985) Writing systems. Stanford University Press, Stanford, Calif.

Kapitel 2.1: Panorama

[ABB23]	Abbattista G, Iannuzzi G (2023) World expositions as time machines: Two views of the visual construction of time between anthropology and futurama. World His Connect 13(3). https://doi.org/10.13021/whc.v13i3.4081
[ACK21]	Ackermann RM (2021) Was sind Kugelpanoramen? Auf: Das Panorama-Magazin. Abgerufen am 25.02.2021 unter: https://www.ralf-michael-ackermann.de/Was%20sind%20Kugelpanoramen.htm. Zugegriffen: 25. Febr 2021
[AGA06]	[AGA06]Agarwala A, Agrawala M, Cohen M, Salesin D, Szeliski R (2006) Photographing long scenes with multi-viewpoint panoramas. In: ACM transactions on graphics (Proceedings of SIGGRAPH 2006)
[BAR21a	Barnard FR (2020) Werbeanzeige. In: Hepting D H (Hrsg) A picture's worth. http://www2.cs.uregina.ca/~hepting/projects/picturesworth/. Zugegriffen: 24. Apr 2020
[BAR21b]	Barbouki-Panorama (2021) https://www.bourbakipanorama.ch/museum/rundbild/. Zugegriffen: 22. März 2020
[BEL15]	Belisle B (2015) Nature at a glance: Immersive maps from panoramic to digital. Early Popular Visual Culture 13(4):313–335. https://doi.org/10.1080/17460654.2015.1111590
[BOL93]	Bolz NW (1993) (1993): Am Ende der Gutenberg-Galaxis. Fink, München
[BÖH14c]	Böhringer J, Bühler P, Schlaich P, Sinner D (2014) Kompendium der Mediengestaltung II: Medientechnik, 6. Aufl. Springer Vieweg, Berlin. Zugegriffen: 8. Dez 2020: https://doi.org/10.1007/978-3-642-54585-6
[BÖH14d]	Böhringer J, Bühler P, Schlaich P, Sinner D (2014) Kompendium der Mediengestaltung IV: Medienproduktion Digital, 6. Aufl.. Springer Vieweg, Berlin. Zugegriffen: 8. Dez 2020: https://doi.org/10.1007/978-3-642-54583-2
[BRE12]	Brevern J v (2012) Griechenland, eine Enttäuschung. In: Imorde J, Wegerhoff E (Hrsg) Dreckige Laken. Die Kehrseite der Grand Tour, Berlin
[BRE12b]	Brevern J v (2012) Blicke von Nirgendwo. Brill I Fink (Verlag). ISBN: 978-3-7705-5169-9
[BRO97]	Brownlow K (1997) Pioniere des Films. Vom Stummfilm bis Holly-wood. = The parade's gone by ... Stroemfeld, Basel
[BRU16]	Bruchwitz A (2016) Soweit das Auge reicht: Tipps für gelungene Panorama-Aufnahmen. https://www.whitewall.com/ch/mag/soweit-das-auge-reicht-tipps-fuer-gelungene-panorama-aufnahmen. Zugegriffen: 16. März 2021
[BUL44]	Bulletin de la Société d'Encouragement, Nov. 1844, S 485
[BUT19]	Butt S (2019) Medien: Geschichte der Fotografie. planet wissen.de, ARD/WDR. Köln. https://www.planet-wissen.de/kultur/medien/geschichte_der_fotografie/index.html. Zugegriffen: 25. Dez 2020
[DEM52]	Dempewolff RF (1952) Movies on a curved screen wrap you in action. Pop Mech 98(2):120–124+. New York, USA
[DOU21]	The Bill Douglas Cinema Museum: Myriorama. https://www.bdcmuseum.org.uk/explore/item/69238/. Zugegriffen: 26. Febr 2021

[FUS99]	Füsslin G, Hentze E (1999) (1999): Anamorphosen. Geheime Bilderwelten. Füsslin, Stuttgart
[GUA02]	The Guardian (3. April 1902) Live horses and 30-ton chariots amaze the critics at the premiere of Ben-Hur. Ausgabe vom 3. April 1902. https://www.theguardian.com/stage/2003/oct/08/theatre. Zugegriffen: 3. März 2021
[HARoJ]	Hart MB (ohne Jahresangabe): Cinerama. The American WideScreen Museum. http://www.widescreenmuseum.com/widescreen/wingcr2.htm. Zugegriffen: 6. Apr 2021
[HOF10]	Hoffmann P (2010) Narrative Realitäten – Informationspräsentation über multimediales, programmiertes Geschichtenerzählen. Shaker Verlag, Aachen
[HOF18]	Hoffmann P (2018) Beyond Hypertext: Grundlagen der Gestaltung interaktiver Medien: Hypermedia vs. Multimedia. ISBN-13: 9783982021423, bifop-Verlag, Bremen
[HOF20b]	Hoffmann P (2020): Beyond (Multi-) Media, Teil 1. Grundlagen. Bifop-Verlag, Bremen
[IND20]	Indesty (2020) The forgotten ancestors of Virtual Reality. https://www.indestry.com/blog/the-forgotten-ancestors-of-virtual-reality. Zugegriffen: 2. März 2021
[MEY77]	Meyers Konversations-Lexikon (1877) Bd. 11, Leipzig 1877, S 862
[LAN00]	La Nature. Revue des Sciences (1900) Les Panoramas de l'Exposition I, Le Stéréorama – Le Transsibérien. In Bd 1, S 399–403
[LAN31]	Langhans CF, Kopisch A (1831) Pleorama erfunden und aufgestellt. E. Philips (Verlag), Breslau
[LAN93]	Lang PJ, Greenwald MK, Bradley MM, Hamm AO (1993) Looking at pictures: Affective, facial, visceral, and behavioral reactions. Psychophysiology 30(3):261–273
[MAT05]	Mather M, Carstensen LL (2005) Aging and motivated cognition: the positivity effect in attention and memory. Trends Cogn Sci 9(10):496–502
[NPS21]	National Park Service (2021) Gettyburg Cyclorama. https://www.nps.gov/gett/planyourvisit/cyclorama.htm. Zugegriffen: 3. März 2021
[OET80]	Oettermann S (1980) Das Panorama. Die Geschichte eines Massen-mediums. 322 Seiten. 1980. ISBN 3810801526 (engl. Ausg.: The Panorama. History of a Mass Medium. MIT Press 1997)
[POL45]	Anonymus (1845) Guérin's neues Georama.. (Digitalisierung des) Polytechnischen Journal, 1845, Band 95, Nr. LXIV./Miszelle 3 (S. 236). http://dingler.culture.hu-berlin.de/article/pj095/mi095064_3. Zugegriffen: 1. März 2021
[PRAoJ]	Pratzner A (ohne Jahresangabe): Funktionsweise Nodalpunkt. https://www.foto-kurs.com/panoramafoto-nodalpunkt.php. Zugegriffen: 15. März 2021
[RAA15]	Rollei (2015) Auf einfach: Hyperfokale Distanz, Zonenfokus und Schärfentiefe. https://fotografische.de/kameras/zonenfokus/. Zugegriffen: 7. März 2021
[ROL15]	Raatz T (2015) Professionelle Panoramafotografie – Tipps, Ausrüstung & Anleitung. https://rolleishop.ch/blogs/rolleimoments/professionelle-panorama-fotografie. Zugegriffen: 29. Sept 2024
[SAH11]	Sarhage H-P (2011) Bourbaki Panorama. https://www.bourbakipanorama.ch/. Zugegriffen: 22. März 2021
[SANoJ]	Sante Maria Delle Grazie, Webseite Basilika, https://legraziemilano.it/ultima-cena-cenacolo-vinciano/
[SCA00]	Scientific American (1900) Ausgabe vom 29. September. New York
[SCA99]	Scientific American (1899) S 150. New York. Zugegriffen: 11 März 1989

[SCH18a]	Schaaf LJ (2018) Panoramas & urban observatories: photographic experiments from a Parisian hotel. https://talbot.bodleian.ox.ac.uk/2018/04/13/panoramas-urban-observatories-photographic-experiments-from-a-parisian-hotel/. Zugegriffen: 26. Febr 2021
[SAT93]	Sattler A (1993) Rheinpanoramen. Reisehilfen und Souvenirs. Katalog zu der Ausstellung in der Universitäts- und Stadtbibliothek Köln 7. Mai – 24. Juli 1993. Schriften der Universitäts- und Stadtbibliothek, Köln
[SOCoJ]	Sociedad Ibero-Americana de la Historia de la Fotografia Museo Fo-tográfico y Archivo Historico „Adolfo Alexander" (ohne Jahresangabe): Connon Panoramic Camera. https://www.novacon.com.br/odditycameras/connon.htm. Zugegriffen: 2. März 2021
[STE93]	Steckner C (1993) Das erste Rheinpanorama. Elisabeth von Ad-lerflycht (1775–1846) und Friedrich Wilhelm Delkeskamp (1794–1872). In: Werner S, Bodsch I (Hrsg) Der Lauf des Rheines. Der Mittelrhein in illustrierten Reisebeschreibungen, Alben, Panoramen und Karten des 17. bis 19. Jahrhunderts aus den Beständen der Bibliothek und der Graphischen Sammlung des Kölnischen Stadtmuseums, der Stadthistorischen Bibliothek Bonn und des Stadtmuseums Bonn Köln und Bonn 1993, ISBN 3-927396-55-9
[STI13]	Stillich S (2013) Der Mann mit der Riesenknipse. https://www.spiegel.de/geschichte/george-r-lawrence-fotograf-mit-riesenkamera-a-951044.html. Zugegriffen: 2. Apr 2021
[TUC26]	Tucholsky K (1926) Ein Bild sagt mehr als tausend Worte. Abgerufen am 29.04.2020 unter: https://www.textlog.de/tucholskybildsagtworte.html. Zugegriffen: 29. Apr 2020
[TUR62]	Turgenev IS (1862) Väter und Söhne. Insel Verlag, Frankfurt a. M.
[WAG14]	Wagner W-R (2014): 1900 – Die multisensorische Illusion einer Schiffsreise. Abgerufen am 02.03.2021 unter: https://medienkompetenzrevisited.com/2014/08/01/das-mareorama-die-multisensorische-illusion-einer-schiffsreise/
[WIK21a]	Wikipedia: Georama (2021) https://de.wikipedia.org/wiki/Georama. Zugegriffen: 26. Febr 2021
[WIK21b]	Wikipedia: Myriorama. https://de.wikipedia.org/wiki/Myriorama. Zugegriffen: 26. Febr 2021
[WIK21c]	Wikipedia: Kosmorama. Abgerufen am 26.02.2021 unter: https://de.wikipedia.org/wiki/Kosmorama. Zugegriffen: 26. Febr 2021

Kapitel 2.2: 360°

[ACK21]	Ackermann RM (2021) Was sind Kugelpanoramen? Auf: Das Pano-rama-Magazin. https://www.ralf-michael-ackermann.de/Was%20sind%20Kugelpanoramen.htm. Zugegriffen: 25. Febr 2021
[ARI07]	Aristoteles: Poetik (2007) Übersetzung und Kommentar von Arbigast Schmitt. Akademie-Verlag, Berlin
[BAS16]	Bastian M (2016) Googles Anleitung für besseres Storytelling in 360-Videos [Online], MIXED.de. Abgerufen am 14.03.2019 unter: https://mixed.de/googles-anleitung-fuer-besseres-storytelling-in-360-videos/.

[FIE87]	Field S (1987) The screenwriters workbook. Bantam Doubleday Dell Publishing Group, New York
[FIE03]	Field S (2003) Drehbuchschreiben für Fernsehen und Film. Ein Handbuch für Ausbildung und Praxis. Ullstein, Berlin
[HOF20b]	Hoffmann P (2020) Beyond (Multi-) Media, Teil 1. Grundlagen. Bifop-Verlag, Bremen.
[HUD17]	Hudelson B (2017) Designing for VR ǀ A Beginners Guide. In: Medium. https://blog.prototypr.io/designing-for-vr-a-beginners-guide-d2fe37902146. Zugegriffen: 1. März 2021
[JAK20]	Jakubetz C (2020) How to: 360 Grad. Verlag Werben & Verkaufen GmbH. https://www.wuv.de/tech/how_to_360_grad. Zugegriffen: 5. Mai 2021
[NIE94]	Nielsen J (1994) Enhancing the explanatory power of usability heuristics. In: Plaisant C (Hrsg) Conference on human factors in computing systems, CHI 1994, Boston, Massachusetts, USA, April 24–28, 1994, Conference Companion
[PIC07]	Piccolin L (2007) Rundumkinos. Vom Panorama zu 360°-Filmsystemen.. Hamburg: Universität Hamburg, Institut für Germanistik 2007 (Medienwissenschaft: Berichte und Papiere 78). https://doi.org/10.25969/mediarep/12885
[RAU17]	Rau W (2017) Recht für Fotografen – Der Ratgeber für den foto-grafischen Alltag. Rheinwerk Fotografie; 3. Auf. (28. Juni 2017)
[SCH17]	Schröder G (2017) 360-Grad-Storytelling: Zuschauer verführen in allen Facetten. https://medium.com/videomarketing-by-k3/360-grad-storytelling-zuschauer-verf%C3%BChren-in-allen-facetten-f53e27738844. Zugegriffen: 8. Dez 2020
[WID17a]	Widmer K (2017) 360 Videos und ihre nicht so rosige Zukunft: Was läuft schief mit VR und Bewegtbild? In: filmpuls.info ǀ Online Magazin für Kommunikation mit Film und Video. https://filmpuls.info/360-videos-zukunft/. Zugegriffen: 10. Mai 2021
[WID17b]	Widmer K (2017) Wo steht VR 360 Video heute? Das Hype-Modell von Gartner kennt die Antwort. In: filmpuls.info ǀ Online Magazin für Kommunikation mit Film und Video. https://filmpuls.info/wo-steht-vr-360-video-heute/. Zugegriffen: 10. Mai 2021
[WIK21g]	Wikipedia: Kugelpanorama. https://de.wikipedia.org/wiki/Kugelpanorama. Zugegriffen: 26. Febr 2020
[74POJ]	22places (ohne Jahresangabe) Panoramafreiheit in der Fotografie: Das musst du wissen. https://www.22places.de/panoramafreiheit-fotografie. Zugegriffen: 18. Mai 2021

Kapitel 2.3: Virtual Reality

[BAK12]	Bakkes S, Tan CT, Pisan Y (2012) Personalised gaming: a motivation and overview of literature. In: Proceedings of the 8th australasian conference on interactive entertainment, S 1–10
[BAR81]	Barthes R (1981) Camera Lucida: reflections on photography. Hill and Wang
[BAS16]	Bastian M (2016) Googles Anleitung für besseres Storytelling in 360-Videos [Online], MIXED.de. https://mixed.de/googles-anleitung-fuer-besseres-storytelling-in-360-videos/. Zugegriffen: 14. März 2020

[BBC12]	BBC (2012) Virtual reality kit secures funds [Online], London. https://www.bbc.com/news/technology-19085967. Zugegriffen: 13. März 2019
[BEG00]	Begault DR (2000) 3D sound for virtual reality and multimedia. Academic
[BLA97]	Blauert J (1997) Spatial hearing: the psychophysics of human sound localization. MIT Press
[BOH14d]	Böhringer J, Bühler P, Schlaich P, SinnerD (2014) Kompendium der Mediengestaltung IV: Medienproduktion Digital, 6. Auflage. Springer Vieweg, Berlin. Zugegriffen: 8. Dez 2020: https://doi.org/10.1007/978-3-642-54583-2
[BOW04]	Bowman DA, Kruijff E, LaViola JJ, Poupyrev I (2004) 3D user interfaces: theory and practice. Addison-Wesley
[BRI09]	Brill M (2009) Virtuelle Realität [Online], Berlin, Heidelberg, Spring-er-Verlag. Zugegriffen: 8. Dez 2020: https://doi.org/10.1007/978-3-540-85118-9
[BRO82]	Broderick J (1982) The Judas Mandala. Fantastic Books, 1982
[BUR00]	Burdea G (2000) Haptic feedback for virtual reality. Proc IEEE 88(1):72–85
[BUR03]	Burdea GC, Coiffet P (2003) Virtual reality technology. Wiley
[CAS00]	Cassell J, Sullivan J, Prevost S, Churchill E (2000) Embodied conversational agents. MIT Press
[CRU92]	Cruz-Neira C, Sandin DJ, DeFanti TA, Kenyon RV, Hart JC (1 June 1992). „The CAVE: audio visual experience automatic virtual environment". Commun ACM 35(6):64–72. https://doi.org/10.1145/129888.129892 [Titel anhand dieser DOI in Citavi-Projekt übernehmen] . ISSN 0001-0782. S2CID 19283900
[CRU93]	Cruz-Neira C, Sandin DJ, DeFanti TA (1993) Surround-screen projection-based virtual reality: The design and implementation of the CAVE. In: Proceedings of the 20th annual conference on computer graphics and interactive techniques, S 135–142
[DAR96]	Darken RP, SibertJL (1996) Wayfinding strategies and behaviors in large virtual worlds. In: Proceedings of the SIGCHI conference on human factors in computing systems, S 142–149
[DAV14]	Davis S, Nesbitt K, Nalivaiko E (2014) A systematic review of cybersickness. In: Proceedings of the 2014 conference on interactive entertainment, S 1–9
[DUC17]	Duchowski AT (2017). Eye tracking methodology: theory and practice. Springer
[GOL10]	Goldstein EB (2010) Sensation and perception. Wadsworth
[HEE92]	Heeter C (1992) Being there: The subjective experience of presence. Presence Teleoper Vir Environ 1(2):262–271
[HEI62]	Heilig, M (1962) The Sensorama. US Patent #3,050,870
[HER02]	Herz RS (2002) Influences of odor on emotion, perception, and cognition. In: Rouby C, Schaal B, Dubois D, Gervais R, Holley A (Hrsg) Olfaction, taste, and cognition. Cambridge University Press, S 160–177
[HOF24]	Hoffmann P (02.02.2024): Next Generation Internet: Die Verschmelzung von Realität und Virtualität im Metaversum. Springer Vieweg, Wiesbaden, 1. Aufl. 2024. ISBN-13: 978-3658430283
[KLE00]	Klemmer SR, Graham J, Wolff GJ, Landay JA (2000) Books with voices: paper transcripts as a physical interface to oral histories. In: Proceedings of the SIGCHI conference on human factors in computing systems, S. 89–96
[KOL95]	Kolasinski EM (1995) Simulator sickness in virtual environments (Technical Report 1027). U.S. Army Research Institute for the Behavioral and Social Sciences

[LUK21]	Lukosek G (2021) The Fascinating history and evolution of extended reality (XR). Published Jun 10, 2021 on: https://www.codementor.io/@lukos86, https://www.codementor.io/@lukos86/the-fascinating-history-and-evolution-of-extended-reality-xr-1iqb19oj8z
[JER15]	Jerald J (2015) The VR book: human-centered design for virtual reality. Morgan & Claypool
[JUR19]	Jurafsky D, Martin JH (2019) Speech and language processing, 3 Aufl.. Pearson
[LAV00]	LaViola JJ (2000) A discussion of cybersickness in virtual environments. ACM SIGCHI Bull 32(1):47–56
[LAW17]	LaValle SM (2017) Virtual reality. Cambridge University Press
[LOO99]	Loomis JM, Blascovich JJ, Beall AC (1999) Immersive virtual environment technology as a basic research tool in psychology. Behav Res Methods Instrum Comput 31(4):557–564
[MAC06]	MacDorman KF, Ishiguro H (2006) The uncanny advantage of using androids in cognitive and social science research. Interact Stud 7(3):297–337
[MAT05]	Mateas M, Stern A (2005). Structuring content in the façade interactive drama architecture. In: Proceedings of the first artificial intelligence and interactive digital entertainment conference, S 93–98
[MAT13]	Matsukura H, Yoneda T, Ishida H (2013) Smelling screen: development and evaluation of an olfactory display system for presenting a virtual odor source. IEEE Trans Visual Comput Graphics 19(4):606–615
[MCM03]	McMahan A (2003) Immersion, engagement, and presence: a method for analyzing 3-D video games. In: Wolf MJP, Perron B (Hrsg) The video game theory reader. Routledge, S 67–86
[MCM12]	McMahan RP, Bowman DA, Zielinski DJ, Brady RB (2012) Evaluating display fidelity and interaction fidelity in a virtual reality game. IEEE Trans Visual Comput Graphics 18(4):626–633
[MIL95]	Milgram P, Takemura H, Utsumi A, Kishino F (1995). Augmented reality: a class of displays on the reality-virtuality continuum. In: Proceedings of SPIE 2351, Telemanipulator and telepresence technologies. 21. Dezember 1995, S 282–292, https://doi.org/10.1117/12.197321
[MOR70]	Mori M (1970) The uncanny valley. Energy 7(4):33–35
[MUR97]	Murray JH (1997) Hamlet on the Holodeck: the future of narrative in cyberspace. MIT Press
[NAK13]	Nakamoto T (Ed) (2013) Human olfactory displays and interfaces: odour sensing and presentation. IGI Global
[OCU21]	Oculus. (2021) Oculus Rift S: System Requirements. Abgerufen von Oculus Website
[OLI18]	Oliver T, Metzger D, Niegemann H (2018) Digitalisierung in der Aus- und Weiterbildung: virtual und augmented reality für Industrie 4.0. Springer, Berlin
[PAA03]	Paas F, Renkl A, Sweller J (2003) Cognitive load theory and instructional design: recent developments. Educ Psychol 38(1):1–4
[PAC17]	Pacchierotti C, Sinclair S, Solazzi M, Frisoli A, Hayward V, Prattichizzo D (2017) Wearable haptic systems for the fingertip and the hand: taxonomy, review, and perspectives. IEEE Trans Haptics 10(4):580–600
[PAN17]	Perri, L. (2017). Was gibt es Neues im Hype Cycle 2022 von Gartner für neue Technologien?. https://www.gartner.de/de/artikel/was-ist-neu-im-hype-cycle-2022-von-gartner-fuer-neue-technologien. Zugegriffen: 04. Aug. 2025.

[PIU17]	Piumsomboon T, Lee GA, Billinghurst M (2017) Hands in space: Gesture interaction with augmented-reality interfaces. IEEE Comput Graphics Appl 37(1):42–48
[REA75]	Reason JT, Brand JJ (1975) Motion sickness. Academic
[RYA01]	Ryan M-L (2001) Narrative as virtual reality: immersion and interactivity in literature and electronic media. Johns Hopkins University Press
[SAY12]	Saygin AP, Chaminade T, Ishiguro H, Driver J, Frith C (2012) The thing that should not be: predictive coding and the uncanny valley in perceiving human and humanoid robot actions. Soc Cogn Affect Neurosci 7(4):413–422
[SHE03]	Sherman WR, Craig AB (2003) Understanding virtual reality: Interface, application, and design. Morgan Kaufmann, San Francisco, CA. http://search.ebscohost.com/login.aspx?direct=true&scope=site&db=nlebk&db=nlabk&AN=249304. Zugegriffen: 8. Dez 2020
[SHE92]	Sheridan TB (1992) Musings on telepresence and virtual presence. Presence Teleoper Vir Environ 1(1):120–126
[SHE18]	Sherman WR, Craig AB (2018) Understanding virtual reality: interface, application, and design. Morgan Kaufmann
[SLA10]	Slater M, Spanlang B, Corominas D (2010) Simulating virtual environments within virtual environments as the basis for a psychophysics of presence. ACM Trans Graphics 29(4):92
[SLA16]	Slater M, Sanchez-Vives MV (2016) Enhancing our lives with immersive virtual reality. Front Robot AI 3:74
[SLA97]	Slater M, Wilbur S (1997) A framework for immersive virtual environments (FIVE): Speculations on the role of presence in virtual environments. Presence Teleoper Vir Environ 6(6):603–616
[STA03]	Stanney KM, Kennedy RS, Drexler JM (2003) Cybersickness is not simulator sickness. Proc Hum Fact Ergon Soc Ann Meet 47(7):1138–1142
[SWE88]	Sweller J (1988) Cognitive load during problem solving: Effects on learning. Cogn Sci 12(2):257–285
[TRE80]	Treisman A, Gelade G (1980) A feature-integration theory of attention. Cogn Psychol 12(1):97–136
[USO99]	Usoh M, Catena E, Arman S, Slater M (2000) Using presence questionnaires in reality. Presence Teleoper Vir Environ 9(5):497–503
[VEL14]	Veletsianos G, Russell GS (2014) Pedagogical agents. In: Mayer RE (Hrsg) The Cambridge handbook of multimedia learning. Cambridge University Press, S 377–394
[WIC08]	Wickens CD (2008) Multiple resources and mental workload. Hum Factors 50(3):449–455
[WIK0J]	Wikipedia (o.J.) Sensorama. https://en.wikipedia.org/wiki/Sensorama. Zugegriffen: 10. Mai 2023

Kapitel 2.4: Augmented Reality

[ALE18]	Aletta F, Astolfi A (2018) Soundscapes of buildings and built environments. Building Acoustics 25:195–197. https://doi.org/10.1177/1351010X18793279
[APP23]	Apple (2023) Introducing apple vision pro. Youtube. https://www.youtube.com/watch?v=TX9qSaGXFyg . Zugegriffen: 9. Aug 2024

[AZU97]	Azuma RT (1997) A survey of augmented reality. Presence Teleoper Vir Environ 6(4): 355–385
Azuma et al., 2001	Azuma RT, Baillot Y, Behringer R, Feiner S, Julier S, MacIntyre B (2001) Recent advances in augmented reality. IEEE Comput Graphics Appl 21(6):34–47
[BIL12]	Billinghurst M, Duenser A (2012) Augmented reality in the classroom. Computer 45:56–63. https://doi.org/10.1109/MC.2012.111
[BIL15]	Billinghurst M, Clark A, Lee G (2015) A survey of augmented reality , now, 2015, https://doi.org/10.1561/1100000049. keywords: {Augmented reality},
[BOL13]	Bolter JD, MacIntyre B, Gandy M, Schweitzer P (2013) New media and the permanent crisis of aura. Convergence 19(2):123–133
[BRE12]	Brey P (2012) Anticipatory ethics for emerging technologies. NanoEthics 6(1):1–13
[CAU92]	Caudell T, Mizell D (1992) Augmented reality: an application of heads-up display technology to manual manufacturing processes. In: Proceedings of the twenty-fifth hawaii international conference on system sciences, Bd. 2, S 659–669
[COU17]	Couldry N, Hepp A (2017) The mediated construction of reality. Polity
[DED09]	Dede C (2009) Immersive interfaces for engagement and learning. Science (New York, N.Y.). S 323. 66–9. https://doi.org/10.1126/science.1167311
[DEY18]	Dey A, Billinghurst M, Lindeman RW, Swan JE II (2018) A systematic review of 10 years of augmented reality usability studies: 2005 to 2014. Front Rob AI 5:37
[DOU06]	Dourish P (2006) Re-space-ing place: "Place" and "space" ten years on. In: Proceedings of the 2006 20th anniversary conference on computer supported cooperative work, S 299–308
[DUE08]	Duenser, A, Grasset R, Billinghurst M (2008) A survey of evaluation techniques used in augmented reality studies. In: ACM SIGGRAPH ASIA 2008 …. https://doi.org/10.1145/1508044.1508049
[DUN14]	Dunleavy M, Dede C (2014) Augmented reality teaching and learning. In: Handbook of research on educational communications and technology. S 735–745. https://doi.org/10.1007/978-1-4614-3185-5_59
[FEI93]	Feiner S, Macintyre B, Seligmann D (1993) Knowledge-based augmented reality. Com ACM 36(7): 53–62
[FEI97]	Feiner S, Macintyre B, Höllerer T (1997) A touring machine: prototyping 3D mobile augmented reality systems for exploring the urban environment columbia university graduate school of architecture. Plan Preser Columbia Univ Scen 97(74–81):1997
[FIN10]	Finstad K (2010) The usability metric for user experience. Interact Comput 22:323–327. https://doi.org/10.1016/j.intcom.2010.04.004
[FLA14]	Flanagan M, Nissenbaum H (2014) Values at play in digital games. The MIT Press
[FLO16]	Floridi L (2016) The fourth revolution: how the infosphere is reshaping human reality. Oxford University Press
[FRI17]	Frick C, Lange-Mauriège S (2017) Augmented Reality – Anwendungsmöglichkeiten in Bibliotheken. Fachbeiträge ZH Köln. https://www.th-koeln.de/mam/downloads/deutsch/studium/studiengaenge/f03/bib_inf_ma/fachbeitrag_frick_.pdf . Zugegriffen: 9. Aug 2024

[GAR19]	Gartner WC, Cosco N (2019) The role of soundscapes in the construction of meaning in built environments. Environ Behav 51(7):817–845
[GEN69]	Fenette G (1969) Figures. Essais. Editions du Seuil, Paris 1969
[GEN72]	Fenette G (1972) Figures III. Editions du Seuil, Paris 1972, ISBN 978-2-02-002039-8
[GEN76a]	Fenette G (1976) Figures I. Editions du Seuil, Paris 1976, ISBN 978-2-02-004417-2
[FEN18]	Fenette G (1976) Figures II. Editions du Seuil, Paris 1976, ISBN 978-2-02-005323-5
[GRU18]	Grundhöfer A, Iwai D (2018) Diminished reality: a survey of techniques and applications. Comp Graphics Forum 37(2):426–439
[HAS08]	Hassenzahl M (2008) User experience (UX): Towards an experiential perspective on product quality. ACM Int Conf Proc Series 339:11–15. https://doi.org/10.1145/1512714.1512717
[JEN04]	Jenkins H (2004) Convergence culture: where old and new media collide. NYU Press
[JUN15]	Jung T, tom Dieck MC, Lee H, Chung N (2015) Effects of virtual reality and augmented reality on visitor experiences in museum. In: Information and communication technologies in tourism 2015 (S 621–635). Springer
[KAU03]	Kaufmann H (2003) Collaborative augmented reality in education
[KRE07]	van Krevelen R (2007) Augmented reality: technologies, applications, and limitations. https://doi.org/10.13140/RG.2.1.1874.7929
[LAZ06]	Lazar J, Jones A, Hackley M, Shneiderman B (2006) Severity and impact of computer user frustration: a comparison of student and workplace users (2002). Interact Comput 18:187–207. https://doi.org/10.1016/j.intcom.2005.06.001
[LEE19]	Lee K, Jun G, Shin D (2019) Diminished reality for digital signage. ACM Trans Graphics 38(4):1–10
[LIN13]	Lindgren R, Johnson-Glenberg M (2013) Emboldened by embodiment: six precepts for research on embodied learning and mixed reality. Educ Res 42:445–452. https://doi.org/10.3102/0013189X13511661
[MAC04]	Macintyre B, Bolter J, Gandy M (2004) Presence and the aura of meaningful places. Teleoperators and Virtual Environments – Presence
[MAN01]	Manovich L (2001) The language of new media. MIT Press
[MCL94]	McLuhan M (1994) Understanding media: the extensions of man. MIT Press
[MIL94]	Milgram P, Kishino F (1994) A Taxonomy of mixed reality visual displays. IEICE Trans Inf Syst E77-D(12):1321–1329
[MUR17]	Murray JH (2017) Hamlet on the holodeck, updated edition: the future of narrative in cyberspace. MIT Press
[NOR04]	Norman D (2004) Emotional design: why we love (or hate) everyday things
[OLS12]	Olsson T, Salo M (2012) Narratives of satisfying and unsatisfying experiences of current mobile augmented reality applications. In: Proceedings of the SIGCHI conference on human factors in computing systems, S 2779–2788
[PEE13]	Pfeiffer T, Kameas A, Decker M (2013) Augmented reality in education and training: potentials and limitations. Int J Emer Technol Learn 8(S1):33–37
[PIE02]	Piekarski W, Thomas B (2002) ARQuake: the outdoor augmented reality gaming system. Commun ACM 45:36–38. https://doi.org/10.1145/502269.502291

[RYA15]	Ryan ML (2015) Narrative as virtual reality 2: Revisiting immersion and interactivity in literature and electronic media. Johns Hopkins University Press
[SCH16]	Schulzke M (2016) The ethics of virtual reality technology: social hazards and public policy recommendations. Sci Eng Ethics 22(4):1151–1169
[SIG23]	Sightfull (2023) This is Spacetop G!. Youtube. https://www.youtube.com/watch?v=eEkhCdkgeyM. Zugegriffen: 9. Aug 2024
[SPE11]	Spence C, Gallace A (2011) Multisensory design: Reaching out to touch the consumer. Psychol Mark 28:267–308. https://doi.org/10.1002/mar.20392
[STA05]	Stary C (2005) Mensch & Computer 2005: Kunst und Wissenschaft – Grenzüberschreitung der interaktiven ART. Oldenbourg, München
[SUN17]	Sunstein CR (2017) #Republic: divided democracy in the age of social media. Princeton University Press
[SUT65]	Sutherland I (1965) The ultimate display. In: Proceedings of the international federation of information processing congress
[SWA05]	Swan JE, Gabbard JL (2005) Survey of user-based experimentation in augmented reality. In: Proceedings of the 1st international conference on virtual reality (S 1–9)
[TUR17]	Turkle S (2017) Reclaiming conversation: the power of talk in a digital age. Penguin Books
[WAN16]	Wang X, Ong SK, Nee A (2016) A comprehensive survey of augmented reality assembly research. Adv Manuf 4. https://doi.org/10.1007/s40436-015-0131-4

Kapitel 3: Weitere, verwandte Medienformen

[ADE18]	Adelson EH, Wang JYA (2018) Light field photography: capturing and rendering immersive 3D experiences. IEEE Trans Visual Comput Graphics 24(2):202–211
[BAN16]	Banks MS, Read JCA, Allison RS, Watt SJ (2016) Stereoscopy and the human visual system. Vision Res 126:42–63
[BAR16]	Barry A (2016) Stereoscopic vision and 3D imaging. Academic
[BEN18]	Bennett T (2018) Photography and stereoscopy: a historical overview. Cambridge University Press
[BJE17]	Bjelkhagen HI (2017) Holography and philately: the introduction and development of 3D imaging in postage stamps. Springer
[BRE16]	Brewster D (2016) The stereoscope: its history, theory, and construction. Cambridge University Press
[CAM10]	Cameron J (2010) The making of avatar. Abrams
[CUT18]	Cutting JE, Vishton PM (2018) Perceiving layout and knowing distances: The integration, relative potency, and contextual use of different information about depth. In: Perception of Space and Motion (S 69–117). Psychology Press
[DOD20]	Dodgson N (2020) Autostereoscopic 3D displays. J Soc Inform Display 28(5):397–404
[FLU15]	Flückiger B (2015) Visual effects: Filmbilder aus dem computer: Geschichte, Theorie. Schüren Verlag, Praxis
[GEN19]	Geng J (2019) Three-dimensional imaging, visualization, and display. Springer
[GER18]	Gernsheim H, Gernsheim A (2018) The history of photography: from the camera obscura to the beginning of the modern era. Thames & Hudson

[GRE97] Gregory RL (1997) Eye and brain: the psychology of seeing. Princeton University Press

[HOF08] Hoffman DM, Girshick AR, Akeley K, Banks MS (2008) Vergence-accommodation conflicts hinder visual performance and cause visual fatigue. J Vis 8(3):33–33

[HOL111] Holliman N, Dodgson N, Favalora GE, Pockett L (2011) Three-dimensional displays: a review and applications analysis. IEEE Trans Broadcast 57(2):362–371

[HOW12] Howard IP, Rogers BJ (2012) Perceiving in depth, Bd. 1: basic mechanisms. Oxford University Press

[JAH09] Jahne B, Haubecker H (2009) Handbook of computer vision and applications, Bd. 2: Signal processing and pattern recognition. Academic Press

[LAM09] Lambooij M, Ijsselsteijn W, Fortuin M, Heynderickx I (2009) Visual discomfort and visual fatigue of stereoscopic displays: a review. J Imaging Sci Technol 53(3):30201–30211

[LIP11] Lipton L (2011) Foundations of the stereoscopic cinema: a study in depth. Van Nostrand Reinhold

[MCA13] McAllister DF (2013) Stereo computer graphics and other true 3D technologies. Princeton University Press

[MCI20] McIntire JP, Wright SP, Fricker JD (2020) Stereoscopic 3D display technology, visual perception, and stereoscopic 3D content creation. Displays 61:101–112

[MEN09] Mendiburu B (2009) 3D movie making: stereoscopic digital cinema from script to screen. Focal Press

[ORR15] Orr C (2015) Sir David Brewster and the Invention of the Stereoscope. J His Sci 48(2):123–145

[PER18] Perlin K, Paxia S (2018) The parallax barrier revisited: bringing 3D to all without the glasses. ACM Trans Graph 37(4):1–12

[RIV16] Riva G, Wiederhold BK, Molinari E (2016) Virtual environments in clinical psychology and neuroscience: Methods and techniques in advanced patient-therapist interaction. Stud Health Technol Informat 119:3–17

[ROS18] Rosenberg S (2018) History of 3D films: from the 1950s to today. Bloomsbury

[SUL20] Sullivan M (2020) Lenticular lenses and their application in autostereoscopic displays. Opt Express 28(15):22345–22357

[SUN16] Sundar SS, Kang J, Oprean D (2016) Being there in the midst of the story: how immersive journalism affects our perceptions and cognitions. Cyberpsychol Behav Soc Netw 20(5):310–315

[SWA16] Swanston M, Wade NJ (2016) Visual perception: an introduction. Routledge

[SZF22] Szeliski R (2022) Computer vision: algorithms and applications. Springer

[WAD16] Wade NJ (2016) The first stereoscopes: Sir Charles wheatstone and the origins of 3D imaging. Sci Am 314(3):82–91

[WO07] Woods AJ, Rourke T (2007) Development of an anaglyph stereo video player with comfortable crosstalk levels. In Stereoscopic displays and virtual reality systems XIV (Bd. 6490, S 64900S). International Society for Optics and Photonics

[ZEI03] Zeile P (2003) Bamberg 3D – Erstellung und Visualisierung von virtuellen 3D-Stadtmodellen aus kommunalen Geodaten am Beispiel des UNESCO Welterbes Bamberg. KIT – Karlsruhe Institute of Technology .https://doi.org/10.13140/RG.2.1.1497.4967

[ZON14]	Zone R (2014) Stereoscopic cinema and the origins of 3-D Film, 1838–1952. University Press of Kentucky
[AAR97]	Aarseth EJ (1997) Cybertext: perspectives on ergodic literature. Johns Hopkins University Press
[BER89]	Berners-Lee T (1989) Information management: a proposal. CERN
[BOL01]	Bolter JD (2001) Writing space: computers, hypertext, and the remediation of print. Lawrence Erlbaum Associates
[BUS45]	Bush V (1945) As we may think. The Atlantic Monthly 176(1):101–108
[CON87]	Conklin J (1987) Hypertext: an introduction and survey. IEEE Comput 20(9):17–41
[HAL94]	Halasz FG, Schwartz M (1994) The dexter hypertext reference model. Commun ACM 37(2):30–39
[HAR94]	Hardman L, Bulterman DC, van Rossum G (1994) The Amsterdam Hypermedia model: adding time and context to the dexter model. Commun ACM 37(2):50–62
[HOF20]	Hoffmann P (2020) Beyond Hypertext: hypermedia vs. multimedia. bifop-Verlag, Bremen, 2020, 2., überarbeitete Aufl. ISBN-13: 9783948773182
[HOF24]	Hoffmann P (02.02.2024) Next generation internet: Die Verschmelzung von Realität und Virtualität im Metaversum. Springer Vieweg, Wiesbaden, 1. Aufl. 2024. ISBN-13: 978-3658430283
[LAN06]	Landow GP (2006) Hypertext 3.0: critical theory and new media in an era of globalization. Johns Hopkins University Press
[MAN01]	Manovich L (2001) The language of new media. MIT Press
[MUR17]	Murray JH (2017) Hamlet on the holodeck, updated edition: the future of narrative in cyberspace. MIT Press
[NEL65]	Nelson TH (1965) Literary machines. Mindful Press
[NIE95]	Nielsen J (1995) Multimedia and hypertext: the internet and beyond. Morgan Kaufmann
[NOR93]	Norman DA (1993) Things that make us smart: defending human attributes in the age of the machine. Addison-Wesley
[ORE05]	O'Reilly T (2005) What is Web 2.0: design patterns and business models for the next generation of software. O'Reilly Media
[RYA04]	Ryan ML (2004) Narrative across media: the languages of storytelling. University of Nebraska Press
[SCH04]	Schwartz B (2004) The paradox of choice: why more is less. HarperCollins
[SHI08]	Shirky C (2008) Here comes everybody: the power of organizing without organizations. Penguin Press
[SUN16]	Sundar SS, Kang J, Oprean D (2016) Being there in the midst of the story: How immersive journalism affects our perceptions and cognitions. Cyberpsychol Beh Soc Netw 20(5):310–315
[SWE88]	Sweller J (1988) Cognitive load during problem solving: effects on learning. Cogn Sci 12(2):257–285
[AND13]	Anderson JR (2013) Cognitive Psychology and its implications. Worth Publishers
[BAL12]	Balzert H (2012) Handbuch der Softwaretechnik
[BIS17]	Bishop M (2017) A guide to multimedia systems and applications. Springer
[BOH14d]	Böhringer J, Bühler P, Schlaich P, Sinner D (2014) Kompendium der Mediengestaltung IV: Medienproduktion Digital, 6. Aufl. Springer Vieweg, Berlin. Zugegriffen: 8. Dez 2020: https://doi.org/10.1007/978-3-642-54583-2

[BOR16]	Bordwell D, Thompson K (2016) Film art: an introduction. McGraw-Hill Education
[CAI11]	Cairncross F, Mannion M (2011) Digital divide: the impact of multimedia overload on learning and productivity. Routledge
[CAI13]	Cairo A (2013) The functional art: an introduction to information graphics and visualization. New Riders
[CER03]	Ceruzzi PE (2003) A history of modern computing. MIT Press
[CHI94]	Chion M (1994) Audio-vision: sound on screen. Columbia University Press
[DAG39]	Daguerre LJM (1839) An historical and descriptive account of the various processes of the daguerreotype and the diorama. G. Knight & Sons, London
[ED178]	Edison TA (1878) Phonograph. US Patent No. 200,521
[ENG68]	Engelbart DC (1968) A Research center for augmenting human intellect. In: AFIPS conference proceedings
[GOL14]	Goldstein EB (2014) Sensation and perception. Cengage Learning
[HEA18]	Heavin C, Power DJ (2018) Data science and digital business: new trends and applications. Springer
[HEN17]	Hennessy JL, Patterson DA (2017) Computer architecture: a quantitative approach. Morgan Kaufmann
[HOB10]	Hobbs R (2010) Digital and Media literacy: connecting culture and classroom. Corwin Press
[HOF20]	Hoffmann P (2020) Beyond hypertext: hypermedia vs. multimedia. bifop-Verlag, Bremen, 2020, 2., überarbeitete Aufl. ISBN-13: 9783948773182
[JEN06]	Jenkins H (2006) Convergence culture: where old and new media collide. New York University Press
[JON12]	Jones RH, Hafner CA (2012) Understanding digital literacies: a practical introduction. Routledge
[KUM17]	Kumar A, Bandyopadhyay S (2017) multimedia big data computing for IoT applications: concepts, paradigms and solutions. Springer
[LAS87]	Lasseter J (1987) Principles of traditional animation applied to 3D computer animation. In: ACM SIGGRAPH '87: Proceedings of the 14th annual conference on computer graphics and interactive techniques. http://dx.doi.org/10.1145/37402.37407
[LAZ17]	Lazar J, Feng JH, Hochheiser H (2017) Research methods in human-computer interaction. Morgan Kaufmann
[LES13]	Lester PM (2013) visual communication: images with messages. cengage learning
[LUM95]	Lumière A, Lumière L (1895) Cinématographe Lumière. Société Lumière, Paris
[MAY09]	Mayer RE (2009) Multimedia learning. Cambridge University Press
[MAY14]	Mayer RE (2014) The Cambridge handbook of multimedia learning. Cambridge University Press
[MCK97]	McKee R (1997). Story: substance, structure, style and the principles of screenwriting. Methuen Publishing.
[MOR07]	Moreno R, Mayer RE (2007) Interactive multimodal learning environments. Educ Psychol Rev 19(3):309–326
[NIE12]	Nielsen J (2012) Usability engineering. Morgan Kaufmann
[NOR13]	Norman DA (2013) The design of everyday things: Revised and expanded edition. basic books

[PAA12]	Paas F, Sweller J (2012) An evolutionary upgrade of cognitive load theory: Using the human motor system and collaboration to support the learning of complex cognitive tasks. Educ Psychol Rev 24(1):27–45
[PAL99]	Palmer SE (1999) Vision science: photons to phenomenology. MIT Press
[PRE14]	Pressman RS (2014) Software engineering: a practitioner's approach. McGraw-Hill Education
[RAD94]	Rada R (1994) Interactive media. Springer Science & Business Media
[REI16]	Reiss D (2016) Digital filmmaking: the changing art and craft of making motion pictures. Bloomsbury Publishing
[ROC90]	Rock I, Palmer S (1990) The legacy of gestalt psychology. Sci Am 263(6):84–90
[RYA01]	Ryan M-L (2001) Narrative as virtual reality: immersion and interactivity in literature and electronic media. Johns Hopkins University Press
[RYA13]	Ryan M-L (2013) Narrative across media: the languages of storytelling. University of Nebraska Press
[SAY17]	Sayood K (2017) Introduction to data compression. Morgan Kaufmann
[SCH17]	Schulzrinne H, Casner S, Frederick R, Jacobson V (2017) RTP: a transport protocol for real-time applications. RFC 3550
[SHA20]	Sharma G, Nayak B (2020) Multimedia computing systems: A practical approach. Springer
[SHN17]	Shneiderman B, Plaisant C, Cohen M, Jacobs S, Elmqvist N, Diakopoulos N (2017). Designing the user interface: strategies for effective human-computer interaction. Pearson
[SON15]	Sonnentag S (2015) Psychological management of individual performance. Wiley
[SUN08]	Sundar SS (2008) Sundar, S. Shyam. "The MAIN Model: A Heuristic Approach to Understanding Technology Effects on Credibility." Digital Media, Youth, and Credibility. Edited by Miriam J. Metzger and Andrew J. Flanagin. The John D. and Catherine T. MacArthur Foundation Series on Digital Media and Learning. Cambridge, MA: The MIT Press, 2008. 73–100. doi: 10.1162/dmal.9780262562324.073
[SWE11]	Sweller J, Ayres P, Kalyuga S (2011) Cognitive load theory. Springer
[TUF06]	Tufte ER (2006) The visual display of quantitative information. Graphics Press
[VAU01]	Vaughan T (2001) Multimedia: making it work. McGraw-Hill
[WAG12]	Wagemans J, Feldman J, Gepshtein S, Kimchi R, Pomerantz JR, van der Helm PA, van Leeuwen C (2012) A century of Gestalt psychology in visual perception: II. Concept Theoret Found Psychol Bull 138(6):1218–1252
[WIN98]	Winston B (1998) Media technology and society: a history: from the telegraph to the internet. Routledge

Kapitel 4: Und in Zukunft: Brain?

[ALL12]	Allison BZ, Dunne S, Leeb R, Millán JDR, Nijholt A (Eds). (2012) Towards practical brain-computer interfaces: bridging the gap from research to real-world applications. Springer
[AIZ17]	Atzori L, Iera A, Morabito G (2017) The internet of things: a survey. Comput Netw 54(15):2787–2805

[BAI18]	Bailenson JN (2018) Experience on demand: what virtual reality is, how it works, and what it can do. W. W. Norton & Company
[BIR07]	Birbaumer N, Cohen LG (2007) Brain–computer interfaces: communication and restoration of movement in paralysis. J Physiol 579(3):621–636
[BIR14]	Birbaumer N, Ramos Murguialday A, Weber C, Montoya P (2014) Neurofeedback and brain-computer interface: clinical applications. Int Rev Neurobiol 86:107–117
[FAR12]	Farah MJ (2012) Neuroethics: the ethical, legal, and societal impact of neuroscience. Annu Rev Psychol 63:571–591
[HE13]	He H, Wu D, Liu Y (2013) A novel attention-driven framework for brain-computer interface systems. J Neural Eng 10(6):066028
[LEB06]	Lebedev MA, Nicolelis MAL (2006) Brain–machine interfaces: past, present and future. Trends Neurosci 29(9):536–546
[LOT15]	Lotte F, Congedo M, Lécuyer A, Lamarche F, Arnaldi B (2015) A review of classification algorithms for EEG-based brain–computer interfaces: a 10 year update. J Neural Eng 8(1):014001
[MCA17]	McAfee A, Brynjolfsson E (2017) Machine, platform, crowd: harnessing our digital future. W. W. Norton & Company
[MUL08]	Müller KR, Tangermann M, Dornhege G, Krauledat M, Curio G, Blankertz B (2008) Machine learning for real-time single-trial EEG-analysis: From brain–computer interfacing to mental state monitoring. J Neurosci Methods 167(1):82–90
[NIC12]	Nicolas-Alonso LF, Gomez-Gil J (2012) Brain computer interfaces, a review. Sensors 12(2):1211–1279
[SUN19]	Sundaresan S (2019) 5G and Its impact on multimedia. J Netw Comput Appl 135:35–42
[WOL12]	Wolpaw JR, Wolpaw EW (Eds) (2012) Brain-computer interfaces: principles and practice. Oxford University Press
[ZUB19]	Zuboff S (2019) The age of surveillance capitalism: the fight for a human future at the new frontier of power. PublicAffairs

MIX
Papier aus verantwortungsvollen Quellen
Paper from responsible sources
FSC® C105338

If you have any concerns about our products,
you can contact us on
ProductSafety@springernature.com

In case Publisher is established outside the EU,
the EU authorized representative is:
**Springer Nature Customer Service Center GmbH
Europaplatz 3, 69115 Heidelberg, Germany**

Printed by Libri Plureos GmbH
in Hamburg, Germany